VOYAGES D'UN PARISIEN

PAR

JULES CLARETIE

VOYAGES AUX CHARMETTES
LYON — CHERBOURG — LONDRES ET LES ANGLAIS
LE RHIN ALLEMAND — HUIT JOURS EN BELGIQUE
CHAMP DE BATAILLE DE WATERLOO
FRANCE
ANGLETERRE — PAYS-BAS

PARIS

A. FAURE, LIBRAIRE ÉDITEUR
166, RUE DE RIVOLI, 166

1865

VOYAGES

D'UN PARISIEN

IMPRIMERIE L. TOINON ET Cⁱᵉ, A SAINT-GERMAIN

VOYAGES

D'UN

PARISIEN

PAR

JULES CLARETIE

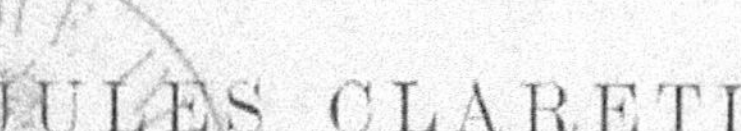

VOYAGE AUX CHARMETTES
LYON — CHERBOURG
LONDRES ET LES ANGLAIS — LE RHIN ALLEMAND
HUIT JOURS EN BELGIQUE
FRANCE, ANGLETERRE, ALLEMAGNE, PAYS-BAS
LE CHAMP DE BATAILLE DE WATERLOO

PARIS

A. FAURE, LIBRAIRE ÉDITEUR

166, RUE DE RIVOLI, 166

—

1865

A

M. H. SHELTON-SANFORD

Ministre des États-Unis d'Amérique à Bruxelles

Vous êtes, Monsieur, un de ceux dont le suffrage m'est le plus cher. Vous avez bien voulu reporter sur moi l'amitié que vous avez pour les miens. Permettez-moi donc de mettre ce livre sous votre patronage.

C'est un livre de voyages, mais vous n'y trouverez ni descriptions de contrées lointaines, ni découvertes d'hémisphères inconnus. Nous autres Français — je ne le dis pas à notre louange — nous semblons avares de nos pas; une excursion à Saint-Cloud nous paraît un voyage au long cours, et le Savoisien Xavier de Maistre avait devancé l'annexion en écrivant le *Voyage autour de ma Chambre*. C'était une façon de se naturaliser Français.

Mais si nous sortons peu de chez nous, peut-être avons-nous cette qualité de voir beaucoup en peu de temps, en marchant, en rêvant, en causant...

Veuillez agréer, Monsieur, l'assurance de mon respectueux et sincère attachement.

JULES CLARETIE

Paris, 1er février 1865.

VOYAGES

D'UN PARISIEN

I

VOYAGE AUX CHARMETTES

Le départ. — Chapitre des projets. — Souvenirs de Jean-Jacques. — La
poésie du wagon. — De Paris à Lyon. — La ville des canuts. — Fourvières. — Le pèlerinage — Archéologie. — Le musée de Lyon. — Vingt
lignes d'histoire. — Espagnols et Flamands. — Les peintres lyonnais.

C'est surtout, c'est seulement peut-être en matière de
voyages que l'éclectisme est chose excellente. Quand la
fantaisie vous prend, un beau jour, de quitter votre
ruisseau de la rue du Bac, peu importe que vous partiez
pour l'Angleterre ou pour la Chine. Chacun choisit son
but selon son humeur ou sa fantaisie, et Paul qui part
pour l'Italie ne trouve pas étonnant que Pierre prenne la
route d'Espagne. On obéit à ses goûts, à ses instincts, à

ses rêves. Et y a-t-il rien de plus charmant que le départ pour un voyage depuis longtemps médité, projeté, souhaité? Que de fois vous êtes-vous promis de visiter enfin quelque contrée riche de surprises, d'interroger certain coin de terre tout plein encore de souvenirs! Mais les années ont passé, le loisir vous a fait défaut, il vous a fallu demeurer où la nécessité vous attachait et vous contenter d'un mirage. A ce voyage chimérique vous ne songez plus désormais que pour vous convaincre que les espérances ici-bas sont trompeuses, et que l'homme a beau proposer, Dieu ne dispose pas toujours.

Mais un jour vient (vous qui l'attendez, prenez patience: il viendra) où toute une échappée de liberté vous apparaît. L'occasion si longtemps cherchée est enfin offerte, la route est tracée, le chemin est libre: à votre porte les chevaux piaffent et là-bas la locomotive siffle. — « Comment! *je puis* partir? » — Mieux que cela, vous *devez* partir. Et voilà que tout joyeux vous allez en riant vers le but désiré, pendant que vous apparaissent déjà, — selon que votre désir évoque le Nord ou le Sud, — les vieux burgs du Rhin, les hautes terres écossaises ou les rouges palais de Venise.

C'est ainsi que je suis parti l'autre jour, ému comme si j'eusse dû aller au bout du monde. Je n'allais pas si loin, mais depuis longtemps j'attendais ce voyage et j'y marchais avec toute une escorte de souvenirs. J'allais simplement aux Charmettes. Mais ceux-là comprendront pourquoi j'avais hâte d'arriver qui ont lu ce pauvre grand livre, *les Confessions,* dont on ne parle plus beaucoup aujourd'hui et qu'on dédaigne, mais qui fut

notre ami le premier, le premier nous murmura tout bas
les plus douces paroles, trompeur charmant qui nous montrait tant de sourires et tant de joies encadrées dans de si
riants paysages! Comme on le lit avec émotion, comme
on le relit avec fièvre, ce testament d'un cœur ulcéré par
la vie, mais qui redevient bon au souvenir de son bonheur!
Quelle irrésistible et douce séduction! et comme on suit,
le cœur battant, à travers tous les sentiers fleuris, ce
guide enivré qui nous enchante! C'est que ce n'est pas
un auteur, ce Rousseau, c'est un homme; et ce qu'il a
ressenti, ce qu'il a aimé, ce qu'il a souffert, avec lui plutôt
qu'après lui, nous le ressentons, nous le souffrons et
nous l'aimons. Avec lui nous avons crié : « *Un aqueduc!
un aqueduc!* » avec tout l'accent du triomphe. Nous avons
été comme lui tout tremblants quand il s'est agenouillé
devant cette bonne et charmante madame Basile ; nous
aurions voulu jeter nos lèvres à mademoiselle Galley
comme il lui jetait ses cerises, et nous arrêter avec lui,
pour savourer toute sa joie, dans cet asile des Charmettes
où l'amante était une mère, où le rêveur décorait son
amour du nom de vertu.

Et je suis parti prenant le plus long, à la façon de
La Fontaine, ou comme Nodier, qui s'arrêtait à tout vent
dans ses promenades, et en route pour l'Académie
stationnait bonnement devant la baraque de Polichinelle.
A quoi servirait à la ligne droite d'être la plus courte si
la ligne courbe n'était pas la plus agréable? Mais non, ne
médisons pas de la ligne droite; elle a son charme. La
ligne droite, c'est-à-dire le chemin de fer, quel ami complaisant, et comme promptement il vous obéit sur un

geste, sur un signe ! Ce soir à Paris, il vous emportera dans une nuit à Marseille, à Turin, en Allemagne, où vous voudrez. En le pressant un peu, il vous réveillerait à la station de Pékin ! On l'a décrié ; il laisse dire, redouble de vitesse et ne connaît pas de bornes. Il sait le prix du temps, il sait le prix de la vie. En quelques heures, il vous montre la France entière, et sous vos yeux il déroule son infini panorama, vaste succession de tableaux charmants, de surprises nouvelles. D'un paysage il ne vous laisse voir que les grandes masses ; c'est un artiste qui procède à la façon des maîtres. Ne lui demandez pas les détails, mais l'ensemble où est la vie. Puis, quand il vous a charmé ainsi par sa verve de coloriste, tout à coup il s'arrête, et voilà qu'il vous dépose simplement où vous vouliez arriver, surpris de la complaisance du guide autant que de la beauté du pays qu'il vous a montré.

Nous avions de cette façon quitté Paris, le soir, à l'heure où le soleil empourpre les toits et salue d'un dernier rayon les grands édifices, où l'on se presse devant la porte d'un théâtre, où les cafés s'allument, où Paris se farde pour la nuit : et, laissant loin les bruyères de Fontainebleau, n'apercevant à travers la brume argentée que les grandes lignes noires et la silhouette des arbres de la Bourgogne, nous vîmes s'estompant vaguement dans le matin les toits de Dijon, Dijon la vieille ville, qui garde encore les tombeaux et le souvenir de ses ducs. Puis la course fut folle à travers les coteaux couverts de vignes. Le soleil se levait comme un globe embrasé, aspirant la buée des ruisseaux qui montait à lui comme un encens.

Parfois, un village ; quelques paysans, la bêche sur l'é-
paule, regardant machinalement ce train emporté ; puis
Mâcon, la Saône bordée de peupliers, tout un paysage
féerique, des collines aux bois profonds, riches d'une
mâle verdure et peu à peu, enfouies dans les arbres,
blanches au milieu des feuilles comme des perles dans un
écrin, des maisons, des villas coquettes, les avant-cou-
reurs d'une grande ville, les *retraits* où les Lyonnais
vont en bateau se reposer le dimanche venu.

Lyon n'était pas éveillé quand j'y entrai. A peine ce
vague bruissement qui précède le bourdonnement de la
foule. Quelques ouvriers se rendant à l'ouvrage. On en
rencontre peu dans les rues de Lyon : ils habitent à peu
près tous dans un quartier distinct, la Croix-Rousse, qui
domine la ville et s'étend de la Saône au Rhône, entre
deux fleuves. Pour y parvenir il faut gravir quelquefois
des montées à pic. Certaines rues étroites ressemblent
avec leurs crêtes de murailles couronnées de petits arbres
à des villes espagnoles bâties contre le roc, comme des
nids d'aigles.

Les Lyonnais disent fièrement que leur cité est la
deuxième ville de France. Elle est grande en effet et aussi
grandiose. Les maisons hautes lui donnent je ne sais
quel aspect monumental. Mais à ces rues larges et droites,
à cette vaste cité, il manque cette animation qui fait le
charme de Bordeaux. Vaguement, on songe à Londres ;
il semble que le bruit des métiers retentisse plus haut
que la voix du fleuve.

L'industrie est reine, et tandis que les grisettes borde-
laises passent coquettement avec leurs mouchoirs impro-

bablement fichés sur leurs noirs cheveux, les ouvrières de Lyon marchent rapidement comme si elles craignaient de manquer l'heure de la fabrique. On éprouve une certaine surprise en contemplant la ville du haut de la montagne de Fourvières. Tant de maisons entassées, tant de fenêtres surtout. Combien de familles agglomérées dans ces bâtiments noirs ! On arrive à escalader Fourvières par une rampe assez rapide et une rue pavée de marches, qu'on appelle la *Montagne des Anges*, sans doute parce qu'il faudrait des ailes pour la franchir. Les rues qui aboutissent à cette montée sont de vraies ruelles du moyen âge, resserrées et sombres, un ruisseau coulant au milieu, les auvents projetant leur ombre sur ces étroits boyaux. Aux angles des maisons, quelques madones encore honorées des fidèles. Les eaux fortes de Flameng, avec leurs tons sinistres et leurs replis bizarres, peuvent donner une idée de ces espèces de culs-de-sac qui s'appellent la *rue Juiverie*.

Fourvières forme à lui seul une ville distincte et affecte de ressembler à une vaste communauté. Pour parvenir à la chapelle on suit un chemin bordé de hautes murailles qui sont les murailles d'un couvent. Sur la porte d'entrée est tracée cette inscription : *Laus Jesu et Mariæ perpetua !* Comme j'y passais on jouait à l'intérieur je ne sais quel morceau de musique sur le piano. Comment a-t-on transporté ce piano là-haut? La chapelle de Notre-Dame de Fourvières est très-fréquentée et jouit d'un grand renom. Chaque jour la foule s'y presse pour écouter la messe ou suspendre quelque *ex-voto* devant l'autel. Une inscription placée à l'entrée annonce que le 15 avril 1807, la pape Pie VII a accordé à tous ceux qui feraient ce pèlerinage une indulgence quotidienne plénière confirmée par Grégoire XVI, laquelle donne à Notre-Dame de Fourvières les mêmes faveurs qu'à Notre-Dame de Lorette. La chapelle est petite, froide, encombrée de ces *ex-voto* qui sont la négation de l'art, — peintures inquiétantes qui me rappelaient les plus réprouvés tableaux du Salon des refusés. Après tout, ces cadres grotesques représentent je ne sais combien de douleurs, de prières et d'actions de grâces! On voudrait rire, mais ce sont là autant de fils revenus à leurs mères, autant de pauvres femmes rendues à leurs enfants; c'est un marin qui a pensé à ce coin de terre pendant une tempête et qui est venu prier et pleurer sur cette dalle où vous posez un pied désœuvré. J'avais copié des vers ridicules placés au bas d'un de ces cadres; j'allais les citer. Je les efface... Quand on rencontre un sentiment vrai, de quelque façon qu'il soit exprimé, à quoi bon railler?

Pour dominer Lyon tout entier, il faut monter au haut de la chapelle, dans le clocher qui mène au socle de la statue de la Vierge. L'ascension est pénible; l'escalier de fonte tremble quelquefois sous vos pas. Mais là-haut la vue est superbe. On recule d'abord, comme si ce panorama si vaste venait vous souffleter brusquement. L'œil est ébloui, puis peu à peu on s'habitue à ce tableau splendide. Partout l'air, la lumière; il semble qu'on touche le ciel, et là-bas, bien bas, bien loin, la grande ville resserrée comme un point petit; là-bas les fleuves devenus des lignes lumineuses, le Lyonnais, le Dauphiné tout entier et jusqu'aux monts de l'Auvergne qu'on découvre à travers la brume, tandis que de l'autre côté, se déroule la chaîne des Alpes et que le Mont-Blanc apparaît vaguement à l'horizon.

Il faut redescendre. Le vertige de l'infini vous prendrait bientôt. Comme toujours, les noms des visiteurs, gravés sur le socle de la statue, se croisent, s'entrecroisent et s'effacent les uns les autres. J'ai lu ces mots gravés à cette hauteur : « J'aime ma femme. J. Girard (Côte-d'Or). »

La population de Fourvières est en grande partie composée de religieux. Toutes les maisons affichent je ne sais quelle allure monacale. Des marchands de reliques et d'objets religieux à chaque pas. Ce ne sont que chapelets, statuettes d'ivoires, médaillons, paquets de cierges. M. Emile Deschanel [1], qui a fait justement cette route, s'est plu à en copier quelques-unes. J'en ai relevé une qui n'existait pas sans doute au moment de son voyage. Il s'agit d'une institution en faveur des enfants et une inscription vous donne un bienveillant avis : « Cette providence prendra les petites orphelines *sans distinction de paroisses.* »

Le passage Sainte-Philomène, qui conduit de Notre-Dame de Fourvières à la Montée des Anges, est établi sur l'emplacement où s'élevait jadis le palais de l'empereur Claude. Le propriétaire de ce terrain s'occupe à faire des fouilles et il a découvert déjà quantité d'objets remarquables. On vient de mettre à nu une salle de bain encore bien conservée, et où se voient le carrelage du sol

1. Lisez son charmant volume *A pied et en wagon,* chez Hachette.

et les peintures à fresque des murailles. Quelques sque-
lettes, des vases en quantité, des monnaies du temps
d'Auguste gisent sur la route ou sont accrochés à des
piquets avec une inscription. Comme je passais, on venait
de déterrer une vaste amphore de terre noire et on en
mesurait la contenance. — Vingt-cinq litres! dit-on.
L'amphore, pleine jadis du falerne que buvait l'empereur,
servira au propriétaire du passage qui a établi un restaurant sur la hauteur. Les archéologues ont tort de dédaigner ce coin de terre. Ils y trouveraient des objets
aussi précieux et peut-être plus authentiques que ceux des
vitrines du Louvre.

Le gouvernement a justement donné à Lyon une
grande partie de la collection Campana. On ne donne
qu'aux millionnaires. Elle figure au musée de la ville,
dans une salle spéciale et fort riche en antiquités. Mais
le côté remarquable du musée de Lyon, c'est la peinture. J'ai passé là fort agréablement plusieurs heures,
seul avec le concierge qui me dispensait de tout cata-
logue. Honte à nos faiseurs de Salons! Cet homme-là s'y
connaît comme pas un en fait de couleur, de dessin et de
style. Est-ce l'habitude qu'il a de vivre parmi ces toiles,
qu'il admire et qu'il aime, est-ce mémoire et répète-t-il
seulement ce qu'il a entendu dire par les visiteurs? Toujours est-il que son jugement est assuré, son goût irréprochable, et que si j'étais peintre, je tiendrais beaucoup
à l'approbation d'un tel critique. Je regrette de ne pas savoir son nom pour l'imprimer ici avec d'autant plus de
plaisir qu'il m'a servi de guide avec une complaisance
vraiment rare. Lyon ne possédait guère en 1806 qu'une
dizaine de tableaux déposés, dit une notice, dans l'infir-

merie de l'ancien monastère des Dames-de-Saint-Pierre,
lorsque le préfet et le maire du Rhône eurent l'idée de
créer une galerie de tableaux. Ils nommèrent pour directeur de ce petit musée un de ces savants de province qui
amoncellent tranquillement, au fond de leur cabinet ignoré, des trésors de science. Celui-ci se nommait M. Artaud.

C'était un savant et un artiste. C'était surtout un
homme de bonne volonté. Grâce à lui, grâce aux dons
du cardinal Fesch, de madame Récamier, des maires successifs de Lyon, le musée grandit et devint ce qu'il est
aujourd'hui, un des plus remarquables musées de nos
provinces.

Nous n'avons pas, nous n'aurons peut-être jamais, au
Louvre, un tableau pareil à l'*Ex-voto* d'Albert Dürer, qui
figure au musée de Lyon, haut de 1 m. 37 de largeur,
ce qui est considérable pour ce maître. L'empereur Maxi-
milien Ier et l'impératrice Catherine sont agenouillés devant la Vierge et l'Enfant Jésus, qui posent sur leurs têtes
des couronnes de fleurs apportées par des anges. Dürer est
cette fois pris en flagrant délit de grâce, et le sombre maître
qui fait chevaucher la Mort derrière les cavaliers, dans les
forêts empestées, s'est élevé ici jusqu'à la suavité de
Filippo Lippi. Dürer s'est placé lui-même dans un coin
du tableau, signant son nom sur un rouleau de papier
qu'il tient à la main. Au musée de Lyon Rubens est représenté par deux tableaux, la *Colère de Jésus-Christ* et
l'*Adoration des Mages*. Mais ici le maître d'Anvers n'est
pas un peintre religieux, ses bienheureux semblent encore
enluminés par les feux de la kermesse et le Christ, le
maigre Christ des premiers maîtres italiens, ressemble

à quelque Samson pulvérisant les Philistins. Comme je lui préfère celui de Jean Jouvenet, placé en face, et qui chasse les vendeurs du temple! Sans doute il n'a pas sa couleur éclatante, mais la composition est vraiment superbe. Ce tableau passe d'ailleurs pour le chef-d'œuvre du grand artiste rouennais. L'école allemande compte à Lyon de superbes tableaux. Voici deux toiles importantes de Philippe de Champagne : la *Cène*, où l'artiste a représenté, sous les traits des apôtres, les plus fameux solitaires de Port-Royal : Antoine Lemaistre, le grand Arnauld et Blaise Pascal, qui rêve dans son coin. L'auteur du *Christ mort* se révèle tout entier dans l'*Invention des reliques de saint Gervais et de saint Protais*. Au premier plan, la tête coupée du saint paraît saigner encore et produit un cruel effet de réalisme.

Mais les Flamands, en fait d'effroi, ne vont pas aussi loin que les Espagnols. Voyez ce Zurbaran. Un saint François d'Assise mort et demeuré debout, dans une grotte, les yeux ouverts et tournés vers le ciel. Ce tableau, qui appartenait avant la Révolution à je ne sais quel couvent de religieuses de Lyon, fut un beau jour perdu, puis acheté dix-huit francs dans une vente, par un artiste qui en fit une gravure, et appela l'attention sur ce chef-d'œuvre. Ce n'est rien qu'une figure, mais cette figure est étonnante. Ce cadavre debout, ces yeux fixes, ces membres rigides, ces grands plis du froc et du capuchon, cette ombre qui remplit les orbites, ces plis sinistres qui creusent cette face émaciée, tout est terrible et tout est beau. Quelle main farouche a donc pesé sur l'Espagne pour faire éclore sous un ciel éclatant des œuvres de ténèbres et quel vent a soufflé pour courber les esprits jusqu'à la tombe dans cette terre bénie, toute frissonnante de vie?

Il faudrait m'arrêter longtemps ici : les Jordaëns, les Sneyders, les Breughel, les Terburg m'attirent de ce côté. De cet autre, les Tintoret, les Bordone et les Bassan. De Bassan on me montre une bataille superbe, furieuse, féroce, digne de Salvator. Mais, hélas! la peinture s'écaille et le tableau va se perdre. Le musée du Louvre pourra longtemps chercher avant de rencontrer un David qui vaille ce portrait de *Maraîchère* placé plus loin. Figurez-vous une vieille femme, au regard profond, étrangement belle, ridée comme la vierge de Denner, mais plus largement peinte, la bouche édentée, l'air si féroce, qu'on a voulu y voir une de ces tricoteuses qui escortaient Olympe de Gouges. Jamais le maître n'a fait mieux et je sacrifierais tous les Romulus du monde à ce portrait d'une républicaine inconnue. L'école de l'Empire est représentée par Gérard, Drolling, Granet, M. Court et M. Heim.

Ils étaient consciencieux, tous ces peintres, et les dessins de Drolling et les perspectives de Granet me comblent d'étonnement. Mais la patience n'est même pas la cousine de l'art. Parlez-moi de ce Delacroix que j'aperçois là, fulgurant de couleur et écrasant le *Déluge* de Court et la *Corinne* de Gérard, pourtant remarquables. Cette Corinne est un don de madame Récamier, qui était Lyonnaise. Le musée possède un beau portrait d'elle. Vous le voyez auprès de la porte de sortie, au pied du superbe *Caïn* de M. Etex.

Le portrait et la statuette de madame Récamier se retrouvent d'ailleurs plusieurs fois dans ce musée. Pourquoi

ne mettrait-on pas à côté d'elle l'image de ce bon Bal-
lanche, qui ne quitta jamais la muse de l'Abbaye-aux-
Bois? J'ai retrouvé sur plusieurs enseignes de Lyon
l'aimable nom du philosophe.

J'allais oublier ce que notre Louvre ne possède pas.
Des Lesueur, des Rigaud, des Mignard, des Desportes, il
peut en montrer. Mais a-t-il un Marilhat qui vaille cette
Forêt au bord d'une rivière? Ce n'est pas l'orientaliste que
vous trouverez ici, mais c'est toujours le maître. Quelle
paix et quelle grandeur dans ces arbres paisibles, dans
cette eau limpide et reposée! Le soir vient. Qu'il ferait
bon s'asseoir sous cette ombre et regarder coucher le
soleil! Avons-nous surtout un tableau de Charlet qui
vaille cet *Épisode de la campagne de Russie?* J'avais vu
quelques jours auparavant le chef-d'œuvre de Meissonier,
et combien je l'avais admiré, mais qu'il pâlit devant cette
lugubre toile, farouche, sinistre, où l'horreur, la mort,
le désespoir semblent se coudoyer tandis que l'abatte-
ment seul plane sur *Le 1814* de Meissonier.

Le musée de Lyon a réservé une salle spéciale aux artistes lyonnais. Peut-être a-t-on donné là l'hospitalité à
trop de gens qui ne sont pas tous égaux par le mérite.
Mais une ville est comme une mère qui doit, paraît-il,
aimer ses enfants d'un même amour. Je le regrette pour
Hippolyte Flandrin, parfois assez mal entouré. Mais il se
trouve entre compatriotes, presque en famille. Lyon possède son *Dante et Virgile aux enfers*, qui demeurera pendant un an encore surmonté d'une couronne d'immortelles et d'un voile noir en signe de deuil.

M. Biard a donné à son pays un de ses bons paysages

des mers polaires, M. Paul Flandrin des imitations du
Poussin magistralement réussies et j'y ai trouvé des fleurs
de Saint-Jean plus éclatantes peut-être et plus colorées
que la nature.

Le jour où je le visitai, Lyon était en fête. Il s'agissait
de célébrer un de ces concours d'orphéons qui feront
beaucoup pour l'instruction et l'émancipation de tous.
On avait pavoisé la place Bellecour qui semblait toute
rayonnante. Les théâtres étaient gratuitement ouverts au
public, les rues encombrées de corporations musicales
et de tous côtés éclataient des fanfares. J'ai remarqué
combien peu parmi cette foule se montrait le vrai peuple
de Lyon. Il est triste et les canuts demeurent obstinément
enfermés dans leurs chambres, car les enfants crient, et
le métier ne doit pas s'arrêter.

A Paris, tout est occasion de fêtes. A Lyon, le travail
ne perd jamais ses droits. L'ouvrier lyonnais est d'ailleurs chez lui à la Croix-Rousse. Quand il s'agit de descendre aux Terreaux, c'est tout un voyage. Les rues
noires lui plaisent, ses pauvres maisons l'attirent, son
misérable coin de cheminée, il ne le quitte pas. Il aime
beaucoup au surplus l'ouvrier parisien, chez lequel il
rencontre sa propre énergie, avec quelque chose de plus,
la gaieté.

II

J'aurais voulu ne pas quitter Lyon sans visiter cette grotte tapissée de lierre où Jean-Jacques passa la nuit, une fois qu'il était sans asile. N'aurais-je pas retrouvé là ce que j'allais chercher aux Charmettes, l'ombre mélancolique du rêveur contemplant cette grande ville, plus petite encore que celle qu'il allait conquérir? Mais devant combien de choses passe-t-on en voyage qu'on oublie ou qu'on ne peut voir, faute de cette complice de l'homme, *l'occasion?* La vie aussi est un voyage et l'on arrive bien souvent à son but sans connaître la route que l'on a suivie. Je partis donc, laissant derrière moi cette Saône paisible et reposée, et ce Rhône grondant toujours, où il

me semblait voir encore la rouge galère du cardinal re-
morquant à sa suite Cinq-Mars et de Thou qu'on allait
décapiter là-bas, sur la place des Terreaux. A bien
prendre, il est terrible ce Rhône, emporté, bruyant, et
dans ses furies quelquefois il dévaste en un jour toutes
ses plaines. Les maisons construites en pisé semblent
d'ailleurs ne pas essayer de lui résister. Elles doivent
brusquement s'affaisser dès qu'il les mine et céder sur-
le-champ à sa rage.

J'allai à Grenoble. La route de Lyon au Dauphiné est
insignifiante d'abord, plate et uniforme. A droite pourtant quelques collines se montrent de loin en loin, comme
des montagnes encore timides. Puis les chênaies abondent,
le paysage se boise, le terrain semble se bosseler tout à
coup, et à l'horizon, à perte de vue, se dresse la chaine
du Dauphiné, toute noyée dans une brume violacée. La
verdure et les arbres envahissent la route. Des maisons
aux toits rouges, semblables à des villas italiennes, apparaissent parmi les arbres comme des baies de corail. La
vigne couvre quelquefois tout un coteau; de temps à
autre, quelque paysan appuyé sur sa houe et semblable
au calme contemplateur de Millet; une vache, qui broute
immobile les frondaisons des jeunes arbres, s'arrête
pour regarder cette machine qui passe en sifflant et, sur
les prairies qu'on côtoie, la fumée va se perdre et volup-
tueusement se rouler, comme altérée de fraîcheur. On
approche de Chabons par la vallée de l'Isère, fertile, boi-
sée, toute parsemée de fermes. De temps à autre, des
lits entiers de cailloux ronds, roulés par je ne sais quel
cours d'eau disparu, tranchent par leur blancheur sur la

verdure. On laisse à gauche Voreppe, où Lacordaire a fondé, il y a quelques années, un couvent de Dominicains, et la locomotive s'arrête à Grenoble, non loin de ces portes que les habitants arrachèrent pour les mettre sous les pieds de l'empereur au retour de l'île d'Elbe.

Les Grenoblois ne sont pas ingrats. J'ai remarqué que s'ils n'élèvent pas une statue à tous leurs grands hommes, au moins ils leur consacrent à tous un souvenir. Des plaques de marbre indiquent à chaque pas que tel ou tel illustre citoyen est né dans cette rue, dans cette maison. Ici c'est Condorcet, là Bayard, plus loin Vaucanson; Bayard a même sa statue. On l'a représenté mourant; il embrasse la croix de son épée : mais l'artiste a si mal exprimé cette agonie sublime qu'on ignore si le *bon chevalier* songe à sa fin dernière, ou si, du pommeau de son épée, il envoie délicatement un baiser aux fenêtres environnantes.

Singulière préoccupation de l'homme! Ceux qui ont élevé, il n'y a pas cinquante ans, cette statue à Bayard, ont fait graver leurs noms sur le socle, pour les léguer ainsi à la postérité. Et déjà on les lit sans qu'ils éveillent en vous l'écho d'un souvenir. Reconnaît-on, il est vrai, tous les noms des compagnons de Bayard, de ces hommes d'armes, de ce capitaine, de ce porte-étendard, qui furent aussi des chevaliers sans peur? Tout s'efface. Et peut-être si Bayard s'était contenté de sabrer les Impériaux serait-il oublié comme ses compagnons. Mais nous honorons son nom encore, c'est que ce soldat avait une idée. Ce n'est pas à son épée sans doute qu'on a élevé cette statue, c'est à son âme.

De Grenoble on se rend à Voiron où l'on prend la diligence qui doit vous conduire à la Grande-Chartreuse. Voiron est une petite ville, très-coquette, très-séduisante et très-riche, qui affecte les allures d'une cité suisse. Une grande place, avec une fontaine au milieu, des maisons en amphithéâtre encadrées dans des montagnes couvertes de sapins : on se croirait à Neufchâtel. Je faisais route avec un gros monsieur qui, la voiture à peine ébranlée, tira de sa valise un livre et se mit à lire. Pendant que les surprises et les tableaux superbes se succédaient autour de nous, il avait hâte de connaître le dénoûment du roman nouveau, et si M. Léon épouserait mademoiselle Berthe. Pour moi, je trouve inutile de lire quoi que ce soit en voyage, et j'ai mauvaise opinion d'un compagnon de route qui préfère à la séduction de la nature le charme de quelque in-dix-huit. Vous aimez la lecture ? mais le livre véritable, le voilà ; il est à vos côtés. Chaque tour de roue en tourne un nouveau feuillet, chaque temps de galop vous en montre une page nouvelle. Essayez de faire entendre raison à des sourds !

La voiture s'arrête à Saint-Laurent du Pont. C'est un petit village fort éprouvé, souvent brûlé, parfois inondé. Ce ruisseau qui coule là-bas modestement a quelquefois des fureurs de Rhône. Il se gonfle, il gronde, et si la fonte des neiges vient l'aider par hasard, il emporte sans façon les maisons environnantes. Sur la grand'route, un prêtre assis au revers d'un fossé faisait répéter à une troupe d'enfants les cérémonies pour la Fête-Dieu qui approchait. Les enfants, têtes blondes, grosses bonnes figures toutes rouges, chantaient, se mettaient à genoux, se relevaient et s'exerçaient à encenser avec des morceaux de bois, des bouteilles et des toupies attachés au bout d'une corde. La diligence dispersa leur troupe, rangée comme une compagnie de soldats prussiens. Instinctivement ils se prirent à courir après les chevaux, en jetant des cris d'écoliers échappés, et je plains le curé qui dut reconstituer son régiment en bon ordre. De Saint-Laurent du Pont on peut aller à la Grande-Chartreuse en deux heures. On vous propose une voiture, mais je vous engage à n'accepter point. Heureux les voyageurs qui voyagent à pied! La route est belle d'ailleurs et facile. On gravit quelquefois des côtes assez rudes, mais toujours, à chaque angle du chemin, des merveilles nouvelles.

La route n'est pas large; quelquefois elle a été creusée dans le roc par les Chartreux eux mêmes. A gauche le ruisseau dont je parlais gronde en courant et se brise parfois blanc d'écume. Tantôt c'est un enfant rieur qui se jette de cime en cime, de caillou en caillou, pirouette sur les troncs d'arbres renversés, s'amuse et chante ; tantôt c'est un prisonnier en liberté qui s'enivre de grand air, jaillit de roc en roc, se précipite, rebondit, caresse ses rives rocheuses ou les combat furieusement ; quelquefois il s'arrête brusquement, se recueille, devient pensif, et son eau claire laisse apercevoir le sable fin de son lit et les truites se jouant dans ses eaux profondes. Il porte un nom sinistre, le *Guiers-Mort*. Nom mal choisi : c'est la vie au contraire ce torrent ; c'est le bruit, c'est l'agitation, c'est la fièvre. A gauche et à droite, les montagnes se dressent, effrayantes parfois, vous écrasant de leur hauteur. Des quartiers de roc surplombent sur votre tête, des

montagnes tout à coup semblent vous barrer le chemin;
les mélèzes, les sapins, mêlent leurs verdures différentes.
Le soleil éclaire ces couleurs si diverses dans leur unité,
et se joue comme un bienheureux dans tous ces verts,
depuis le vert tendre du bourgeon jusqu'au vert sombre
des vieux arbres Au bruit du Guiers-Mort se joint un
bruissement étrange, on ne sait d'où venu, pénétrant,
endormant, doux, mélancolique. C'est le murmure de
toutes ces sources infinies qui descendent des montagnes,
filtrent à travers les rochers, suintent parmi la glaise,
glissent sur les mousses, de gouttes d'eau se font ruisseaux, de ruisseaux, cascades. Autant de petits torrents,
clairs et frais, où les myosotis semblent tout joyeux de
mirer leur tête bleue.

Quelle patience, quels efforts et quel courage il a fallu
à ces Chartreux pour creuser un tel chemin à travers le
roc! Autrefois cette partie de la forêt, qu'on appelle le
Désert, était défendue par des rochers qui, s'étageant
sur le Guiers-Mort, en défendaient brutalement l'entrée.
C'était bien un désert, en effet, et le plus sauvage des
déserts. Parfois on n'aperçoit que l'étroit chemin semblable à une raie blanche, le Guiers qui écume à vos
pieds, les deux côtés de la montagne qui semble vouloir vous étouffer, et quelque lambeau de ciel entre deux
crêtes de rochers. Il faut traverser des ponts hardiment
jetés sur le torrent, des grottes creusées vaillamment
dans le roc; quelquefois, au milieu de cette sauvage
nature, tout à coup une oasis, une prairie où viennent
paître les troupeaux. C'est dans une oasis semblable que
la Grande-Chartreuse est bâtie. Elle vous apparaît brus-

quement, comme pour vous surprendre. Ses murailles blanches et ses toits d'ardoises se montrent à travers les arbres. Encore quelques pas, et cette porte s'ouvrira au moindre son de cloche.

Le frère portier qui nous reçut à l'entrée du couvent nous accueillit avec un visage riant, et nous conduisit au coadjuteur chargé de recevoir les visiteurs étrangers. On nous demanda de quelle nation nous étions, et l'on nous introduisit dans une vaste salle à la porte de laquelle était tracée cette inscription : *Aula provinciarum Franciæ*. Une vaste cheminée, des fenêtres à carreaux de plomb, un plafond à solives de chêne parfaitement luisantes, une grande table au milieu de la salle. L'air est vif en ces montagnes, même au printemps; de robustes troncs d'arbres se consumaient dans le foyer, et nous attendîmes le diner en nous réchauffant sous l'énorme manteau de la cheminée.

Dès que l'on a pénétré dans ce couvent, jeté là comme à la fin du monde, dans le plus beau site et au milieu de l'air le plus pur qu'on puisse rencontrer, on se sent réellement envahi par je ne sais quelle sensation pénétrante de calme et de repos. A peine a-t-on traversé la grande cour où les oiseaux viennent se baigner dans les fontaines, à peine a-t-on aperçu ces longs couloirs aux murailles blanches, que soudain la paix qui règne en ce lieu vous envahit tout entier. Cette nudité plutôt riante que sévère a je ne sais quelle invincible force. C'est un séjour de paix, et de paix qui semble douce, tant il y a de calme et de majesté dans ce qui vous entoure. On mange de bon appétit. Point de viande; du vermicelle, de la panade, du poisson, des œufs, des fruits. Avec cela, une délicieuse chose : des fraises des bois accommodées avec cette saine liqueur qui fait la fortune du couvent et aussi celle des pauvres gens du pays, car les Chartreux associent généreusement les malheureux à leurs bénéfices. Ils font construire des églises, ils ont élevé un hôpital où plus de quarante malades peuvent tenir à l'aise, et dans leurs inventaires tout le monde a quelque chose à gagner.

Mais pourquoi à cette table des *provinces de France* ai-je retrouvé deux de ces éternels Anglais qui gâteraient le plus beau paysage ? L'un était grand et maigre, l'autre était petit et gros ; tous deux roux, tous deux faits à souhait pour le crayon de Cham. Outre que la couleur locale leur faisait défaut, car ils portaient, au milieu de cette nature alpestre, cet horrible chapeau noir qui conduirait un statuaire au suicide, ils semblaient ignorer quelque peu les propriétés de la politesse. La table était à eux, les chaises à eux, les plats à eux. Point de remerciments au frère chartreux qui les servait. Ils traitaient le couvent en pays conquis. J'avais envie de m'écrier : *shocking !*

Le repas achevé, on nous demanda si nous voulions nous faire éveiller pour l'office de nuit. — Mes Anglais répondirent : *nô !* Je donnai le numéro de la cellule qu'on m'avait désignée, j'en pris la clef, on me mit dans les mains une bougie qui ne ressemblait pas du tout à un cierge, comme celle dont on dota certain soir M. Deschanel, et je montai dans ma cellule. Ce retrait ne laissait pas que d'être mélancolique. Figurez-vous une petite pièce

aux murs blanchis à la chaux, vide et nue, avec un prie-
dieu et un lit étroit pour tous meubles. Au fond, une
fenêtre à carreaux minuscules qui donnait sur la chapelle.
Le couvent découpait ses hautes murailles sur la nuit
claire et la lune emplissait la cellule de sa clarté. Je me
pris à lire toutes les inscriptions qu'on avait tracées sur
la muraille, quelques-unes au crayon, d'autres creusées
avec un canif. Décidément chacun tient à laisser une
trace de son passage partout où il va. Et cependant a dit
le poète :

> Rien ne reste de nous; notre œuvre est un problème.
> L'homme, fantôme errant, passe sans laisser même
> Son ombre sur le mur.

Que de sottises tracées là! que de noms qui ne parlent
pas! que de paroles irritantes ou vides! *Des mots, des
mots!* dirait Hamlet. Comment! ce sont là les hôtes habi-
tuels de ces cellules faites pour la rêverie, pour la contemplation, pour le silence? Qu'y ont-ils vu, qu'y ont-ils
rencontré, ceux qui ont inscrit leurs noms sur cette muraille? — *M. Tourangeau*, qui y a « passé une nuit d'in-
somnie, le 24 mai 1854. » — M. Lucien Perfat, qui y a
« songé à Clara. » — M. C. V..., qui « aimerait mieux
être ailleurs, » et tant d'autres que la seule curiosité avait
amenés et qui sont partis comme ils étaient venus! Un
inconnu a écrit en lettres rouges ce vers de Dante :

> *Voi ch'intrate lasciate ogni speranza!*

Laissez l'espérance !... Et qui sait ? Vous qui entrez, vous
trouverez ici l'espérance peut-être! Comment pourrait-on

vivre dans cette ombre si je ne sais quelle ardeur ne vous
soutenait toujours en vous montrant dans l'avenir le but
ardemment désiré ? S'ils vivent ainsi, ces religieux, n'est-
ce pas qu'ils espèrent ? Sans doute la volupté de la contemplation les fortifie dans le sacrifice et les nourrit, leur
âme communie chaque jour en une rêverie savoureuse
où tout leur apparaît de ce qui est grand et beau. Rien
de nos passions ne va jusqu'à eux, rien de ce qui est bas
ne parvient jusqu'à leur cellule. Tout ce vain bruit qui se
fait parmi nous, ils ne l'entendent pas. Seuls ils écoutent cet infini murmure qui vient de là-haut. Ils ont su
renoncer à la fumée de toutes choses et ils en ont gardé
la flamme : la prière, la réflexion, la contemplation, la
pensée. C'est de tels hommes qu'il faudrait ambitionner
le suffrage, qui ne savent rien de ce qui passe, qui seulement connaissent ce qui dure, et qui, créatures mortelles,
ont su dès avant la mort se mesurer avec l'éternité.

Et pourtant, si dans leur silence quelque bruit d'autrefois leur venait, si quelque souvenir cuisant ne quittait
pas leur cellule, si le fantôme du passé se dressait devant
eux, pour les tenter, quelles angoisses et quelles tortures !
« O heureuse solitude ! ô seule béatitude ! » dit saint Bernard. Mais à ce cri du rêveur, Voltaire répond :

L'âme est un feu qu'il faut nourrir !

Qui des deux a raison ? Et faut-il croire, avec certain
plaisant, de passage en cette cellule, que : « quitter le
monde pour le cloître, quand on est jeune, c'est prendre
son bonnet de nuit et se mettre au lit dès le matin ? »

Absorbé par ces pensées, je songeais, lorsque j'entendis frapper à la porte. C'est un des frères qui a pris ce soin, comme distraction, d'éveiller ainsi les voyageurs. Il regarde les numéros des étrangers qui veulent assister à matines, et, en s'y rendant lui-même, il leur donne le signal de l'office.

Il était minuit. A travers les couloirs sombres, j'allai vers la chapelle qu'on m'avait indiquée. Les étrangers s'installent dans une galerie qui domine le chœur. Tout est plongé dans l'obscurité, une veilleuse seule éclaire faiblement la chapelle où l'on respire une pénétrante odeur d'encens. Peu à peu comme des ombres on aperçoit se mouvoir dans la nuit le froc blanc des moines qui prennent place dans les stalles. Puis un silence se fait; les religieux sont là, prosternés, le front contre terre. Tout à coup ils se relèvent, chacun d'eux découvre la lanterne qu'il portait, et ces têtes rasées émergent subitement des ténèbres. C'est un spectacle magique. Ces reflets rouges de la lumière sur les capuchons, ces stalles luisantes, ces plis rigides des robes blanches, ces alternatives d'ombre et de lumière, de silence et de bruit, ces moines qui psalmodient en tournant les feuillets de grands livres, vous saisissent. On regarde, on écoute. Leurs chants sont encore ceux des premiers chrétiens. Jusqu'à deux heures, ils entonnent les psaumes, puis se retirent lentement, en silence, comme ils sont entrés.

J'avais rencontré sur la route de la Grande-Chartreuse un aimable compagnon de voyage, et nous avions résolu d'escalader ensemble le Grand-Som, un des géants des Alpes dauphinoises. Un guide nous y devait conduire dans la nuit. Nous voilà sortant de matines et errant à travers le couvent. Les corridors sont immenses et facilement on peut s'égarer. Nous en étions là, lorsque, tout au bout d'une galerie, nous aperçûmes, venant à nous, un moine, sa lanterne à la main. — Cherchez-vous votre cellule? nous demanda poliment cette apparition, qui partout ailleurs eût été effrayante. Quand le chartreux sut que nous attendions notre guide, il nous conduisit jusqu'à la loge du frère portier, qu'il éveilla, et, après lui avoir recommandé de ne pas oublier nos provisions et nos *alpin-stocks*, il nous salua de son capuchon et s'éloigna. — *C'est le père général*, nous dit alors le frère, avec grand respect.

Les pères chartreux sont au nombre de quarante; ils sont tous ordonnés prêtres, et chacun d'eux possède sa cellule, d'où il ne sort pas, et où il reçoit sa nourriture par une petite porte pratiquée dans le mur. Une fois par semaine est jour de jeûne. Les pères ont le visage rasé comme la tête; les frères portent au contraire leur barbe tout entière. Il y a au surplus deux sortes de frères : les frères convers, dont le vêtement est blanc comme celui des pères, et les frères donnés, vêtus de laine brune. Ce sont les frères qui, sous la direction d'un père, seul gardien de la formule secrète, fabriquent la liqueur qui descend chaque jour par charretées vers Grenoble.

Le couvent actuel date du XVIIᵉ siècle; il en a le style régulier et froid. L'ancien couvent était bâti un peu plus loin; il fut écrasé par une avalanche. A mi-chemin de l'emplacement de l'ancien couvent et du nouveau, la chapelle de Casalibus me rappelle une légende. Il paraît que

certain jour, saint Bruno étant allé faire un voyage à
Rome et ne revenant pas, les Chartreux se prirent à dé-
sespérer de lui, et, lassés de la vie claustrale, mirent la
clef sous la porte et partirent. A peine avaient-ils fait
quelques pas qu'ils rencontrèrent saint Pierre. — « Où
donc allez-vous? dit le saint. Bruno sera prochainement
de retour. Regagnez vos cellules et continuez cette existence qui vous conduira droit au ciel. » — Un peu hon-
teux, les bons pères reprirent le chemin du couvent, et,
à l'endroit où s'était montré saint Pierre, ils bâtirent de
leurs mains une élégante chapelle, afin de désarmer le
courroux de saint Bruno, qui ne se fâcha, dit-on, qu'à
moitié.

Le lendemain de notre arrivée, on nous fit, trop rapidement peut-être, visiter l'intérieur du couvent. Les tableaux y sont rares : quelques portraits des généraux de
l'ordre, des copies de Lesueur, et c'est tout. On voit que
Lesueur a longuement vécu parmi les Chartreux : les plis
de leurs frocs, l'expression de leurs visages, leurs atti-
tudes n'ont point de secret pour lui. Une chose sinistre,
c'est la chapelle des morts : un squelette revêtu d'un suaire
vous invite au silence, à la porte, en mettant ses doigts
décharnés sur sa bouche sans lèvres. Plus loin, le cimetière. Il est petit. Les religieux reposent là sous des croix
de bois : les généraux seuls ont des croix de pierre, et, sur
cette croix, leur nom. Je me tournai vers la tombe des pères :

— Pas de noms à ceux-ci? dis-je au frère qui nous
conduisait.

— Pourquoi y en aurait-il? répondit-il simplement.

On n'entre pas dans les cellules des Chartreux. Leur

compagnon, c'est la solitude. Chacun d'eux a placé sur sa porte quelque verset préféré. La cellule du père général porte ces mots : *Quærite Deum et vivet anima vestra !* Une inscription en français vous prie de marcher doucement et de faire silence en cheminant à travers les couloirs. Qui sait si le bruit de vos pas ne réveillerait point dans l'âme des religieux cachés derrière ces murailles tout un monde de souvenirs, de douleurs, et peut-être de regrets ?

Ainsi disais-je du moins au coadjuteur, qui avait bien voulu causer avec moi.

— Les regrets ? me répondit-il. Nous ne les connaissons pas. Ici habite la paix. Nous obéissons à une règle que chacun de nous a choisie. Hors de nos statuts, nous sommes libres. Point de chaînes : le mondain a ses passions qui le dominent ; nous, nous avons dompté les nôtres. Ce qui terrifie l'homme, la pensée de la mort, nous apparaît comme une récompense. Cette solitude, qui vous paraît effrayante, nous devient bientôt chère. Les pères ne prennent leur repas en commun que deux fois l'an : au 1ᵉʳ janvier et le jour de la fête du général. Eh bien, quand le vénérable père veut nous combler de joie, il nous permet de dîner, ces jours-là, seuls dans notre cellule. L'habitude de la prière et de la contemplation est bonne, et la cellule longtemps continuée s'adoucit. *Cellula continuata dulcessit.* Ce n'est pas à vingt ans, monsieur, que je suis entré ici, et de près j'ai vu le monde. Croyez-moi, lorsque dans les premiers temps de mon arrivée au couvent, je songeais à tous ceux qui s'agitent là-bas, à tous ceux qui courent après la fortune,

les honneurs ou l'amour : — Pauvres gens ! me disais-je...
Ils cherchent le bonheur ! Ils ne le trouveront pas !

— Et vous l'avez trouvé ? demandai-je, sans doute in-
discrètement.

Il me répondit par la parole de saint Bernard :

— *O beata solitudo ! O sola beatitudo !*

Quand je sortis du couvent les oiseaux chantaient, les
sauterelles grinçaient dans les herbes, toutes les fleurs
des montagnes s'épanouissaient sur le bord du chemin.
Je m'étais enivré du philtre calmant du repos ; j'avais
hâte de goûter au cordial puissant de la vie. Pourtant,
respirant la senteur des pins, le grand air pur des monts,
le parfum des herbes : — La vie est un combat, me disais-je, et nul de nous n'a le droit de déserter à l'heure
de la mêlée ; mais ont-ils donc abandonné leur poste, ceux
qui se retirent à l'écart priant pour leurs frères tombés sur
le champ de bataille ?

III

De la Grande-Chartreuse à Chambéry. — *Le Pas de l'Échelle*. — Un botaniste. — Le lac du Bourget. — Rencontre d'une vipère. — Vieille chanson. — L'amoureux et le philosophe. — *Madame de Waran*. — Les cerises et mademoiselle Galley. — Claude Anet. — Le temps passé. — Ce qu'on pense de Rousseau. — L'album des voyageurs. — M. Arsène Houssaye.

Le lendemain, sur la route de Saint-Laurent du Pont à Chambéry, le postillon, qui était bavard, me montra, dans le creux d'un rocher, une excavation profonde qui, dit-il, servait autrefois de refuge à Mandrin et à sa troupe. Pareil asile du même Mandrin m'avait été désigné près de Voiron, dans ces montagnes escarpées qui tombent à pic sur la vallée de l'Isère. Singulière mémoire du peuple! Il se souvient de ceux-là seuls qui l'ont terrifié par leurs crimes! Le plus populaire des empereurs romains, ce n'est point Marc-Aurèle, c'est Néron.

Sur cette route, les *Échelles*, que Rousseau appelle dans ses *Confessions* le *Pas-de-l'Échelle*, me firent songer à son premier voyage à Chambéry, où il demeura si longtemps à contempler certaine cascade, « la plus belle, dit-il, qu'il vit de ses jours. » Elle s'appelle *la cascade de Thiboust*. Pour la montrer à mon voisin qui dormait, le conducteur l'éveilla. L'autre répondit par un grognement, et, quand il eut ouvert les yeux, la cascade, où se jouait en arc-en-ciel un rayon de soleil était déjà loin de nous.

Chambéry garde, malgré l'annexion, une certaine allure italienne. Les armes de la maison de Savoie surmontent ses monuments et ses palais. La ville est gaie; comme j'y entrais, les tambours battaient la retraite et parcouraient les rues joyeusement. J'apercevais par les fenêtres entr'ouvertes de hauts et superbes bahuts, des dressoirs garnis de faïences à faire pâlir d'envie les Rouennais. Un amateur donnerait sa fortune pour les posséder. Je me levai de grand matin, j'avais hâte de voir les Charmettes. Mais la ville s'éveillait à peine; j'avais le temps de donner un coup d'œil au lac du Bourget, plus bleu que le ciel qu'il reflète. Le chemin de fer de Chambéry à Annecy vous y transporte en dix minutes. A travers les prés qui y conduisent, je rencontrai un herboriste et je lui demandai si la saison des pervenches n'était point passée.

— Vous allez donc aux Charmettes? me dit-il en souriant. Non, il est encore des pervenches dans nos haies. Le pays est surtout riche en petites pervenches, *vinca minor* ou *violette aux sorciers*...

Mais je m'éloignai effrayé avant qu'il prit le temps de me dire que cette petite fleur, qu'on sème en Belgique sous les pas des jeunes mariées, appartient à la famille des *apocynées*. Ah! les savants! ah! Linnée!

Des bords du lac du Bourget le paysage est magnifique. Les villas se perdent dans les arbres aux pieds des monts, le soleil étincelle au milieu des eaux lumineuses, et, ce jour-là, parmi les brumes du matin, miroitait à l'horizon la neige éternelle des Alpes. Tout ce pays est parsemé de fleurs; c'est là que George Sand a placé la scène de *Mademoiselle de la Quintinie*. L'endroit est bien choisi pour parler de Dieu. Cheminant, je m'étais approché d'un petit ruisseau qui chante en courant par les prés: les jaunes nénufars s'y dressaient avec leurs fleurs régulières et je me penchais pour les cueillir, lorsque je vis à fleur d'eau, immobile, endormie, une petite vipère qui se laissait doucement aller au courant. Sa tête seule se dressait hors de l'eau; les yeux fermés, elle la présentait au vent qui la poussait comme une voile pendant que le soleil la réchauffait en la caressant. Rien n'était joli, paisible, innocent et doux comme ce petit serpent, et ses écailles grises se pailletaient d'étincelles charmantes. Je me reculai, le bruit l'éveilla. Elle s'enfonça brusquement en se tortillant sous les fleurs... Et j'essayai de regarder encore le petit ruisseau; mais la jolie vipère m'avait gâté pour cette fois le paysage.

Il fallait bien d'ailleurs aller aux Charmettes. N'était-ce pas pour cette visite que j'étais venu? Et j'hésitais, craignant de ne pas trouver les Charmettes véritables telles que ces Charmettes idéales que j'avais dans la mémoire. Qui de nous ne l'a rêvé, ce petit réduit à mi-côte sur un vallon, une petite maison blanche à volets verts, enfouie dans des touffes de fleurs?

.....Modus agri non ita magnus,
    Hortus ubi, et tecto vicinus jugis aquæ fons;
    Et paulum sylvæ super his foret.....

C'était aussi le : *Tels étaient mes vœux* d'Horace. Allais-je bien le trouver tel que je me le figurais?

Devant le théâtre de Chambéry, dont les murailles calcinées gardent la trace d'un incendie récent, la rue du Bocage, qui côtoie les casernes, vous conduit à un petit chemin placé à main droite, qui monte doucement, entouré de grands arbres. Les arbres sont ombreux, les haies sont hautes; un gamin de ruisseau court le long de la route. Le vent frais apporte par bouffées de douces senteurs d'aubépine. De temps à autre, à travers les arbres, apparaît une maison au milieu d'un jardin. A des laveuses qui chantaient, je demandai la maison des Charmettes.

— C'est le bon chemin, me dit l'une d'elles. Arrêtez-vous devant la troisième maison à votre droite.

Puis elles reprirent leur chanson aussitôt, une chanson étrange, rêveuse, vieillotte, avec je ne sais quoi de naïf et de plaintif qui me rappela les menuets de Rameau. Il me semblait, en m'éloignant, entendre à travers le vent cette vieille chanson que chantait la tante de Rousseau « avec un filet de voix si douce! »

        Un cœur s'expose
        A trop s'engager
        Avec un berger.
    Et toujours l'épine est sous la rose.

« Dirait-on, écrit Rousseau, que moi, vieux radoteur,

» rongé de soucis et de peines, je me surprends quelque-
» fois à pleurer comme un enfant en marmottant ces pe-
» tits airs d'une voix déjà cassée et tremblante ? » Et qui
de nous n'a pas, comme Rousseau, ses airs préférés avec
lesquels il reconstituerait toute sa vie, depuis la dor-
meuse que fredonnait la nourrice, jusqu'à la chanson nouvelle apprise depuis la veille, en passant par la romance
que disait si bien celle qu'on aima la première ? Qui de
nous n'a conservé, de tant d'espérances, de tant d'amours
et de tant de rêves, quelques notes de musique qu'on
murmure parfois comme pour évoquer le passé disparu ?

J'aperçus enfin les Charmettes, « placées à mi-hauteur
sur un vallon, » telles que je les attendais, avec leur
jardin et leur terrasse qui laisse apercevoir au loin Chambéry, la plaine, les monts. C'est une petite maison aux
toits d'ardoise, toute tapissée de rosiers grimpants qui
s'effeuillaient, laissant tomber une pluie adorante. Deux
acacias ombragent l'entrée, deux acacias qui ont abrité
Rousseau lisant aux côtés de madame de Warens. Que
de fois s'est-il arrêté là, causant avec elle ou la contemplant ! que de fois ont-ils suivi les allées de ce verger
tout rayonnant de fleurs, tout lumineux de soleil ! Voilà
bien la maison que Rousseau nous a décrite : « Au-de-
» vant, un jardin en terrasse ; une vigne au-dessus, un
» verger au-dessous ; vis-à-vis, un petit bois de châtai-
» gniers... » Non, les châtaigniers n'y sont plus. Les
châtaigniers sont abattus... Et maintenant Rousseau ne
pourrait plus aller songer sous leur ombre. Mais le temps
a eu beau s'acharner contre cette pauvre maison, mais
le cruel a eu beau faire, ceux qui ont vécu là y sont tou-

jours, et, — la maison muette, la porte fermée, — je
n'osais point frapper, craignant de voir apparaître le
visage irrité de Rousseau me demandant de quel droit je
venais le troubler dans sa retraite et le chercher dans
son bonheur. Hélas ! oui, c'était le visage attristé du solitaire d'Ermenonville qui m'apparaissait tout d'abord aux
Charmettes. Là où je venais chercher l'amoureux, l'éco-
lier de Genève, je rencontrais le misanthrope.

N'était-ce pas cette plaque de marbre blanc, placée
dans la muraille et déjà fendillée, qui évoquait le Rousseau souffrant et chagrin, en ce jardin où avait passé le
Rousseau rayonnant et plein d'espoir ? Elle a été placée
là en 1792 par Hérault de Séchelles, commissaire de la
Convention au département du Mont-Blanc, et le conven-
tionnel a sans doute composé l'inscription lui-même :

> Réduit par Jean-Jacque habité,
> Tu me rappelles son génie,
> Sa solitude, sa fierté,
> Et ses malheurs et sa folie.
> A la gloire, à la vérité
> Il osa consacrer sa vie,
> Et fut toujours persécuté
> Ou par lui-même, ou par l'envie.

Mais est-ce bien là qu'il fallait graver ces vers mélan-
coliques ? Berceau de l'amour, devais-tu recevoir cette
inscription digne d'une tombe ! Il a donc fallu qu'on vînt
rappeler aux Charmettes que, là-bas, bien loin, le Rousseau qu'elles avaient connu enivré d'amour n'avait rencontré que le désespoir ? Les Charmettes ! Montmorency !

Quelle antithèse! Le départ et l'arrivée, le matin et le soir. Et que lui importait? Ici Rousseau trouvait la poésie de l'espérance, là-bas celle du souvenir.

C'est aux Charmettes qu'on comprend Rousseau, le Rousseau jeune et ardent, à peine échappé de ses livres, tout à ses contemplations, aux battements de son cœur, à ses rêves! Tout son bonheur évanoui se redresse ici, se ranime, apparait à travers la brume du passé. La servante qui me guidait ouvrit la porte du rez-de-chaussée, et je me trouvai dans une salle lambrissée de chêne, garnie d'un bahut, de meubles et de quelques chaises qui sont postérieurs au roman des Charmettes. Puis, dans une salle attenante, elle me dit, me montrant une peinture assez médiocre représentant *Omphale* avec je ne sais quel Hercule à ses pieds, et, en face de cette image mythologique, une méchante lithographie d'un portrait de Rousseau :

— C'est *elle*...

Et : — C'est *lui*...

Elle et lui ! Pas de noms. On les sait bien, les noms qu'on vient demander ici ! Je questionnai la paysanne, pour savoir si elle connaissait ceux dont elle parlait : — Est-ce madame de Warens ?... dis-je. — C'est madame de *Waran*, répondit-elle en prononçant à la façon savoisienne. Et je regardai encore le portrait. Non, ce n'est pas madame de Warens. Ce n'est pas elle, pas plus que ce Rousseau morose et ridé qui lui fait face n'est le Rousseau aimant et aimable des Charmettes. Ce n'est pas madame de Warens, cette forte femme qui sourit bêtement à ce gros Hercule sanguin. Rien de madame de Warens

ne survit dans ce portrait... Je la retrouverais plutôt
dans ce miroir ingrat qui n'a rien gardé de son image,
mais devant lequel pourtant elle a souri et qui lui a vu
dénouer ses beaux cheveux blonds pendant que Rousseau
peut-être la contemplait du fond de la salle. Pour les
revoir tous deux, il faut fermer les yeux, et ne pas regarder ces cartouches en soie rose et jaune, odieuses
associations de couleurs qui sont de leur temps cependant ; il faut aller à la fenêtre, respirer la senteur des
roses. Et soudain, l'évocation est faite. Les Charmettes
abandonnées s'animent ; entendez-vous le rire franc de
madame de Warens qui revient d'une promenade au
verger ?... Elle a cueilli des herbes dans sa course, elle
en fera tout à l'heure quelqu'une de ces mixtures qu'elle
distribue aux paysans. Qu'elle est charmante, petite,
fraîche, grasse, appétissante et gaie, la nouvelle convertie qui convertit les plus rebelles à l'amour ! Et Rousseau la suit de loin, la regardant avec son œil profond, et
lui reprochant d'aller vers son fourneau, quand le clavecin est là-bas qui réclame les doigts des deux amoureux... Tout à l'heure, la voyant empressée autour de
son feu, il lui dira : *Maman*, « voici un duo charmant qui
» m'a bien l'air de faire sentir l'empyreume à vos dro-
» gues !... » Et l'entendez-vous lui répondre : « Ah !
» par ma foi, si tu me les fais brûler, je te les ferai man-
» ger ! » — « Tout en disputant, je l'entraînais à son clave-
» cin ; on s'y oubliait ; l'extrait de genièvre ou l'absinthe
» était calciné ; elle m'en barbouillait le visage, et tout
» cela était délicieux ! »

Ah ! pauvre Rousseau, comme te voilà gai et bien heu-

reux ! et dirais-tu qu'il est là-bas, là-bas, un méchant
logis, rue Plâtrière, où les caresses d'une mégère essaye-
ront d'effacer les tendresses de madame de Warens? N'y
songe pas, — n'y songe pas... ou plutôt, quand ce rêve
aura disparu, songes-y souvent ; et à ceux qui te deman-
deront : « Comment pouvez-vous vous souvenir d'un
» temps si éloigné? » réponds en t'étonnant : « Un temps
» éloigné ! mais c'était hier ! » Le souvenir des heures
fortunées efface en effet toutes les peines, toutes les
déceptions, toutes les souffrances qui séparent la veille
du lendemain. En l'évoquant on le revoit, ce passé,
tout entier, et le spectre même de la jeunesse garde encore, dans sa pâleur, un reflet du bon temps. — Se souvenir, disait Béranger, un autre rêveur qui voulait être
sceptique et qui ne l'était pas toujours, *se souvenir*, c'est
refaire du printemps. Ah ! les belles années ! « Je me
levais, dit Rousseau, avec le soleil, et j'étais heureux ; je
me promenais, et j'étais heureux ; je voyais maman, et j'é-
tais heureux ; je la quittais, et j'étais heureux ; je parcourais
les bois, les coteaux, j'errais dans les vallons, je lisais, j'étais
oisif, je travaillais au jardin, je cueillais les fruits, j'aidais
au ménage, et le bonheur me suivait partout. » — *Il était
tout en moi-même*, ajoute le malheureux, qui savait bien que
la course au bonheur ne peut se faire que lorsque le bonheur vous sert de coursier. En ce temps-là, qu'il visât au
cœur mademoiselle Galley en lui jetant ses lèvres avec les
cerises du cerisier, ou qu'il demeurât au logis assis devant
son clavecin, il était au comble de ses vœux, Jean-Jacques. Madame de Warens ne se contentait pas de faire des
heureux ; je suis certain qu'elle faisait le bonheur. Et

comment n'en eût-il pas été ainsi? Elle était bonne ;
elle prenait soin de tout et de tous... Le premier jour
qu'elle alla aux Charmettes, comme elle « était assez
pesante, et craignant de trop fatiguer ses porteurs, elle
voulut faire le chemin à pied. » Elle pratiquait l'aumône ;
elle avait soin que chacun mangeât à son appétit chez
elle, et plus d'une fois elle a fait elle-même le café au
lait du matin et la soupe du soir. C'est elle qui disait :
« L'hygiène devrait entrer dans l'éducation. Savoir vivre
intéresse tous les hommes [1]. » — Je ne m'étonne pas
qu'on en devint si vite amoureux. Regardez son portrait,
— La Guillermie vient de le graver, d'après Pasini, pour
le livre d'Arsène Houssaye ; — c'est la bonté, la grâce,
l'esprit, la séduction, je ne sais quoi d'honnêtement
coquet, de bien portant, de sain et de doux. — *Elle était
douce*, répète souvent Rousseau. C'est en songeant à elle,
dit Corrancez, qu'il a écrit : La première vertu d'une
femme est la douceur.

On la voit bientôt reparaître et marcher vivante dans
ce cadre de verdure où chantent les oiseaux, où joue le
soleil. On voit aussi Rousseau et aussi Claude Anet, cette
sympathique figure, un peu austère, imposante dans sa
simplicité. Un homme du peuple, ce Claude Anet, mais de
ce peuple qui fait les grands hommes et les grandes choses, instruit, grave, silencieux. Il leur en imposait à tous

1. M. Arsène Houssaye, dans son très-curieux, très-attachant,
très-sérieux ouvrage, *les Charmettes*, a réuni plusieurs des pensées
de madame de Warens. On fera bien de lire ce volume, un des
meilleurs de l'auteur du *Roi Voltaire* qui connaît le xviii* siècle
mieux que s'il l'avait vécu tout entier.

les deux. Madame de Warens respectait d'ailleurs cet amoureux, qui avait avalé du laudanum parce qu'il ne voulait pas avouer l'amour qu'il avait pour elle. Il fut le professeur de botanique de Rousseau ; mais peut-être lui enseigna-t-il à connaître les hommes en même temps que les fleurs. Je me figure le jeune homme écoutant parler Claude, et peut-être est-ce à ce jardinier, qui était à proprement parler un intendant, que le philosophe dut son amour immense de la démocratie. Qui sait si bien souvent, dans le *Contrat social* et dans la *Profession de foi du vicaire savoyard*, ce Claude Anet ne parlait pas ?

Mais où Jean-Jacques parlait seul, — et encore il parlait quelquefois avec la voix de madame de Warens, — c'est lorsqu'il écrivait les *Confessions*, ces admirables, ces inimitables tableaux, ces rêveries, ces songeries, ces simples pages où le cœur seul se fait sentir, et qui ont fait plus que toutes les autres pour sa gloire. « Chaleur, dit M. Michelet, mélodie pénétrante, voilà la magie de Rousseau. Sa force, comme elle est dans l'*Émile* et le *Contrat social*, peut être discutée, combattue ; mais par ses *Confessions*, par sa faiblesse, il a vaincu : tous ont pleuré. » Une larme a suffi pour accomplir ce que le rire de Voltaire a produit, ce grand rire révolutionnaire qui retentit encore à travers le monde, et qui renverse les murailles comme les trompettes de Josué les remparts de Jéricho.

Et qui dira de quel côté doit pencher la balance ? Qui a le plus fait pour le monde ? A qui devons-nous d'être ce que nous sommes ? A Voltaire ? à Rousseau ? — A tous les deux, à cette raison suprême, à cette passion éloquente, à ce grand esprit et à cette grande âme. Et l'on essayerait de les saper l'un par l'autre, alors que la mort, plus juste que la vie, les a réunis côte à côte! Le destin est profond; il a voulu qu'on rencontrât à la fois, dans un même moment, les deux plus grandes manifestations de la nature humaine : la raison qui fonde et le dévouement qui délivre!...

La servante qui me conduisait avait, paraît-il, la soupe à tremper pour les paysans qui faisaient les foins. Elle me fit rapidement *admirer* la montre apocryphe de Rousseau, et son clavecin, et sa chambre, et le livre où les passants ont tenu à écrire leurs pensées. C'est un méchant cahier sali par toutes les mains et tous les médiocres esprits... Les commis voyageurs et les bourgeois en tournée s'arrêtent là pour tracer péniblement quelque triomphante ineptie. « *O Rousseau, roi des niyauds!* dit 'un. — *Tout pour lui, rien pour les autres !* dit l'autre. — M. Prud'homme, songeant au portrait d'*Omphale*, écrit : *Jean-Jacques est un corrupteur dont on aurait dû brûler la maison pour qu'on n'y voye (sic) plus de femmes nues !* » — Sainte tolérance! — Et, côte à côte, des pensées comme celle-ci : « *Il fallait à Jean-Jacques un cœur bien chaud pour ne pas mourir de froid ici*, ou : *Napoléon a dit : — La Russie a avalé la Pologne : elle ne la digérera pas !* »

Puis étonnez-vous, en lisant ce cahier, que Rousseau estimât si fort Alceste! Je n'ai jamais pu me résigner à prendre la foule, — qui devient notre souverain véritable, à certaines heures, — en flagrant délit de bêtise. Ces phrases maudites me faisaient songer à la petite vipère encadrée dans le délicieux paysage du Bourget. En cherchant bien, à peine ai-je trouvé deux phrases consolantes dans ce fouillis irritant, je tiens à les citer :

> Jean s'en alla comme il était venu,
> Avec sa gloire et toute sa vertu.

Et plus bas : Adieu, Jean-Jacques ! « Un ami. »
Je partis.

En descendant le chemin déjà envahi par l'ombre du soir, je cueillis un bouquet de pervenches, qui abondent dans les haies, de ces pervenches qui faisaient battre le cœur du solitaire d'Ermenonville, une pervenche de Rousseau ; car ces pervenches sont bien à lui ! Le génie (et c'est sa richésse) conquiert pour l'éternité ce qui n'est que passager pour les autres hommes. Et, songeant alors que le roman de Rousseau est le roman de tous, je redisais avec Arsène Houssaye, dont le beau et consolant livre est le meilleur guide et le plus poétique, — partant le plus sûr — pour ce *voyage aux Charmettes* : « Ami lecteur, les » vraies Charmettes pour toi, c'est le pays, c'est la mon- » tagne, c'est la forêt où tu as aimé ; car nous avons tous » nos Charmettes, une part de paradis sur la terre, où » nous ne savons pas rester ! »

Mais n'avons-nous pas aussi, pour rouvrir ce paradis perdu, la clef magique, la clef sainte, la clef d'or du souvenir ?...

IV

VOYAGE A CHERBOURG

C'était l'an dernier. On m'annonça, un soir, que deux navires américains s'étaient canonnés en vue de Cherbourg, et que l'un des deux avait coulé l'autre. La nouvelle de ce combat entre le *Kerseage* et l'*Alabama* ne m'était pas plutôt connue que je prenais le train de Cherbourg, afin de mieux savoir comment avait eu lieu ce terrible duel.

La saison était belle, d'ailleurs, pour un voyage, par ce mois de juin où tout est fleuri, où s'épanouissent les roses en dépit des poëtes qui veulent les faire naître au mois de mai. Jamais la Normandie sera-t-elle plus ver-

doyante et plus riche? Il faut choisir de son mieux,
quand on voyage, l'heure du départ, si l'on veut être
juste envers les pays qu'on traverse. Pourra-t-on jamais,
par exemple, croire que Séville est le paradis du monde,
si on passe à Séville par une pluie battante? Je connais
un homme de goût qui avait résolu, depuis nombre d'années, de visiter la classique Venise. Ce qu'il se promettait
de surprises et d'émotions était incalculable. Un beau
matin, il fait ses malles il part subitement, il court aux
Alpes, il traverse Milan au pas de course, à peine jette-
t-il les yeux sur le fameux quadrilatère, et quand il met
le pied sur une gondole vénitienne, un orage éclate sur
la Piazzetta. Aussi bien, en apercevant ces ruelles noires
où clapotait une eau qui lui parut celle du Styx, mon
touriste sentit tomber droit sur ses épaules comme un
manteau de plomb, et, — moquez-vous de lui, — il re-
prit sur-le-champ, aussitôt, sans hésiter, le chemin de
Milan, qui était celui de Paris. Et parlez-lui de Venise à
présent! Il vous dira qu'il y fait toujours nuit, qu'il y
pleut toujours, et que jamais on n'y peut trouver un atome
d'air respirable.

Le grand tort des voyages en chemin de fer est de
nous habituer à raisonner sur les villes qu'on traverse à
peu près comme mon ami raisonne sur Venise. Que si
l'on part la nuit, par exemple, — et tel était mon cas
ce soir-là, — on risque fort de n'avoir qu'une idée très-
affaiblie des diverses stations de la route. Vous aurez
beau faire et m'interroger de toutes les façons, si je n'a-
vais vu Évreux auparavant, je vous répondrais, avec une
légitime obstination, que c'est une ville où l'on s'arrête

cinq ou six minutes, à onze heures du soir, pour manger des sandwichs au buffet. Qu'importe, après tout, et n'est-ce pas là un souvenir comme un autre? J'avais trouvé à Evreux une déception plus grande, le jour où j'y avais cherché la maison de Buzot, ignorant que la Terreur avait fait tomber du même coup la tête et la maison du Girondin.

Le jour devait se lever pour nous à Caen, et j'en profitai pour regarder, à gauche de la route, ces pittoresques masures, aux poutres saillantes, qui font songer aux logis en auvent du XVIe siècle. Quelque boulevard, bien régulier et bâti droit comme une rue de New-York, passera un jour ou l'autre sur ces maisons vieilles de souvenirs, et remplacera leur bizarrerie par son uniformité. Depuis que les ingénieurs disputent la terre aux poètes, ce sont les antiquités qui payent les frais du procès. J'ai dit procès, et pardieu, ne sommes-nous pas en Normandie? Ce pays est charmant, d'un vert riche et superbe sous un ciel un peu gris. Les paysagistes sont d'heureux hommes; ils n'ont qu'à prendre le train qui chauffe pour trouver des tableaux tout faits. A travers les brumes du matin, voici les prairies humides de rosée, les robustes pommiers qui ne veulent pas grandir pour offrir de plus près leurs branches aux passants, les vaches tachetées paissant et regardant avec ces grandes prunelles étonnées plus impénétrables que les yeux du Sphinx. De temps à autre des moutons; une fermière passe, portant à ce village dont le clocher perce le brouillard là-bas, un pot de lait ou des œufs. — Décidément, le fameux bonnet de coton émigre du Calvados. J'en ai vu bien peu et qui m'ont semblé timides. Les paysannes lui préfèrent la coiffe normande qui s'élève fièrement sur le chignon, absolument comme le filet des Anglaises s'abaisse sur la nuque.

On ne se lasse pas de contempler ces plaines verdoyantes, *plantureuses*, puisque le mot est inévitable. C'est la route que suivit, il y a plus de trente ans, celui qui fut Charles X. Il laissait Paris en fièvre, tout enflammé de sa victoire et de sa liberté. Et nul ne saluait peut-être le dernier des Bourbons en chemin pour Holyrood. Je me trompe ; comme à Charles Ier vaincu, et traversant l'île de Whigt, une enfant avait offert quelques fleurs, Chênedollé, l'ami de Châteaubriand. devait apporter un bouquet à son roi. « Au Val-de-Vire, dit » M. Louis Blanc[1], des femmes, des vieillards, des en» fants, sortis de la maison de Chênedollé, accoururent » sur le chemin, tenant des branches de lis qu'ils donnè» rent aux fugitifs. Famille d'un poëte saluant celle d'un » roi sur la route de l'exil ! » C'est ainsi que ce qu'on a lu, ce qu'on a pensé, ce qu'on a aimé, ce qu'on a rêvé, apparaît au voyageur à mesure qu'un nom, entendu tout à coup, un clocher, un village entrevus. évoquent subitement quelque chose du passé...

Et les paysages se succèdent, les chemins bordés de haies vives, les villages blottis dans la verdure, les châteaux ruinés ou transformés en usines, les vieilles églises, les ruisseaux courant dans les prés, les arbres et les maisons se suivent, et la route s'achève sans qu'on soit sorti

---

1. *Histoire de Dix Ans*, tome Ier, p. 156.

de cette rêverie muette que le balancement du wagon rend encore plus profonde et plus douce.

On arrive à Cherbourg au milieu d'un défilé de roches rougeâtres, parsemées de rares pieds de digitales et surmontées d'une vigie; à gauche, une petite maison chinoise. L'impression est d'abord mesquine. La mer n'apparaît que comme un petit point resserré au bout d'un canal. On longe des quais assez étroits, quelques navires se balancent en petit nombre dans le port. Mais on avance, la ligne de la mer s'élargit, peu à peu on aperçoit des vaisseaux nombreux et de haut bord, çà et là des forts menaçants, et, en tournant la tête vers le point de départ, cette audacieuse montagne du Roule qui domine Cherbourg, avec sa crête couronnée de murailles et de canons.

Ma première visite fut pour le *Kerseage*. Un quartier-maître nous reçut aussitôt, et, après permission accordée de visiter le navire, nous laissa libres d'aller et de venir, du pont à la cale. L'équipage travaillait sans relâche à réparer les dégâts des boulets. Quel spectacle! La chaudière endommagée, enfoncée, des traces de mitraille à l'hélice; des débris de bois flottant à l'entour sur la mer; l'avant sillonné par les boulets, et les sabords déchirés par les projectiles de l'*Alabama*.

D'ailleurs rien n'indiquait, sauf ces avaries, que le *Kerseage* eût été le théâtre d'une lutte. Tout était déjà propre et réparé en grande partie. Les sabres d'abordage et les haches demeuraient encore disposés pour le cas d'une tuerie corps à corps; mais on avait jeté sur les canons la pacifique toile goudronnée qui les protége contre la pluie. N'étaient les flancs du navire labourés par le fer, on ne croirait pas, me disais-je, à la moindre escarmouche. Le *Kerseage* est un trois-mâts barque assez long, portant, outre les canons ordinaires, deux pièces de 150, semblables à celles de notre splendide *Magenta*, et qui ont dû nécessairement causer la perte de l'*Alabama*. Il n'a point de batteries; toute son artillerie est disposée sur le pont.

Je regardais l'équipage, assis de tous côtés : les uns raccommodant les voiles, les autres polissant les pièces, plusieurs assis et lisant quelque journal anglais. Dans un coin, un vieux matelot enseignait un petit mousse à épeler la Bible. Plus loin, un nègre riait, jouant avec des couteaux à la façon de nos Chinois du Cirque, pendant que deux ou trois matelots se reculaient, les gestes anguleux et simulant une frayeur comique, lorsque devant les bombes aucun d'eux n'avait tremblé. Tous les autres semblaient sérieux ; celui-ci écrivait, celui-là lisait une lettre je ne sais d'où venue; graves, ils nous laissaient passer sans témoigner ni complaisance ni ennui.

J'avais vu, le matin même, se promenant ou plutôt errant à travers les rues de Cherbourg, l'équipage de l'*Alabama*, figures hâlées par une campagne de trois ans, tournures farouches, peaux bronzées. Les matelots du *Kerseage* étaient plus disciplinés; leurs costumes étaient uniformes; en un mot, des soldats. Peut-être avaient-ils moins que les matelots de l'*Alabama* l'intrépidité fougueuse, cette *furia* qui fait qu'une poignée d'hommes s'empare quelquefois à l'abordage d'un navire formidable. A coup sûr ils possédaient plus qu'eux la précision, l'ordre, la méthode. Leurs coups n'ont été si rudes que parce qu'ils ont été portés par des canonniers exercés, avec un sang-froid que rien n'égale. Le flegme encore une fois avait triomphé de l'audace. Mais ne peut-on regretter que ces hommes, faits évidemment pour se compléter les uns par les autres, soient divisés par une guerre obstinée? Le temps reviendra bien où le Nord et le Sud ne formeront plus, comme auparavant, qu'un grand peuple libre.

Après avoir reçu des officiers le salut que nous leur avions donné, je jetai un dernier regard à ce navire qui devait partir bientôt et que de nouveaux combats attendent encore. Il se détachait à quelques brasses du *Napoléon*, noir, son cuivre brillant, çà et là un morceau de bois neuf indiquant la trace des boulets, les voiles repliées et déployant avec fierté le drapeau constellé des fédéraux.

Quand on visite un port de mer, il est bien naturel qu'on tienne à visiter un et plusieurs navires. Pauvres Parisiens! nous sommes, sous ce rapport, d'une ignorance effroyable, et si nous n'avions vu le fameux vaisseau du *Fils de la nuit* et cette malheureuse frégate-école qui n'affronte plus que l'abordage des baigneurs, nous en serions réduits à nous figurer que les bâtiments modernes ressemblent à ceux qu'on aperçoit sur les armes de notre bonne ville de Paris. Rassurez-vous, il n'en est rien.

Le *Magenta* était dans le port; je ne pouvais pas mieux tomber. Pour arriver jusqu'à lui, il me fallut traverser l'Arsenal, et je ne regrettai pas mes courses à travers la corderie, la manutention, les salaisons, la fonderie. Les bâtiments de constructions navales et d'approvisionnement de Cherbourg sont des mondes véritables. J'en suis sorti émerveillé, et légèrement atteint dans mes convictions intimes : à savoir, que les rêveurs sont les privilégiés des humains. Réellement, on se sent petit devant ces machines énormes qui se meuvent avec une précision si parfaite, tournent avec une inouïe rapidité, glissent sans bruit ou mugissent à leur fantaisie et ramènent brusquement leurs tiges de fer, semblables à des bras de géants. Tantôt, comme une bête fauve, elles soufflent bruyamment, tantôt elles sifflent d'une façon sinistre. Elles vont, dirait-on, tout ébranler, éclater, se rompre, et la main d'un enfant pourrait les dompter en une seconde. Elles servent à moudre le blé qui, par des machines mises encore en mouvement par la même source de vapeur, le blutent, enlèvent les pellicules du grain et font tomber dans un réservoir la farine réduite à une finesse extrême. Dix-neuf ouvriers seulement sont occupés à la minoterie, mais grâce aux machines, ils produisent, dans une journée, douze mille sacs de blé. Ces chiffres, ce semble, sont éloquents.

Certes, je suis loin de préférer aux jouissances de l'âme les jouissances matérielles. Un beau poëme me charmera toujours plus qu'une machine superbe, et je ne comparerai jamais Guttenberg à Homère. (Pourtant, il faut bien avouer que sans Guttenberg, Homère serait considérablement affaibli). Mais j'aime à la fois et la poésie du poëme sorti vivant du cerveau créateur, et la poésie de la machine qui transmet ce poëme à des millions de lecteurs, machine inconsciente de ses bienfaits, mais qui, toute matérielle, me paraît cependant une des manifestations les plus puissantes de l'humanité,

puisqu'elle est fille elle aussi du cerveau humain.
Loin de me sentir supérieur aux hommes du fait, quand
je me trouve en présence de ces créations de l'activité
des hommes, je m'incline, au contraire, devant leur force,
et si tout ce qui touche à l'âme ne devait marcher en
première ligne, je me demanderais si l'homme qui console son semblable par quelques vers harmonieux n'est
pas au-dessous de celui qui lui donne le bonheur en faisant tisser par le métier le vêtement qui le couvrira à
meilleur marché.

On va m'accuser de matérialisme, peu m'importe! mais
ceux qui font jaillir de la matière la poésie qu'elle renferme peut-être à l'état latent me semblent bien loin des
matérialistes. L'éclectisme a été tant raillé; ce compromis,
souvent intelligent, mais souvent lâche, a tant d'adversaires, que je n'ose pas demander qu'on allie à l'admiration pour les spéculations de l'esprit l'admiration pour
les travaux matériels. Ce serait pourtant le seul moyen
d'être dans la vérité, et surtout d'être de son temps. Je dis
de son temps et non de son moment, entendons-nous bien.

Nous avions pour guide, à travers ce microcosme de
provisions, M. Le Sens, chef de manutention supérieur,
qui nous expliquait avec une excessive bienveillance la
façon dont se prépare le *harnois de bouche* d'un vaisseau.
Je n'avais jamais mis la dent sur un biscuit de mer. Notre
guide ouvrit une case énorme, une sorte d'armoire si
exactement remplie de biscuits qu'on n'y pourrait ajouter
une feuille de papier. Le nombre de biscuits contenus
dans ces cases est inscrit sur la porte. Un gramme de blé
doit se retrouver ainsi, à l'heure des comptes.

Je goûtai à ces biscuits; ils sont excellents, fabriqués avec le gruau de froment, et portent gravés le lieu et la date de leur fabrication : *Cherbourg*, 1864, ou Brest, ou Toulon. Ils sortaient du four; ils étaient chauds encore; mais ils peuvent se conserver durant un temps fort considérable. Du bâtiment aux biscuits, nous entrâmes dans le bâtiment des salaisons. Après l'odeur saine et savoureuse du pain, l'odeur pénétrante du hareng. Les salaisons se font dans des tonnes énormes qui servirent, il y a plus de trois siècles, à la construction de la digue de Cherbourg. L'eau de la mer a rongé leurs cercles de fer et miné leur bois, mais cette sorte d'épreuve n'a fait que rendre les tonnes meilleures pour préparer les salaisons. Pour la première fois, je compris là que les Hollandais avaient eu raison d'élever une statue à l'homme qui leur a appris à saler le hareng. D'ailleurs, que voulez-vous qu'on ne soit pas surpris? A Cherbourg, il se fabrique chaque jour des provisions de bouche pour six mille hommes, et la manutention est montée pour nourrir pendant un temps considérable une garnison de cinquante mille hommes.

Tout est gigantesque, en vérité. La corderie, où se confectionnent les câbles, est immense. Durant vingt minutes à peu près nous marchâmes dans le bâtiment, et nous longions toujours le même câble roulé sur des poulies. Plus loin, la forge nous ouvrit ses portes et nous voilà dans l'antre des Titans. Des machines colossales ploient et briseraient comme verre des ancres hautes comme la moitié d'une maison. On nous fit voir une machine qui, s'abaissant ainsi qu'un marteau sur une enchume, fit voler en éclat un madrier énorme. La même machine, — jugez de sa précision, — casserait, en s'abaissant de même, une noisette sans entamer l'amande et bouche hermétiquement une bouteille sans la briser.

Le port nous attendait. Les officiers nous reçurent avec cette politesse presque affectueuse qui caractérise les marins. Le lieutenant nous conduisit à travers tous les dédales de son bâtiment, — j'allais dire, sans rien exagérer, de son monument. La main sur la conscience, croyez-vous, dites-moi, qu'on puisse s'égarer dans un navire? Pour moi, qui perdis un moment mon guide, j'errai durant quelques minutes, au milieu de petits couloirs sombres, de sacs et de cordages, de lanternes et de balais, de tout un attirail embarrassant pour mes jambes inexpérimentées, et je revis la lumière avec une véritable joie. En pareil cas, on aurait beau crier, je crois qu'on ne vous entendrait guère. C'est encore un abrégé du monde, un navire comme le *Magenta*. Ce vaisseau gigantesque est d'ailleurs un des plus beaux de notre marine. Il va prendre la mer bientôt, en même temps que le *Napoléon*, que nous apercevions en rade, prêt à partir pour le Mexique. Avec ses canons terribles, ses formidables batteries, sa garnison de matelots aguerris, le *Magenta* m'a fait l'effet d'être un adversaire redoutable. Quel épouvantable bruit, lorsque ces canons éclatent en même temps, comme un cratère! Et quel spectacle horrible doit présenter le pont d'un tel navire, si luisant, si propre, entretenu avec un soin dont on ne saurait se faire une idée, lorsque le sang coule, lorsque l'abordage ou les

boulets jettent çà et là des cadavres! Une bataille ordinaire est terrible, mais le combat naval, avec son immobilité, doit être plus affreux encore. Les pièces d'artillerie
sont pointées maintenant avec une précision parfaite et
dirigées à l'aide d'une sorte de régulateur. Les ordres ne
se transmettent plus avec le porte-voix. Le capitaine,
placé sur son banc de quart, peut, à l'aide d'une mécanique disposée comme une sorte de timbre électrique,
donner ses ordres depuis le pont jusqu'à la cale. Le
lieutenant nous montra l'éperon formidable dont le navire
était armé. Décidément les hommes sont aussi ingénieux lorsqu'il s'agit de destruction que lorsqu'il est
question de bien être. Un éperon de cette taille, par le
poids seul du navire, partagerait en deux un trois-mâts
comme le *Kerseaye*, par exemple. On aurait cette fois le
droit de mépriser l'industrie humaine, mais ce raffine-
ment dans les engins de guerre n'est-ce pas aussi un
acheminement vers la paix? On l'a dit depuis longtemps, quand une seule bombe asphyxiante ou autre
anéantira un régiment entier, les hommes ne seront
pas assez sots, je l'espère, pour se bombarder... *Ma chi
lo sa?*

Ce qui m'a frappé, d'ailleurs, dans ce *Magenta* gigantesque, ce n'est pas son formidable aspect, ses batteries
menaçantes, ce n'est pas même sa propreté et son bon
ordre, c'est une petite cabine d'officier. Une cellule, un
retrait, un endroit où l'homme est seul, bien seul, où il
est libre véritablement, telle est la cabine. Cela est petit,
la moitié de nos plus petites chambres, mais il y là une
table, un lit, une armoire, une fenêtre s'ouvrant sur la

mer, il y a surtout ce qui fait la vie supportable, les souvenirs... Çà et là des livres, bien choisis pour la plupart (ceux qui lisent peu lisent bien), des gravures, des armes étrangères rapportées je ne sais d'où, puis, toujours à portée du regard, de petits portraits, celui de la mère, le portrait de la sœur, peut-être aussi celui de la fiancée... Voilà surtout où cette mode de l'album est douce. L'album! ces petits portraits-cartes, grands comme la main, quelle invention charmante encore. Grâce à eux, dans un livre qu'on feuillète souvent peut tenir tout ce que l'on aime. On regarde ce morceau de papier où revit tout entière la personne chérie, on lui parle, elle vous répond, elle sourit parfois... Je suis bien sûr que dans l'album de ces officiers, ce n'est pas un pêle-mêle de fantaisie où les illustres personnages coudoient les renommées mal dorées... Il n'est pas fait, celui-là, pour traîner sur une table à portée de toutes les mains distraites, mais pour être ouvert aux heures de mélancolie et consulté comme un ami qui vous parle sans cesse de ceux qui sont restés là-bas, au pays... de ceux qui sont plus loin encore...

La veille de mon arrivée à Cherbourg, on avait, paraît-il, lancé à la mer la frégate la *Flandre*. Voilà un spectacle que j'ai regretté. Cette masse entrant tout à coup dans l'eau profonde, y creusant brutalement un gouffre, et la mer irritée, écumante, prête à l'engloutir. Puis, la frégate victorieuse reparaissant orgueilleusement sur la mer domptée... Tout cela doit produire une émotion sans égale. Mais je ne pus voir la *Flandre* que sortie de son bassin, de ces bassins construits comme n'en bâtissaient pas les Romains. On me montra, non loin de là, la trirème romaine qui faisait, il y un an ou deux, l'admiration des badauds à Asnières, je crois. Là – bas, auprès de ces vaisseaux superbes, la pauvre trirème a l'air triste, elle s'ennuie, humiliée... Elle fait l'effet d'un anachronisme, et je suis persuadé qu'elle le sent bien. La vérité est que je ne me risquerais pas sur l'Océan dans cette trirème pour une fortune. J'aimerais mieux le *Géant* cent fois, avec Nadar pour capitaine, et la culbute de Neubourg au bout du voyage.

Si j'étais demeuré huit jours de plus à Cherbourg, je revenais avec une encyclopédie maritime à défier le capitaine Mayne-Reide ou M. de La Landelle. Encore un peu et je me serais surpris à jurer par *mille sabords* et à discuter *cartahuts* avec les marins de première force. L'air de la Manche m'avait peut-être grisé. Mais je quittai le port pour la ville, et il me fallut oublier mes connaissances navales pour me souvenir de mes pauvres éléments d'archéologie.

Je n'ai pas vu tous les monuments de Cherbourg. Dieu m'en garde! J'ai vu le Napoléon Iᵉʳ à cheval, qui semble, si l'on veut, menacer de loin l'Angleterre ou donner le plan du Cherbourg nouveau, mais plutôt, comme le désire un plaisant, allonger simplement la main pour savoir s'il pleut. Une autre statue, œuvre de David d'Angers, est consacrée, je crois, à M. de Bricqueville. J'ai dit statue. Cette statue est tout simplement un buste placé sur un piédestal assez élevé. Cette grosse et longue figure, avec ses favoris et ses cheveux à la mode de 1830, produit un singulier effet. On m'a conté qu'un matin, les habitants de Cherbourg s'étonnèrent de trouver ce buste coiffé d'un immense chapeau de papier et orné d'un faux-col gigan-

tesque, semblable au faux-col de M. Joseph Prudhomme.
C'était le corps d'officiers d'un navire en partance qui
avait voulu laisser un souvenir de sa gaieté. Sans s'en
douter peut-être, nos marins avaient ainsi trouvé la meilleure critique possible de l'œuvre de David (d'Angers), qui savait mieux faire.

Je regrette de n'avoir pas visité le musée de Cherbourg.
Il possède, paraît-il, des Lesueur de la valeur la plus
grande. Je pourrais vous les analyser au moyen du cata-
logue, mais je tiens à ne parler que de ce que j'ai vu, et
j'imagine que les sculptures de la vieille église de la Tri-
nité valent bien un Lesueur, quelque beau qu'il soit.
Comme j'allais entrer dans l'église, un archéologue du
pays, me reconnaissant pour un étranger, prit plaisir à
m'expliquer par avance ce que je devais regarder.

— Vous arrivez à merveille, me dit-il. L'église vient
d'être restaurée... C'est M. Geuffray, l'architecte de la
ville, qui a été chargé de ce soin, et je vous jure, monsieur, qu'il s'en est acquitté le mieux du monde... Vous
n'aimez pas les restaurations de vieux monuments, peut-
être ? En principe, vous avez raison, mais il est des cas
où une restauration est une bonne œuvre... Si vous
voulez vous rendre un compte exact de la restauration
de l'église Sainte-Trinité, consultez, s'il vous plaît, la notice lue à la séance publique de la Société académique de
Cherbourg, le 3 juin 1864... Cela est tout nouveau, vous
voyez... On vous donnera cela aux bureaux du *Phare de
la Manche* ou de la *Vigie.* — Surtout, ajouta-t-il, étudiez
la Danse macabre que vous allez voir... Vous savez que
le nom de danse macabre vient de Macabrus, un trouba-

dour du xiiie siècle, qui aurait dit en vers ce que les peintres ont traduit par la couleur et les sculpteurs sur la pierre... D'autres veulent que *macabre* dérive du mot arabe *magbarak*, qui signifie cimetière...

Il allait sans doute continuer, bavard qu'il était comme le *Dictionnaire de la Conversation*, mais j'entrai brusquement dans l'église et il ne m'y suivit pas.

Il ne m'avait d'ailleurs pas trompé. La *Danse macabre*, sculptée en bas-reliefs sur le côté gauche de la galerie de la haute nef, et faisant face à la *Passion de Jésus*, mérite toute l'attention. C'est une curiosité qui, je crois, est fort rare dans notre France, et je ne sache pas que nous en possédions une plus complète et plus parfaite. Elle a seize panneaux, sculptés avec une verve endiablée et une féroce ironie. Le cortége s'avance avec ces contorsions bizarres que le moyen âge savait donner à ses acteurs. Voici la Mort, frappant de ses doigts osseux sur un tambour qui hâte la marche de ceux qui suivent. Ses orbites creuses semblent s'animer de joie, et la banderolle ou phylactire qui l'accompagne, s'écrie pour elle : *Statutum est hominibus mori !* — A tout seigneur tout honneur. En tête de la procession terrible marche le pape, puis l'empereur, puis, soufflant une banderolle nouvelle, une tête de mort qui fait retentir comme un glas une inscription latine : « *Mors omnibus æqua, mors inevitabilis est, hora ejus incerta !* » C'est le Mané-Thécel-Pharès du moyen âge inscrit dans l'église où tous venaient prier par la main ironique d'artistes inconnus. « La mort n'épargne personne, elle est inévitable et son heure n'est pas fixée ! » Le cardinal suit l'empereur, le roi suit le

cardinal, puis la reine, le duc, et l'évêque, et le page,
l'abbé, l'astrologue, le marchand, l'aveugle, tous entraî-
nés par la danse fatale, tous poussés par la main de la
grande égalitaire qui trouve moyen d'être à la fois sinistre et railleuse. La Mort, telle qu'elle est ainsi représentée, apparaît d'ailleurs de la même façon dans les
contes populaires. Souvenez-vous des reparties gauloises
du sergent La Ramée. — C'est moi, lui dit la Mort, c'est
moi que je suis la Mort que je viens pour te chercher !
— Holà! menteuse, dit le soldat, si tu étais la Mort, ne
parlerais-tu pas français?

La grande préoccupation du moyen âge, c'est la Mort.
Ce n'est pas seulement en l'an mil que régna la terrible
croyance à la fin du monde. Mais comme l'homme a pour
habitude de se moquer le plus profondément (moquerie
tremblante bien souvent) de ce qu'il craint le plus, il
imagina cette lugubre satire qui donnait d'ailleurs du
courage aux petits en leur montrant que le coup qui les
frappait n'épargnait pas davantage les grands. Plusieurs
de ces danses macabres étaient représentées sur les murailles des cimetières. M. Geuffray est d'avis que la danse
macabre de Cherbourg peut être égalée à celle qui fut
peinte de 1515 à 1520 à Berne, par Nicolas Manuel, et peut
soutenir même le parallèle avec la danse macabre d'Holbein peinte sur le cimetière de Bâle. Cette mascarade
sinistre, disais-je tout à l'heure, prouve la peur que le
moyen âge avait de la Mort et l'aidait sans doute à la
braver. Mais nous sommes bien les fils de nos pères, et
la mascarade du choléra en 1832 ne peut-elle être comparée à ces danses du moyen âge?

La *Voie douloureuse* de l'église Sainte-Trinité, ou la *Passion*, fait face à la Danse macabre. Elle est placée du côté de l'Épitre. Moins originale que les bas-reliefs dont j'ai parlé, elle contient cependant un épilogue très-caractéristique. L'artiste, après avoir représenté le Jardin des Oliviers, le Torrent de Cédron, la Calomnie chez Pilate, le Crucifiement, ajoute une scène dernière, qui conclut le drame à la façon des mystères : c'est *Judas expiant son crime en se pendant à un arbre*. Les fidèles n'eussent pas été satisfaits si le coupable n'eût pas été puni après la victime. Ils haïssaient Judas on ne peut plus et le méprisaient de telle sorte que, à la fin de certain mystère dont nous parlait un jour M. Saint-Marc Girardin, lorsque les démons viennent chercher l'âme du coupable... ce n'est point par la bouche qu'elle sort.

J'aime Cherbourg. La ville est petite et bientôt parcourue, mais elle est gaie. Les maisons sont pavées en ardoises; quelques-unes, de construction ancienne, portent une galerie extérieure avec balcon de bois. La Bretagne déjà se fait sentir par quelques noms à consonnances armoricaines : *Le Hir, le Hidec*, etc. Cependant, c'est bien la race normande, grasse et fraîche, de bonne humeur, aux allures franches et pourtant rusées, colère et non mélancolique comme la Bretagne, ardente, industrieuse. J'ai trouvé beaucoup de libraires dans les rues, et comme c'était jour de marché dans la *rue Grande-Rue* (un pléonasme), j'ai pu admirer les beautés normandes, rouges et appétissantes comme les pommes de leur pays. A travers les fenêtres ouvertes, j'ai aperçu plus d'un de ces intérieurs normands, lit à rideaux de serge dans l'alcôve de bois, armoire de chêne, dressoir garni de faïence, quelque chose de propre et de gai, comme la mousse joyeuse d'un pichet de cidre...

Le soir venu, il faut voir Cherbourg du haut de la montagne du Roule. La montée est assez douce, et là-haut, au pied du fort, le panorama est splendide. La mer s'étend vaste, superbe, et se fondant avec le ciel dans une sorte de brume harmonieuse. La ville étale ses maisons blanches, et se prolonge vers la mer par une jetée hardie et des forts de tous côtés. Le canal, tour à tour empli d'eau ou mis à sec par la marée, et conquis alors par les gamins, qui ramassent, jambes nues, les coquillages ou le varech, se perd dans la rade, où les vaisseaux sont immobiles.

Peu à peu l'ombre se fait, le crépuscule s'étend sur la vaste mer qui bruit sans cesse ; il est huit heures, le canon donne le signal de la retraite, et sa fumée se dissipe au loin, puis çà et là, les phares s'allument, la nuit devient complète, les navires semblent s'endormir. Plus de bruit sur le port, le silence. Rien que l'immense et profond murmure de la mer qui bat le sable de son flot éternel...

J'étais à la fenêtre, je voyais au loin les fanaux rouges ; à travers les ténèbres, je regardais dans la direction de Guernesey, où je voulais aller... Mais pas de steamer direct à Cherbourg pour les îles anglaises. Un bateau d'approvisionnement chargeait, il est vrai, des pommes de terre pour Portsmouth. De là je pouvais aller à Southampton et trouver un vapeur pour me transporter à Peter-Port. Mais c'était loin, c'était long surtout. Le temps est plus précieux que l'argent quelquefois. Pour cette fois, je renonçai à mon voyage à Guernesey.

— Et, me disais-je, ceux qui sont là-bas ont beau apercevoir la France parfois, dans les jours de soleil et de clarté, — voyez comme ils en sont loin !...

V

LONDRES ET LES ANGLAIS

Le meilleur chemin, la route la plus belle de Paris à
Londres, c'est la Tamise.

A Boulogne, où l'on s'embarque, on est déjà en Angleterre. Les enseignes son écrites en anglais, les maisons ont l'aspect anglais, les hôtels se parent du lion britannique. On n'y parle le français que par condescendance
et l'on vous demande si vous voulez échanger votre argent français contre « la monnaie du pays. » Les Anglais
se sentent encore chez eux, et cela est si vrai qu'à Boulogne ils se trouvent, disent-ils, « sur le continent; » à
Amiens, ils sont « en France. » Boulogne est, pour nos
voisins, une sorte de colonie où ils envoient leurs enfants

apprendre la langue française. Mais qu'ils ne s'y fient pas
trop ; il faut avoir entendu les marins boulonnais raconter comment le 14 septembre 1805, la chaloupe française
la Surprise coula bas quatre péniches montés par l'an-
glais, pour comprendre que Boulogne est toujours française et bien française.

Et pourtant les bateaux sur lesquels on s'embarque
sont des bateaux anglais. Les bateaux qu'on rencontre en
chemin sont des bateaux anglais ou norwégiens ou danois. Les bateaux qu'on trouve mouillés à Greenwich ou
dans le port de Londres sont des bateaux anglais encore.
Je crois que nous aurons beaucoup à faire avant de pouvoir lutter par le nombre des navires avec la vieille Angleterre. On n'a pas plus tôt mis le pied sur le steamer
qu'on se trouve bien loin de la France. Ces matelots qui
vous entourent n'entendent pas votre langue, les passagers français sont rares, car ils sortent peu de chez eux,
et toute cette foule est composée d'Anglais qui reviennent
de France, d'Allemagne, de Suisse ou d'Italie, et qui
regagnent leur patrie. Qu'ils ont raison de voyager, nos
voisins ; les voyages seuls détruiront peu à peu ces petites
haines, si ridicules, qui font les grandes catastrophes !

Par un beau temps, par un temps clair, cette traversée
est magnifique. Boulogne, à chaque tour de roue de la
machine, s'éloigne et s'enfonce dans sa baie ; la colonne
qu'éleva Bosio, en souvenir du camp de 1804, se dresse
au loin sur la hauteur ; les côtes s'élargissent, s'étendent,
se développent de tous côtés avant de disparaître à l'horizon, puis dès qu'elles se sont effacées apparaissent comme
émergeant des flots les falaises crayeuses de l'Angleterre,

semblables à une raie d'écume pétrifiée. Le steamer court
rapidement sur la mer unie et verte, battant l'eau de ses
deux roues superbes, laissant derrière lui un long sillage
que le soleil fait étinceler. Autour de lui, la mer encore,
sillonnée de steams-boats, dont la fumée étend une raie
sur le ciel bleu, ou de voiliers se courbant sous le vent
et se balançant doucement sur les vagues. Parfois, des
mouettes élégantes traversent le ciel comme des flocons
de nuages, ou rasent la mer en se poursuivant comme des
hirondelles. Hélas! sur le bateau, le spectacle est plus
douloureux; les visages se contractent, les yeux égarés
fixent des objets invisibles, et ces blêmes figures, ac-
croupies contre les ballots ou accrochées aux cordages,
ont parfois les sinistres allures de spectres.

Courage! voici la Tamise! Des bouées de toutes couleurs se balancent à droite et à gauche; celles qu'on a
peint en vert indiquent qu'un navire a péri là. De loin,
on aperçoit des façons de bateaux surmontés d'une boule
cerclée de fer qu'on allume le soir, et qui dénoncent
la présence d'un banc de sable. Sur ce bateau d'alarme
vivent nuit et jour toute l'année une famille de matelots.
Ils sont là, le père, la mère les enfants, emprisonnés.
La plupart s'occupent à quelque travail; les uns sont
cordonniers, les autres menuisiers, d'autres pêcheurs. Le
dimanche ils se rendent à la ville, à Ramsgate, à Marsgate, aux environs, et vendent leur travail de la semaine,
puis ils reprennent leur vie d'abnégation et de solitude.
Parfois aussi, lorsque la marée a mis à sec ces bancs de
sable, les jeunes gens de Marsgate s'y rendent aussitôt et
organisent une partie de crickett. Si les joueurs se lais-

sent surprendre par la marée montante, le bateau est là pour les recueillir.

Peu à peu, sur notre packet, l'ordre se rétablit à mesure qu'on avance davantage dans la Tamise. La coquetterie, que le mal de mer supprime absolument chez la femme, reparaît dans les cheveux blonds qu'on lisse en bandeaux, dans les rubans qu'on rattache, dans les robes dont on arrange les plis. Dans un coin, un groupe d'enfants qui crie d'une façon désespérante se tait brusquement au moyen de quelques gouttes de brandy que leur verse leur mère. Un enfant français mourrait, la poitrine brûlée, par l'absorption du quart de liquide que ces babys aux joues si roses avalent avec des sourires divins. Les lorgnettes vont leur train; les Anglais les ont depuis Boulogne sorties de leurs étuis et les tiennent braquées sur les côtes. Et le spectacle en vaut la peine! Les rivages de la Tamise se dessinent déjà nettement; des vues superbes se succèdent de chaque côté du bateau, et l'on n'a pas à faire un mouvement pour feuilleter le plus ravissant des albums.

Au loin, d'abord noyées dans une brume lumineuse, des villes provocantes apparaissent avec leurs maisons blanches, étagées en amphithéâtre; c'est Ramsgate, c'est Marsgate, c'est une succession d'apparitions coquettes; des voiles brunes comme des felouques indiennes se croisent de tous côtés; les navires deviennent plus nombreux; au loin *le Léviathan*, que sa grandeur attache au rivage, dresse ses six mâts gigantesques sur le ciel limpide, et les passagers philosophes font remarquer que les choses humaines ne pourront jamais lutter avec la nature.

Mais la Tamise, tout à l'heure verte comme l'algue marine, se transforme en se resserrant ; elle devient un fleuve jaune où le bateau trace un sillon d'écume boueuse ; les villes se peuplent de navires, mais elles perdent leur aspect lumineux ; des maisons hautes et noires remplacent les jolies villas des côtes, les cheminées se dressent avec leurs colonnes de fumée, les enseignes envahissent les murailles ; cette fois, on approche de Londres. A droite, le rivage se déroule avec une platitude uniforme, verdoyant et bas, borné à l'horizon par une ligne de petits arbres ; des moutons paissent dans les prairies sans fin ; ce paysage plat et aligné au cordeau peut avoir un charme très-grand pour les amateurs de la ligne droite, mais la géométrie n'a rien à voir avec le pittoresque. A gauche, le spectacle est plus animé ; les villes se succèdent avec rapidité. C'est Gravesend, avec ses affiches de toutes couleurs, et qui arbore fièrement je ne sais quel monument gothique, surmonté d'une coupole turque garnie de tuiles, qui donne déjà une idée de l'architecture anglaise. C'est Woolwich, qui semble si paisible et recèle le plus formidable des arsenaux, c'est Greenwich, dont l'immense palais noirci, avec ses deux dômes, fait songer au désert de Versailles. Au centre du monument sur la rive, une colonne a été élevée à la mémoire de Bellot, qui tomba dans les mers de glace à la recherche de sir John Franklin.

Pauvre monument, bien mesquin et bien grêle auprès de la gigantesque solennité du palais, mais il faut savoir gré à l'Angleterre d'avoir osé écrire chez elle sur un socle de pierre le nom d'un Français.

Au milieu de la Tamise sort la carcasse immense d'un navire peint en noir. Il a servi de ponton autrefois ; c'est là peut-être que la Tour-d'Auvergne a été enfermé, et qu'il a attaché sa cocarde tricolore à son épée en défiant ses geôliers de la lui prendre. Les prisonniers étaient si nombreux dans ces pontons que, si l'un d'eux mourait, les autres le soutenaient encore : il ne pouvait tomber faute de place, et, cadavre, se tenait debout comme cet Espagnol de la légende qui marchait au combat, mort et cloué dans son armure. Et pourtant, plusieurs réussirent à s'échapper ! Ils sortirent par ces écoutilles, se précipitèrent sur une barque anglaise, s'en emparèrent, et avec elle revinrent en France ! Le navire a eu honte de son nom de prison ; il est devenu un hôpital maritime, et ouvert aux matelots de toutes les nations, une triple inscription allemande, anglaise et française dit qu'il est entretenu « aux frais de tous les peuples. »

L'air s'épaissit ; l'atmosphère devient lourde, la Tamise roule à présent une eau noirâtre. A travers la fumée des usines, le bruit des vaisseaux, le sifflement de la vapeur, le cri des matelots, le bruit des marteaux, le hâlètement des hommes, le steamer avance, poussant aussi ses rauques soupirs. Au loin, une ville de mâts, de maisons entassées, de constructions gigantesques, grandit et s'avance sur nous comme pour nous engloutir. Sur la rive, parmi cette atmosphère de goudron, de fumée et de brouillard, vers le ciel gris se dessinent tristement quelques arbres grêles. Ce pâle feuillage, épanoui là par hasard, repose un peu la vue et rappelle vaguement la la nature exilée. Ne la cherchez que là, le ciel, les

champs, tout a disparu. Ce ne sont que des mâts, des
vaisseaux, de la vapeur, un tumulte sombre. Il faut
s'accoutumer à cette teinte lugubre répandue sur toutes
choses, à ce bruit assourdissant, à cet horizon tristement
borné par les mâts, puis, lorsque l'œil et l'oreille ont
accepté cette couleur et ces sons, on n'a plus qu'à s'éton-
ner et qu'à admirer.

Le bateau de la Tamise débarque à Custom House, devant le premier pont, le Pont de Londres. Nous ne pouvons nous faire une idée de ces six grandes arcades har-
diement jetées sur un fleuve qui fait songer aux cours
d'eau de l'Amérique. Il est grand, comme tous les monuments de Londres, et qu'on ne se récrie pas si les mots
« grands » et « gigantesques » sont souvent répétés ici ,
on perd peu à peu, à Londres, l'habitude des autres
adjectifs pour ne se souvenir que de ceux-ci. On se désha-
bitue pareillement de l'uniforme, et ce n'est pas d'a-
bord sans un certain ennui. Dès que la corde jetée par
les matelots a servi à l'abordage du bateau, dès qu'on a
franchi le pont de bois qui mène à Custom-House, on
s'inquiète de ses bagages, et durant quelques minutes,
on craint quelque peu de ne les plus retrouver. Ces
bagages visités sur le bateau même par les douaniers,
ont été pris sur le steamer par des hommes sans nul
insigne, qui les débarquent et les apportent eux-mêmes
sur les cabs. Les Français ont beaucoup de peine à se
persuader que ces portefaix, qui n'ont ni médaille de la
préfecture, ni tunique d'ordonnance, ni casquette à inscriptions ne sont pas des filous. Leur étonnement est
grand en retrouvant leurs bagages symétriquement

rangés dans l'espèce de grange qui sert de salle d'arrivée,
et où chacun va, vient, à droite, à gauche, sans « en-
freindre, » comme en France, « la consigne. »

On s'est déjà habitué à l'atmosphère de Londres, et
pourtant on entame à peine la série des stupéfac-
tions.

A Londres, la première enseigne qu'on rencontre sur
son chemin en entrant dans la Cité par London-Bridge
est l'image exacte de la vie anglaise. Un grand sablier
d'or qui se dresse au haut de la porte vous dit clairement
que le véritable souverain de Londres, celui devant qui
tout le monde se courbe, *c'est le temps*, ce temps qui est
l'argent, la prospérité, l'avenir. Les Anglais seuls savent
tout ce qu'il vaut ; aussi bien n'en laissent-ils pas perdre
une parcelle. Leur grand homme de guerre, Wellington,
ne sut jamais que bien faire une chose : attendre. Il suffit
de regarder d'ailleurs ces rues si animées, si encombrées
pour le comprendre. On ne sait pas si cette foule pense,
aime, on sent qu'elle va. La foule française est gaie,
bruyante, souvent folle, la foule anglaise est active et
empressée. Supposez un Otahitien se promenant sur le
boulevard dans le costume de son pays, il assemblera
autour de lui dix mille badauds. A Londres, on lui donnera simplement du coude dans l'estomac sous le prétexte qu'il gêne la circulation. La circulation ! On ne vit
réellement pas à Londres, on circule. Les cabs circulent
avec la vitesse de l'éclair, sans cris, sans embarras, sans
accident ; les omnibus circulent de tous côtés, avec leur
conducteur aux aguets qui vous demande où vous allez,
qui vous bêle du plus loin, qui descend chercher les

dames par la main et les introduit poliment dans sa voiture. Les passants circulent rapidement et pourtant sans
hâte, chargés de lettres, affairés, et cependant compassés.
C'est un mouvement infini, une activité sans cohue, une
foule immense et sans bruit.

Ce qui étonne d'abord l'étranger, à Londres, c'est l'aspect singulier des maisons. Point de portes cochères,
mais de petites portes garnies d'une demi-douzaine de
sonnettes, des maisons assez peu élevées, sauf dans les
grandes rues et toutes défendues par une sorte de fossé
grillé ou entourées d'une palissade. Tout cela noir et retiré, cloîtré pour ainsi dire, montre bien que les Anglais
aiment surtout à vivre cachés en leur gîte. Ce sont eux
qui ont inventé ces *boxes* où l'on mange, dans les tavernes,
sans voir ses voisins, sans en être vu. Ces rues son
vastes pour la plupart et quelques-unes sont immenses.
Notre rue de la Paix ne formerait pas la centième partie
de la rue d'Oxford, qui n'est pas plus longue, je crois,
que le Strand, qui a pour rival, peut-être heureux, Picca-
dilly. Mais la coquetterie de nos rues parisiennes les rend
incomparables. Ces interminables voies anglaises ont
d'ailleurs un inconvénient, leur grandeur même. Par
exemple, c'est à peine si le nom qu'elles portent est écrit
au pinceau, en lettres noires, souvent effacées, en quelques rares endroits. L'étranger, qui cherche à s'orienter
en levant les yeux sur l'angle des rues, a parfois une
lieue à faire, — petite mesure, — avant de réussir à trouver son chemin. Un Anglais, à qui je faisais cette observation d'édilité, me répondit que les rues de Londres ne
sont pas faites pour les étrangers.

On jugerait une nation, j'imagine, par la seule inspection de ses rues. Dans les rues de Londres, on rencontre à chaque pas des *gin-palaces* : ils sont ouverts à tous venants, à tous les âges. On n'a qu'à pousser une porte sans serrure et à entrer, mais, comme la *respectability* anglaise se retrouve partout, il y a là la porte des *gentlemen* et celle du *common people*. Point de danger que l'on se trompe. Là, la foule boit debout, sans causer, et pour le seul plaisir de boire. Les *oyster-rooms* ne sont que des *gin-palaces* déguisés. On y vend des huîtres, des crabes, des homards, tout cela arrosé de sherry ou d'*half and half*.

Les magasins ont un aspect particulier. Devant les comptoirs, on a placé une rangée de chaises où les passants viennent s'asseoir, regardent les marchandises, les inspectent, font leurs emplètes ou se retirent sans qu'un commis les supplie d'acheter ou leur fasse mauvaise mine pour n'avoir pas acheté. Cette expression, *faire l'article*, qui égayait si fort Balzac, est parfaitement inconnue à Londres. Certains magasins font mieux encore, par exemple, les *tea companies*. Ils affichent quotidiennement le cours de leurs denrées. — Thé, 1 s 3ᵈ. — Chocolat, 1 s/11ᵈ. — Et ils s'en tiennent là. Entre qui voudra. Leur porte est ouverte. Plusieurs établissements, — ils sont immenses, — sont éclairés au moyen d'un de ces plafonds lumineux qu'on a inaugurés dans nos nouveaux théâtres, et ce plafond, qui éclaire deux salles à la fois, leur sert et de lustre et de calorifère. Les Anglais ne laissent rien perdre.

Le touriste non plus ne doit pas perdre de temps. Il faut que ses jarrets durcis de fatigue se plient aux longues

courses. Surtout pas de voitures qui font trop rapidement
voir les choses et seulement à la surface. La flânerie
intelligente est encore la meilleure façon de bien voir les
villes, absolument comme les courses à pied, le sac sur le
dos. constituent la meilleure façon de voyager à travers
champs. Visiter les monuments est encore une question
secondaire ; les gravures et les photographies remplace-
raient parfaitement les voyages si l'objectif rendait ce qui
fait le monument lui-même : la vie et l'expression qui
l'animent. Je débutai par Saint-Paul ; c'est la cathédrale
de Londres et sa lourde coupole se détache de loin sur
la masse énorme des maisons. Figurez-vous le Panthéon
élevé à des proportions colossales, mais toujours aussi
froid et rendu plus lugubre par la suie qui s'attache à ses
arêtes, se niche sur ses colonnes, envahit son fronton,
noircit les mains et cerne les yeux des statues. En vain
essaye-t-on de récrépir le monument de temps à autre.
La fumée à Londres est toujours la plus forte et la pluie
qui délaye cette suie donne à Saint-Paul un caractère
bizarre et déplaisant. Tous les monuments de Londres ont
d'ailleurs l'air, avec leurs saillies balayées par le vent ou
la pluie, d'être recouverts d'une couche de neige.

L'intérieur de Saint-Paul est grandiose, mais triste et
nu. Le soin britannique se retrouve dans l'immense tapis
de gutta-percha dont on a couvert les dalles de l'église.
Ce temple est *orné* de tous côtés des monuments de généraux tués dans les guerres de l'Inde ou du premier empire. On peut en quelques minutes se faire par là une idée
de la sculpture britannique. Le tombeau de je ne sais
plus quel général, — je crois que c'est le général Picton,

tué à Waterloo, — est surmonté d'un groupe ainsi conçu :
le général tombe, la tête inclinée sur la poitrine, entre les
bras d'un Hercule nu qui le soutient de tous ses muscles,
tandis qu'un grenadier anglais, en grand uniforme, le
shako orné de gigantesques plumets alors de mode, présente les armes à son général mort. A peu d'exceptions
près, tous les monuments sont composés de cette façon.
On nous demanda si nous voulions monter dans le haut du
dôme, entrer dans la galerie à écho et visiter la grosse
cloche. Tout cela, en Angleterre comme en Belgique,
se paye, et se paye très-cher. Mieux valait visiter les
caveaux, qui, du moins, conservent quelques souvenirs.
Là, toujours entourés de lampes funéraires, s'élèvent sur
des socles immenses les tombeaux de Nelson et de Wellington. Le tombeau de Nelson, immense masse de por-
phyre, immédiatement placée sous le dôme de la cathédrale, contient la bière où l'amiral est couché ; cette bière
est faite avec le grand mât du vaisseau français *l'Orient*,
que Nelson avait capturé à Aboukir.

Dans une autre crypte, on a conservé le char funèbre
qui servit à l'enterrement de Wellington. Le duc est là,
recouvert encore d'un long drap de velours noir surmonté
de sa couronne ; son bâton de commandement, son épée
et les draperies qui l'entourent étincellent du nom de ses
victoires. Ces roues de bronze qui le traînèrent ont été
fondues avec des canons français, et le guide a bien soin
d'en détacher une vis et de vous la faire soupeser pour
vous montrer combien ce char est lourd. Jamais mortel,
jamais héros n'eut en vérité de pareilles funérailles. Ces
ornements, ces draperies, cette profusion d'or, de velours,

de panaches, ces chevaux caparaçonnés qu'on a empaillés
et qui restent attelés toujours à ce char funèbre, ce souvenir d'une journée de deuil montrent combien l'Angleterre sut comprendre que cet homme l'avait sauvée. Il y
allait en effet de l'honneur anglais, — si l'honneur d'un
peuple est attaché au sort de ses armes, — sur ce plateau du
mont Saint-Jean où l'*Iron-Duke* voyait ses soldats tomber
un à un sans reculer. Au lieu de Wellington, mettez sur
ce plateau un général ardent et superbe, au lieu de cet
homme de fer un homme de feu : il ne voudra pas recevoir
ainsi la mort sans se défendre, il s'enfoncera désespéré-
ment dans les bataillons français et s'y anéantira tout entier. Est-il donc écrit que l'obstination tient souvent lieu
de génie ?

La vue de ces dépouilles impressionne et trouble ; peut-
être voudrait-on une ombre plus épaisse autour de ces
grands noms. Les lampes funéraires sont alimentées par
des becs de gaz qui brillent gaiement, sans se douter
qu'ils éclairent des tombes. La lumière de l'huile, plus
mystérieuse et plus douce, conviendrait mieux dans cette
crypte. Mais nous sommes à Londres, et à l'entrée
même des caveaux, n'y a-t-il pas une rangée de seaux
tout prêts à servir en cas d'incendie ? L'utilité décidément
aura toujours le premier pas dans les choses anglaises.

En sortant de Saint-Paul, on éprouve un invincible besoin d'arrêter ses regards sur quelque monument bien
irrégulier, bien sauvage, tout à fait en dehors des constructions classiques. Le Parlement, au premier abord, a
l'air de vouloir remplir cette condition d'irrégularité. Ce
vaste assemblage de tours et de clochetons, cet amas de

sculptures, de pignons dentelés, de ciselures délicates
étonne à la fois par sa grandeur et sa délicatesse. C'est
le joli dans le grand; ces tourelles découpées qui se mirent immédiatement dans la Tamise, ce double monument qui semble à la fois plonger dans l'eau même et se
dresser vers le ciel, cette imposante tour de l'Horloge,
immense et superbe jet de pierre que les dorures recou-
vrent vous laissent un moment stupéfait. Mais il ne faut
pas longtemps pour être choqué par des détails; sur cet
énorme bâtiment d'un gothique tout moderne s'élèvent
des clochetons moresques surmontés de la couronne
royale, et cet amalgame de styles semble en vérité trop
irrégulier. En revanche l'intérieur du monument est vraiment merveilleux. Ce qui frappe d'abord, c'est une longue
peinture à fresque de M. D. Maclise, représentant l'entrevue de Wellington et de Blücher, après la bataille de
Waterloo. Wellington, Waterloo, on ne peut faire un pas
à Londres sans se heurter contre ces noms. Cette peinture couvre tout un pan de muraille de la Galerie Royale.
D'un dessin irréprochable, elle pèche à fois par la couleur
et par un arrangement symétrique qui déplaît même dans
une fresque. Wellington et Blücher occupent le centre du
tableau, Wellington monté sur ce cheval Copenhague,
aussi célèbre chez les Anglais que chez nous le cheval
des quatre fils Aimon. Le peintre a su donner à Wellington une expression d'une tristesse profonde. On sent
que la joie d'une bataille gagnée est étouffée chez le duc
par le spectacle de son armée presque anéantie. Quant à
la figure de Blücher, le grenadier français le plus acharné
contre les Prussiens ne lui eût pas prêté un visage aussi

déplaisant et aussi farouche. La plupart des figures qui entourent Wellington sont des portraits. Elles se détachent sur le fond blanc de l'hôtellerie qui porte ces mots sur sa muraille : « A la Belle Alliance. » Cette hôtellerie existe encore. C'est là que lord Uxterville fut opéré et que dix ans plus tard, visitant le champ de bataille, il déjeuna gaiement sur la table même où on lui avait coupé la jambe. Cette peinture, comme toutes celles qui décorent le Parlement, n'est pas un modèle de couleur. On dirait que la couleur a été donnée aux seuls artistes qui vivent au pays du soleil. Les fresques des corridors qui conduisent de la salle centrale à la Chambre des lords et à celle des Communes sont les plus admirables collections de tons faux et criards qu'on puisse rencontrer. Il y a là une *Alice Lisle cachant les fugitifs après la bataille de Sedgemoor*, une *Séparation de lord et lady Russell* et un *Dernier sommeil d'Argyll*, qui, malgré d'éminentes qualités de dessin, rentrent évidemment dans la peinture comique. Et pourtant, reproduits par la gravure, ces tableaux paraissent excellents ; c'est leur couleur seule qui choque, mais elle choquerait un welche.

On s'en console en entrant dans la Chambre des lords. Avec ses sculptures gothiques, ses dorures, ses fenêtres dont les vitraux étincelants représentent les rois d'Angleterre et les reines, ses armoiries sculptées partout, ses écussons accrochés aux angles, ses tapis d'un bleu foncé et ses draperies, ses candélabres de douze pieds, ses galeries fouillées comme les plus minces ivoires de Dieppe, cette salle arrête, étonne et séduit. A gauche, en face du fauteuil du lord chancelier, s'élève le trône, dont les pieds

reposent sur quatre lions couchants et dont les ornements
de cristal de roche brillent comme des diamants sur une
profusion d'or. Disposés comme des divans, les siéges
des lords se prolongent de chaque côté de ce trône. Un
visiteur demanda au policeman la place où se tient d'habitude lord John Russell et voulut absolument s'y asséoir.
Le policeman le regarda, et loin de se fâcher se contenta
de sourire en manière d'approbation. La Chambre des
communes est moins riche et moins ornée que la Chambre
des lords. Notre Chambre des députés est deux ou trois
fois plus grande que cette petite salle carrée remplie parfois
des émanations de la Tamise, mais dont les tribunes pour
le public peuvent contenir une foule nombreuse. C'est
une compensation.

On sort du Parlement par la salle Saint-Étienne, qui
communique avec cette superbe salle de Westminster,
vaste chapelle, un peu abandonnée, qu'on doit décorer
à fresques et orner des statues des législateurs. Plusieurs
de ces statues se dressent déjà dans la salle Saint-Étienne,
immobiles, avec leurs noms écrits sur le socle de marbre.
C'est Hampden et Selden, c'est Burke, c'est Robert
Walpole, lord Chatham, Fox, Grattan, tous taillés dans
ce moule des orateurs à qui la nature donne à la fois le
geste et la parole, le génie et la beauté.

Mais ce qui console tout à fait de Saint-Paul, c'est l'abbaye de Westminster. Là, ce qui vous attend, c'est l'inconnu, la sombre poésie du mystère, cette poésie qui fascine
comme un gouffre sans fond. On y entre par une allée
étroite, *poets corner*, le coin des poètes ; la porte franchie,
c'est aussitôt un fouillis de monuments entassés, où,

déchiffrant des noms parmi les inscriptions latines, on découvre tout un monde rayonnant de fiers esprits. Ici, c'est le plus grand de tous, Shakspeare, enfoncé dans un coin, son mausolée collé à la muraille; près de lui, c'est Dryden, le pauvre et fier Dryden; ici, c'est Milton, c'est Hunter; au-dessus de cette porte c'est Olivier Goldsmith; Garrick sort de son tombeau, revêtu encore de son costume de soie. Pauvre comédien, qui croit pouvoir de nouveau jouer son rôle, quand la comédie de la vie est terminée! Mais il manque un poëte à ce coin des poëtes, c'est Byron. Ne le cherchez pas. L'Angleterre ne lui a pas encore pardonné son génie. Elle n'a pas encore compris cette âme de feu qui se consuma elle-même, et le monument que Thornwalsen avait envoyé de Danemark pour Byron est encore aujourd'hui séquestré à la douane de Londres par les soins de quelque marguillier. Après les poëtes, les rois. C'est dans l'ordre. Les grilles des chapelles s'ouvrent pour l'étranger moyennant *six pence*, et les bedeaux vous récitent les noms de ceux qui dorment là. Tous les dénoûments de cette sombre histoire d'Angleterre sont venus se pétrifier côte à côte. Non loin d'Élisabeth, Marie Stuart; les victimes à côté des bourreaux; innocents et coupables, tous sont réunis. Les enfants d'Édouard y ont un mausolée, leur oncle Glocester en aurait eu un sans le hasard de sa mort. Quelles sombres magnificences! Ces colonnes noires, ces sinistres détours que fait l'église, ces marches qu'il faut tour à tour franchir et descendre, ces angles mystérieux que l'ombre ne quitte jamais, vous pénètrent peu à peu d'une certaine crainte. Le moyen âge n'a pas été chassé de son repaire.

Il est là tout entier, vivant au milieu de ces choses
mortes, — et non pas le moyen âge gigantesque et superbe
de l'Allemagne, le moyen âge des Minnesœngers ou celui
des Troubadours, un moyen âge terrible et sombre, où
parmi les ténèbres illuminées par le reflet de l'acier, rou-
gissent les taches de sang. Dans la nef de Henri VII,
cette incomparable merveille, où la pierre est brodée,
ciselée, niellée, où le plafond, surchargé de rosaces
féeriques, laisse pendre ses grappes de ciselures comme
des stalactites, les bannières des hauts barons, leurs
casques et leurs écus sont suspendus encore. Sur les
siéges où ils s'assirent, aux couronnements de leurs rois,
leurs armoiries bizarres étincellent toujours, et sans doute
la nuit ils reviennent agiter, comme autrefois, leurs
oriflammes en lambeaux.

Plus loin, dans les replis capricieux de l'architecture,
une petite porte étroite, sombre, garnie de clous énormes,
s'ouvre dans un pilier creux. L'homme le plus petit doit
se courber pour passer par là. Qui sait tout ce que cette
porte a vu? Quand le soir vient, lorsque la nuit envahit
peu à peu l'abbaye, celui qui resterait là quelques heures
songerait à d'étranges choses. Toutes ces tombes ont de
lugubres histoires, il y a du sang sur toutes ces dalles et,
tout près du trône vermoulu où s'assirent les anciens
rois, et que l'on peut toucher du doigt, étincelle une
large épée à deux mains qui a eu, elle aussi, son moment de vie! Mais au milieu de tous ces rois, leur égal,
dormant à côté d'eux, l'Angleterre a mis James Watt,
qui le premier utilisa la vapeur, — et cette statue de savant repose des lugubres souvenirs. Il n'est pas le seul

qui ait reçu cette hospitalité : Newton et Robert Peel sont
couchés aussi à Westminster, et l'amiral Napier, et combien d'autres ! Turenne n'a-t-il point sa place à Saint-
Denis auprès du *grand* roi ? Ce qu'il faut voir encore, c'est
le cloître. Il est désert, l'herbe l'envahit, son portique
gothique ne voit plus aujourd'hui aucun promeneur et,
parmi les ronces de la cour, quelque pierre aux ornements effacés montre seule, par sa crosse et sa mitre
rongées par l'eau, que dorment là des évêques dont on
ne peut plus lire les noms.

Le parc de Saint-James n'est pas éloigné de Westminster. C'est un joli parc, grand et verdoyant, où les
enfants jouent sur les pelouses, et que traverse une jolie
rivière parsemée de cygnes. C'est à Saint-Jame's Park
qu'est situé le palais de la reine. Il donne bien une idée
exacte de la royauté anglaise. A côté de ces clubs immenses, qui appartiennent à l'aristocratie, et des hôtels
des lords, il a l'air d'une habitation bourgeoise. Les clubs,
ces mouvements véritables, qu'on rencontre à chaque pas
à Londres, sont nombreux, et constituent à la fois des
restaurants, des salles de lecture et des dortoirs. Le club
Carlton, pour n'en citer qu'un, compte 800 membres non
compris les pairs d'Angleterre et les membres de la
Chambre des communes qui en font partie de droit.

Au reste, parcs, squares, clubs, palais, à Londres, tout
est grand. Le Regent's Park, qui est enclavé dans Londres même, a l'étendue du bois de Boulogne. Encore se
continue-t-il dans cet immense Jardin zoologique qui
laisse bien loin derrière lui notre Jardin des Plantes.
Outre certains animaux rares que nous n'avons pas, le

Zoological Garden possède une merveille véritable, l'aquarium. Là, dans un espace assez vaste, toutes les merveilles inconnues de la mer vous apparaissent clairement. La lumière qui illumine par en haut ces masses d'eau transparentes leur donne je ne sais quel aspect féerique, et ces animaux hybrides, ces poissons cuirassés d'écailles formidables, ces monstres inconnus, ces fleurs qui se transforment tout à coup en gueules affamées, ces salamandres gluantes, entassées les unes sur les autres, ces façons de sauterelles aquatiques, semblables aux démons de la tentation de saint Antoine par Callot, cet assemblage de curiosités et d'étonnements, est un des plus curieux spectacles. Et là, ce n'est ni cette foule de lions superbes, ni ces grêles ibis, ni ces tigres richement tachetés, ni ces éléphants énormes qui étonnent le plus, mais ces mystérieux habitants d'un monde immense qu'on aurait cru à jamais fermé à l'œil humain.

VI

Le théâtre anglais. — Imitations « et adaptations. » — Les cafés-concerts. — *Speechs* et *speakers*. — Les nègres. — Unsworth. — Margaret Douglas. — Les jardins. — Cremorn. — Punch et Polichinelle. — Il y a gaîté et gaîté. — Les Garibaldiens. — Patriotisme. — Nicholson juge et jury. — La pudeur anglaise. — Un tribunal populaire. — Déception. — Le musée Tussaud. — Ce qu'on voit dans la *Chambre des horreurs*. — Musée et musée. — La galerie nationale. — Turner. — Les madames de Hay market. — Le supplice de Phidias.

A Londres, le goût du théâtre est beaucoup moins développé qu'à Paris. Les *Londonners* gardent leur admiration pour les exhibitions curieuses et les phénomènes. Il faut dire aussi que le théâtre anglais est bien inférieur au nôtre, qu'il suit pas à pas d'ailleurs avec une fidélité plus que scrupuleuse. La plupart des pièces produites sur les théâtres de Londres sont des pièces françaises auxquelles on a passé un mac-farlane. Le grand succès de l'an dernier, *The Streets of London*, — les *Rues de Londres*, — de M. Dion Boucicaut, qu'on représentait au théâtre des Princesses, est la traduction littérale d'une pièce française déjà plusieurs fois imitée, *les Pauvres de Paris*. Aux douceurs du dialogue, les Anglais préféreront toujours les éblouissements des décors. Aussi les directeurs ont-ils soin de faire afficher, à côté de la pièce elle-même, le titre alléchant de quelqu'un des tableaux. Par exemple, *The Streets of London* se prélassent entre deux affiches, dont l'une porte *The house on fire!* — la maison en feu' — et l'autre, *Charing-Cross vu le soir*. La maison en feu et la vue de Charing-Cross, voilà certainement la grande attraction des *Rues de Londres*. Durant tout le drame, le public reste assez froid, mais quand arrive le décor de l'incendie, lorsque les pompes envahissent le théâtre, quand la maison s'écroule au milieu des flammes, alors l'enthousiasme ne connaît plus de bornes. On applaudit à tout rompre, on se lève, on s'agite, on crie. Assez amateurs du réalisme, il faut d'ailleurs aux Anglais de véritables flammes, une foule de figurants qui hurlent, une pompe véritable maniée par de véritables pompiers. Leurs acteurs jouent sans se gêner, les mains dans les poches, et risquent rarement quelque geste pathétique. M. Ch. Mathews, que Paris applaudissait aux Variétés il y a deux ans, est très-aimé de ses compatriotes, peut-être parce qu'il se rapproche davantage de la façon de jouer des acteurs français. Le grand succès de l'acteur Fechter, qui joue à la fois à Londres *Hamlet* et *le Bossu*, voire même *Robert-Macaire*, le tout avec un déplorable accent, vient de ses jeux de physionomie, auxquels les Anglais ne sont pas habitués, et de sa flamme communicative qui lui fait pardonner sa prononciation.

Ce que les Anglais préfèrent aux théâtres, ce sont les *music-halls*, les cafés-concerts, les *assembly-rooms*. Tout en prenant de la bière ou du sherry ils écoutent les chanteurs qui hurlent sur tous les tons les airs d'opéra et les chansonnettes comiques. La liberté théâtrale a tou-

jours existé à Londres. Dans une même soirée, on peut
entendre au music-hall d'Oxford-street la plupart des morceaux du *Trouvère* ou de *Faust*.—Verdi et Gounod sont en
grande faveur à Londres,—des imitations ou des parodies
des pièces en vogue, des chansonnettes et assister à quelque pantomime. Puis arrivent des nègres qui chantent des
chansons madécasses ou se livrent à des *speechs* assez longs
et fort indépendants. La moindre des hardiesses auxquelles
se livrent ces *speakers* conduirait tout droit en France
l'orateur en police correctionnelle. J'ai entendu le plus
aimé de ces *niggers*, Unsworth, faire la revue de la semaine avec une verve singulière, parlant à la fois de la
question du Sleswig-Holstein et de la guerre d'Amérique,
des nouveaux chapeaux des policemen et de la coupe des
habits du prince de Galles, parlant même un peu de la
France de façon à se faire applaudir de ses auditeurs. Au
concert du Pavillon, situé en face d'Haymarket, un chanteur comique fait fureur en improvisant des chansons
satiriques où il s'escrime sur les auditeurs qui l'écoutent.
Le public n'a qu'à se bien tenir quand ce diable d'homme
est en scène. — Otez bien vite ce chapeau gris, monsieur,
ou sans cela le speaker va vous demander, dans un
couplet subit, « pourquoi les gens qui ne portent pas de
chapeaux noirs ont l'air si bête. » Mais ce qui m'a semblé le plus véritablement anglais dans ces spectacles,
c'est la *pedestriane* Margaret Douglas. A Leicester-square,
à la porte de l'établissement de l'Alhambra, de grandes
affiches vous apprennent que Margaret Douglas, mar-
cheuse venue d'Australie, a parié qu'elle ferait mille milles
en mille heures, et qu'elle invite le public à l'assister dans

son défi. On entre ; une galerie circulaire établie autour du *music-hall* montre quel chemin suivra Margaret Douglas. La distance parcourue en faisant le tour de l'Alhambra équivaut, dit une *affiche*, à un tiers de mille. Margaret s'avance ; c'est une vieille femme coiffée d'un chapeau de matelot, avec une jupe de soie pailletée. Elle est grave, elle salue le public et se met en marche. Pendant qu'elle fait ses trois tours de salle, des clowns pirouettent sur la scène pour amuser l'assemblée. Quand elle a fini, elle salue ; un gentleman en habit noir marque sur un tableau le nombre de milles parcourus jusqu'à présent, le public crie hurrah et jette des bouquets à Margaret Douglas. Et c'est tout ? — C'est tout. Margaret Douglas fait ainsi trois milles par soirée, en trois heures, ce qui n'est pas énorme, mais cette particularité suffit pour la rendre illustre. Sa photographie est exposée à toutes les vitrines et les journaux illustrés publient avec succès son portrait. Un inconnu parierait aujourd'hui de boire un nombre énorme de pintes d'ale à la face de Londres, qu'il serait demain plus illustre que Shakspeare.

Une des grandes passions des Londonners, à l'heure présente, c'est Garibaldi. Le portrait du général se retrouve partout, à tous les coins de rue. On a donné son nom à une nouvelle ligne d'omnibus qui vient de se fonder. Costumés en garibaldiens, vareuse rouge, foulard blanc autour du cou, des chanteurs italiens soulèvent des torrents d'enthousiasme en chantant un *Evviva Garibaldi !* accentué par ces poitrines méridionales qui sont créées pour l'harmonie. Ce même soir où j'assistais à cet hymne italien, un danseur français qui tour à tour dansait cos-

tumé en highlander, en paysan suisse, en alsacienne, en
marin anglais, s'avisa de prendre un uniforme de hussard
français et de pirouetter en agitant le drapeau tricolore.
Dire que la salle demeura froide ne serait pas suffisant.
Elle gardait toute son énergie dans les bravos pour la
minute suivante où le danseur revenait avec le drapeau
de la Grande-Bretagne entre les mains. Mais alors ce fut
du délire, des éclats de voix qui n'en finirent plus. Quand
vient l'heure de la fermeture des music-halls, l'orchestre
joue subitement l'air de *God save the queen*, le public se
lève, salue, accompagne l'orchestre et se retire religieuse-
ment. Pourtant, je dois avouer que plus d'un assistant
demeure la tête couverte et que le fétichisme pour le chant
national perd quelque peu de ses adeptes.

Mais si l'on chante à Londres, on danse aussi et beaucoup. J'ai vu plusieurs bals, j'ai vu Argyle-Rooms,
Cremorn, Hyghbury-Born, le Casino, Holborn et l'Académie de danse de Soho-square, et je suis bien forcé de croire
que ces bals publics sont des lieux de plaisir, puisque la
foule y est grande et qu'on s'y étouffe convenablement.
A coup sûr, ces jeunes gens et ces jeunes femmes sont
là pour s'amuser, et s'amusent de tout leur cœur. Mais
il faut faire un effort pour se le persuader.

Cremorn-Garden est le mieux fréquenté et le plus beau
de tous ces bals, le Mabille anglais. Il est grand, superbe,
étincelant de lumières, vraiment féerique. On y donne
des fêtes de nuit toutes vénitiennes. Jeux de toutes sortes,
clowns et danseurs de cordes, ballons et feux d'artifices,
embrasement de palais entiers. C'est splendide, et pourtant, au milieu de ces féeries, le public a l'air de s'en-

nuyer tout à fait, et ses sourires ressemblent à des gri-
maces. Erreur complète. Ces gens-là éclatent de joie sous
leur calme apparent.

Mais la gaieté anglaise ne ressemble pas à la nôtre.
Nous allons, venons, courons, riant, criant, les gestes
prompts, vifs, alertes. Pour bien nous prouver notre joie,
nous nous remuons comme des pantins dont on aurait
cassé les fils. Les Anglais, au contraire, gardent dans le
contentement un sérieux imperturbable. Ce sont des
morceaux de marbre qui s'amusent. Ou bien encore ils se
surmènent, ils s'agitent nerveusement, tressautent sur
eux-mêmes, s'excitent à la gaieté par des cris gutturaux
et des mouvements saccadés. Il n'y a pas de milieu.

On peut bien juger de leurs plaisirs par leurs clowns.
Comparez Auriol à Boswell, et vous aurez la différence
de tempéraments des deux nations. Auriol, gai, malin,
leste comme un oiseau, sautant sur ses chaises gracieusement, sans avoir l'air d'y toucher, gentiment, *narquoise-
ment*, en vrai gamin de Paris. Boswell, au contraire, —
vous vous en souvenez? — nerveux, fébrile, irrité, dislo-
quant ses membres, pinçant les écuyers, ricanant avec
des gestes de singe. Il y a toujours dans le clown anglais quelque chose de surmené, de forcé, de mécanique qui lui donne je ne sais quel air de souffrance.

Autre comparaison. Prenez les amusements de l'enfance, qui sont aussi ceux du peuple, les marionnettes
par exemple, ces marionnettes chéries de Gœthe. Regardez Polichinelle. Le Napolitain *Pulcinella*, si vif, si brillant, si ensoleillé, le rufian Pulcinella est devenu chez
nous *Polichinelle*, un sceptique railleur, gouailleur, mor-

dant et terrible personnage, mais toujours gai, toujours rieur, toujours amusant, se moquant de tout, en vrai Gaulois qu'il est, tuant ses ennemis et ses amis en les narguant, et riant encore sous la griffe vengeresse du diable. En Angleterre, Polichinelle, c'est *Punch*, un affreux bossu, hargneux, venimeux, féroce, tuant pour tuer, tuant pour faire souffrir, mordant le nez du commissaire, assommant le gentleman étranger qui ne sait que répéter trois fois de suite : *Shallabalah ! Shallabalah !* — aimant le sang pour le sang, les cris pour les cris, la douleur pour la douleur. — Sorte de M. Mayeux doublé de Robert-Macaire. Mais les Anglais l'aiment. Ce fantoche convient bien à ce peuple, qui parfois, dans les grandes fêtes, lorsque la foule est compacte, organise joyeusement des poussées féroces. Et plus il y a de sanglots, plus de gens étouffés, plus il s'amuse.

Cremorn, ai-je dit, c'est Mabille ; c'est plutôt l'ancien parc d'Asnières. Plus vaste que Mabille, le jardin est moins gai. On se perd dans ces charmilles à verdure jaune ; les danseuses s'agitent d'un air morne. Toutes sont jeunes, quelques-unes sont encore des enfants. Le type de la Parisienne, qui fait oublier ses rides avec un trait d'esprit, est inconnu en Angleterre, où les fruits verts sont les fruits préférés. L'orchestre qui mène la danse est un orchestre français, conduit quelquefois par Musard. Les danseurs ont peine à suivre cette musique alerte. Quelques-uns valsent sans quitter leur parapluie. Dans un coin, un astrologue dit d'un air solennel la bonne aventure. Il paraît même qu'il est dangereux de lui confier ses mains lorsqu'elles sont garnies de bagues.

Les danseuses ne s'animent guère que lorsqu'elles s'attablent devant une bouteille de vin de Moselle ou de Champagne. Mais le Champagne même ne part pas gaiement et sonne faux. Ces pauvres filles ont de superbes robes, et par-dessous des jupons usés et mouchetés de boue. Plus jolies que nos Françaises, elles n'ont pas comme elles cette *ligne serpentine* que chérissait Hogarth. Figurez-vous des têtes de nymphes sur des manches à balai. Une Française lancée au milieu de ces immobiles danseuses, ferait l'effet d'une fausse note, et l'on crierait bien vite haro sur cette épileptique.

En sortant de Cremorn, il n'est pas rare de trouver le chemin parsemé de ces jeunes femmes qui se sont couchées là sur le trottoir pour y passer la nuit. Elles dorment. Oublient-elles ou continuent-elles en rêve à s'avourer *leur plaisir?*

Autre divertissement. Il y a dans le Strand une façon de taverne qu'on appelle *ciders-cellars*. Comment se nomme autrement ce lieu de réunion? M'étant avisé de dire en public que j'avais l'intention d'aller le soir même voir *Nicholson juge et jury*, je vis une dame, ma voisine, rougir subitement, et je remarquai les gros yeux de mon voisin qui m'avertissaient que j'avais dit une sottise. On peut à Londres rencontrer à chaque pas certaine affiche imprimée en lettres rouges sur fond blanc et qui, au-dessous d'une grosse tête joufflue et ornée d'une perruque de juge, porte ces mots : *Hall of justice*, 404, *Strand. Nicholson's judge and jury.* — Mais on n'a pas le droit d'en parler, sous peine de soulever un torrent de *shocking*. Devant la taverne de Nicholson se promène, le soir, un homme

coiffé d'un transparent qui vous invite à assister aux
jugements, mais il est *improper* de dire qu'on y a assisté.
Qu'est-ce donc que ce Nicholson? Au fond d'une salle
étroite et longue, située au rez-de-chaussée, et remplie
de tables où s'accoude un public masculin, s'élève un tribunal exactement disposé comme un tribunal ordinaire,
où siége un juge en robe rouge, revêtu du rabat et de la
perruque d'usage. Il est là, sa figure intelligente se détachant sur une draperie noire agrémentée de franges
jaunes, et présidant gravement à des jugements en bonne
forme, poussant même l'amour de son rôle jusqu'à s'endormir dans le cours de l'audience. Au-dessous de lui, les
avocats, en robe noire, consultent des papiers silencieusement, en attendant qu'on introduise les plaideurs. Les
plaideurs arrivent, on les interroge, ils répondent, les
avocats plaident et le juge prononce. Rien n'est plus simple. La plupart du temps, les causes jugées par Nicholson
ne sont que la parodie des procès qui ont ému l'opinion
publique. Tel qui, acquitté par une haute cour, est condamné par Nicholson. Cette révision de la haute justice par
la justice du ruisseau, ces contre-arrêts et cette voix populaire en matière de jugements me séduisaient complète-
ment. On admire d'abord cette liberté anglaise qui élève
un tribunal bouffon à côté du grave tribunal, et on songe
à ce redoutable Pasquin qui faisait trembler les papes sur
son socle de fantoche. Ces avocats qui plaident là sont
souvent, me disait-on, à tort sans doute, de jeunes avocats
qui viennent s'exercer à l'art de la parole. Et vraiment ils
auraient beau jeu à faire, en ce lieu, leurs premières armes; car le public écoute, se passionne, applaudit. Cela

paraît d'abord admirable, puis on reconnaît avec stupeur que ces jugements ne sont que prétextes à quiproquos de mauvais goût, à sous-entendus dignes de nos petits théâtres. J'ai entendu parodier là le procès du major Helverton, qui avait nié son mariage avec miss Longworth au retour de Crimée, et Dieu sait ce que j'ai pu saisir de mots à double entente qui faisaient rire le public comme « un cent de mouches. » Mais bien mieux; à minuit, Nicholson et les avocats, le juge et les plaideurs se retirent, la draperie du fond se lève, et le public assiste à une série de tableaux vivants représentés par de malheureuses femmes en maillots qui n'ont pas toujours dîné comme il faut. Voilà donc Nicholson! Il s'agit d'en rabattre de l'admiration première. Hélas! il serait si beau d'avoir là, dans le Strand, ce tribunal populaire, cette voix, cette protestation, cette puissance! Pourquoi faut-il que tout cela serve de lever de rideau à une exhibition de mauvaise compagnie?

Mieux vaut le musée Tussaud! Il a du moins un but : il instruit, et ce musée de figures de cire contient plus d'une relique. C'est d'ailleurs le plus étonnant des spectacles. On entre; dans une vaste salle, la foule est grande des personnages que madame Tussaud, nièce du fameux Curtius, a rassemblés là. D'abord, on s'étonne; ces visages immobiles, et cependant doués de vie, ces yeux fixes sans regard, ces bras, ces mains, tout s'anime. On éprouve une sorte d'ivresse. Il semble qu'on marche dans un rêve. Le sens exact de la vie s'émousse; cette petite dame, visage ridé, sourire intelligent, qui se tient à la porte, c'est madame Tussaud elle-même. On va pour lui parler, on s'arrête, — c'est une figure de cire. Ce mousieur, assis là-bas, qui tourne la tête en prenant une prise de tabac, figure de cire encore ! Cette jeune fille qui dort et dont le sein soulève doucement le satin de sa robe, figure de cire toujours ! En quel monde fantastique vous a-t-on transporté ? On en vient à prendre pour un automate en cire l'homme qui vous enlève des mains votre parapluie, à l'entrée de la salle. Avant toutes choses, l'inévitable duc de Wellington, placé sur son lit de parade, frappe les yeux du visiteur. Puis voici les souverains d'Angleterre, depuis Guillaume le Conquérant jusqu'à la reine Victoria. Les souverains régnants d'Europe sont groupés au centre de la salle, et dans un coin le roi Louis-Philippe cause avec l'empereur Nicolas de Russie. C'est le plus bizarre assemblage de grands hommes qu'on puisse imaginer, un pêle-mêle inexprimable, Martin Luther à côté de M. Lincoln, lord Macaulay coudoyant Jeanne d'Arc, Voltaire conversant avec Murat, roi de Naples, M. de Montalembert à côté de Paganini. Mais ce n'est pas le plus curieux. Ce qu'il faut voir, c'est la chambre des horreurs, où figure tout d'abord, par une singulière prévenance, Napoléon Ier sur son lit de mort. Cette chambre des horreurs est la bien nommée et tous les sacripants de la terre s'y trouvent rassemblés. On ne laisse à dessein pénétrer qu'un faible jour dans cette lugubre pièce, où les assassins siègent en séance extraordinaire et que tapissent les têtes des suppliciés. Cette chambre des horreurs est bien faite pour donner la plus épouvantable idée de l'espèce humaine ; des faces stupides ou féroces, des regards sinistres, des mains qu'agite un prurit de sang, des armes qui ont servi à tuer des gens,

(elles sont authentiques), et là-bas, au fond, une guillotine
rouge, dressant ses deux poteaux lugubres, la même
guillotine, dit une inscription, qui a décapité Louis XVI,
Marie-Antoinette, madame Élisabeth, le duc d'Orléans,
Robespierre, et avec eux « vingt-deux mille personnes. »
En matière de reliques, il n'est que la foi qui sauve. Puis,
ce chiffre de vingt-deux mille n'est-il pas un peu beaucoup exagéré? Toujours est-il qu'on peut avoir la satisfaction de s'étendre sur la bascule, de passer sa tête par la
lunette et de regarder ce panier plein de son qui boirait
votre sang si l'énorme triangle n'était pas si solidement
attaché. Dans cette chambre des horreurs, madame Tussaud a placé entre Dumollard et je ne sais quel assassin qui
tuait les gens pour vendre leurs cadavres aux anatomistes,
la figure de Nana-Saïb, que l'armée de l'Inde n'a pu saisir
encore. Plus loin, William Palmer fait face au docteur La
Pommerais, qui attire à présent la foule au musée Tussaud. Ravaillac est auprès de Fieschi, dont voici la machine à demi brisée. Une figure horrible est celle de
Marat dans son bain; cette face contractée, qui rend le
sang par la bouche et les oreilles, a été moulée sur le
cadavre même par ordre de la Convention. Plus haut,
pâles, ensanglantées, telles qu'elles furent ramassées par
le bourreau, les têtes de Louis XVI, de Marie-Antoinette,
de Carrier, de Hébert, sont conservées côte à côte. Celle
de Robespierre est entourée du mouchoir qui soutenait sa
mâchoire fracassée. On ne sort de cette chambre que
pour regarder dans une autre pièce la chemise que
Henri IV portait le jour où il fut assassiné et les voitures
de Napoléon qui furent prises à Waterloo.

Ce musée Tussaud ne pouvait subsister qu'en Angleterre. C'est bien là le *museum* qui convient aux Anglais. Je n'ai eu ni le temps ni l'occasion de visiter les galeries particulières, qu'on dit fort belles, mais j'ai vu les galeries publiques. Notre Louvre est de cent fois supérieur. La galerie nationale de Trafalgar-place contient quelques tableaux superbes, comme le *Saint Baven* de Rubens, le *Moine en prière* de Zurbaran, des Rembrandt, des maîtres italiens. Mais ce ne sont point là nos galeries immenses, nos deux lieues de chefs-d'œuvre (8,000 mètres bien comptés, dit M. Ferdinand de Lasteyrie). L'école française est représentée par deux ou trois tableaux du Poussin, de Claude Lorrain et de Greuze. M. Francis Wey s'était plaint jadis qu'on rangeait le Poussin dans l'école italienne. On a réparé cette bévue. Turner, ce grand maître du paysage académique, a sa galerie à part, assemblage de cent quatre tableaux dont quelques-uns ont les grandes qualités du maître, dont la plupart sont un informe assemblage de couleurs folles. Ce Turner représente d'ailleurs la peinture anglaise tout entière ; il commence par l'imitation servile de la nature, et finit par le délire complet. A force de vouloir imiter, il se perd dans l'impossible. Lui, qu'on pourrait parfois opposer à Claude, il finit par peindre avec une confusion de couleurs une « locomotive traversant une prairie enveloppée dans le brouillard. » Et pourtant ce Turner fut un grand peintre ! Il y a là des pages superbes, mais comme tous ceux de sa nation, il lui manquait ce qui ne s'acquiert jamais, le sens artistique et le style. De tout temps, les Anglais, si supérieurs dans les peintures de genre, ont eu des professeurs d'esthétique pour enseigner ce que c'est que le beau, « le vrai beau; » ils ont eu Joshua Reynolds, un grand artiste qui écrivit sur son art, mais jamais, même chez Gainsborough, chez Landseer, chez Lawrence, l'art ne se dégagea d'un je ne sais quoi de bien anglais, de spécialement entaché de britannisme.

Madones des grands maîtres italiens, avant d'être des Florentines ou des Vénitiennes, vous êtes des vierges et des saintes, et si Raphaël vous a rencontrées tout à l'heure dans le forum, il vous idéalise jusqu'à vous emporter vers le ciel. Vous, vierges de l'Angleterre, nymphes que l'artiste groupe autour de la tête d'âne de Bottom, caméristes de la reine Mab, ondines aux cheveux blonds, pourquoi ne vous êtes-vous pas mieux déguisées? On vous a tout à l'heure vues souriant ainsi, avec vos grâces doucereuses, sous les arcades d'Haymarket!

Les véritables maîtres de l'Angleterre, ce sont ces moralistes qui ont nom Hogarth ou Cruikshank, c'est Wilkie ou Mulready, les plus ingénieux, les plus délicats des peintres. A l'art anglais demandez des surprises et de jolies scènes spirituellement composées, mais n'exigez jamais les grands coups d'aile qui vous transportent brusquement jusqu'au sommet de l'idéal. Et, s'il en est ainsi de la peinture, que sera-ce donc de la sculpture, qui exige le style avant toutes choses? Quand on a vu Nelson perché sur sa haute colonne, et étrangement assis sur un inquiétant paquet de cordages; Wellington cloué à tous les carrefours sur des chevaux de bois; le duc d'York affublé d'un paratonnerre qui lui sort de la tête, et s'appuyant sur une épée difforme afin de ne pas tomber; la reine Anne trébuchant dans ses jupes, et les généraux mis en selle avec leurs pantalons de matin, on se demande si ce païen de Phidias ne sera pas condamné, au jour de la damnation éternelle, à venir errer dans les squares de Londres, afin de racheter, si faire se peut, tous ses péchés.

VII

Quand vient le samedi soir, Londres prend, en certains quartiers, un aspect inaccoutumé. Des marchands ambulants envahissent *New-Cut*, les petites rues de Lambeth et les recoins de West-End ; ils établissent leurs boutiques dans les ruelles de Soho, et c'est alors que commencent ce qu'on appelle les *marchés du samedi*. Au milieu d'une animation singulière, de tout le peuple qui circule en quête de ses provisions pour le dimanche, les marchands ambulants, toute cette population qui s'élève, d'après les derniers recensements, à plus de trente mille individus, a établi ses nombreuses boutiques. C'est un tohu-bohu curieux, assourdissant, une foule qui se heurte, qui crie, qui marchande, où ces visages étranges, qu'on ne voit qu'à Londres, paraissent éclairés par la rouge lueur des

lanternes et des becs de gaz. Là se heurte tout ce que le
bon marché peut produire de plus étonnant. Les *coster-
mongers*, espèce de marchands des quatre saisons,
les verduriers, les *green-grocers* ou fruitiers (mot à mot
épiciers en verdure), les bouchers, les vendeurs de poissons, les marchands à la toilette, vantent à tue-tête leur
marchandise. Ces marchés, où l'on peut acheter un chapeau de femme pour quatre pences (quarante centimes),
sont fréquentés par cette misérable population qu'on rencontre en haillons dans les plus beaux quartiers de Londres, traînant dans Regent-street leur misère et leur
ignominie comme pour faire tache sur ces maisons
superbes.

Au moment de ces marchés, les rues de Londres, ordi-
nairement silencieuses, retentissent de tous les cris, mais
de cris perçants, irritants, sinistres. Un marchand qui
fait cuire des pommes de terre sous la cendre établit sa
boutique portative à côté d'un marchand de châtaignes,
dont le poissonnier étouffe la voix, avec ces cris in-
cessants : — Crabes! des crabes! achetez les crabes! —
Des voitures entières de moules sont là éclairées par de
grosses lampes de schiste ou par un immense bec de gaz
qui s'élance avec un jet énorme. — Des harengs! des
harengs! — Et tandis que le boucher aiguise son couteau
ou dépèce les énormes quartiers de viande, il ne cesse de
crier avec la rapidité de la crécelle : *Buy! buy! buy! buy!
buy!* Achetez! achetez! achetez! achetez! achetez! [1]

1. Dans son très-intéressant ouvrage, *London labour and London poor*, M. H. Mayhew a donné des détails fort curieux sur ces
côtés de la vie anglaise.

Rien ne peut donner une idée de l'animation de ces rues, animation quelque peu fantastique. On ne saurait, en voyant ces flots de pauvres gens marcher, éclairés par ces flots de lumières brutales, s'empêcher de songer à je ne sais quelle population de cyclopes, vivant dans l'ombre, enfouis dans cette noire Angleterre que le poëte des *Iambes* compare à un immense vaisseau de houille.

On peut deviner par là jusqu'à quel degré peut aller la misère. Qui n'a point vu les haillons anglais n'a point vu de haillons. Chez nous, le pauvre est vêtu de ses misérables habits, mais ces habits, ils sont faits à sa taille, ils se sont usés à son service, cette défroque est à lui ; à Londres, les haillons qui couvrent les maigres épaules des mendiantes ne sont descendus jusqu'à elles qu'en passant par toutes les classes de la société, en commençant par la jeune miss qui les a portés la première, jusqu'à la fille d'Haymarket, qui les a traînés dans le ruisseau. Puis ces chapeaux défoncés, déformés, déchirés, rongés, ces vestiges de luxe sur ces têtes dévorées par la faim, ajoutent encore à l'horreur. On sent qu'il y a là, dans cette ville immense, toute une population de condamnés. En dépit des hôpitaux nombreux, des maisons de secours et des dispensaires, la maladie et la misère les rongent. Les morts par la faim sont rares, Dieu merci, dans notre Paris qui a tant de plaies à cacher, lui aussi ! A Londres, hier encore, le *Daily news* racontait l'histoire d'un père qui, étant allé mendier un morceau de pain, avait au retour trouvé sa fille morte de faim.

Puis la misère y est plus terrible, elle marche presque toujours escortée de cette sombre ivresse à laquelle marchent les misérables comme ils marcheraient vers l'oubli.

> Vive le gin! Au fond de la taverne,
> Sombre hôtelière à l'œil hagard et terne,
> Démence, viens nous décrocher les pots,
> Et toi, la Mort, verse-nous à grands flots!

C'est qu'avec un penny, à peine a-t-on de quoi se nourrir et que ce penny suffit presque pour procurer l'ivresse. Ils boivent donc, et quand l'ivresse est venue, il faut entendre les hoquets terribles qui s'échappent de ces poitrines délabrées. Quelquefois, le genièvre amène une lutte, et qui dit rixe en Angleterre dit sang versé. Les Irlandais surtout sont terribles. Les ruisseaux de Saint-Gilles sont souvent rouges. Ces Irlandais ont un argot effrayant. Une chose n'est bonne pour eux que lorsqu'elle est « sanglante. » Ils disent: « un beefsteack sanglant, un verre de pâle ale sanglant, un amour sanglant. » Têtes féroces, abrutis par la misère, ils ne songent qu'à la lutte, et pour un regard, pour un mot, la lutte commence. Les rudes coups de poing tombent comme grêle et sonnent mat sur les visages; les yeux se crèvent, les mâchoires se disloquent. Lorsqu'un des deux adversaires est tombé, ses amis le relèvent, lui mordent les doigts ou les oreilles pour le faire revenir à lui et l'excitent à une nouvelle lutte. Quand il succombe enfin, à demi mort, mort tout à fait parfois, un de ses amis prend sa place et l'horrible boxe continue. Les policemen sont là, tranquilles spectateurs; ils ne bougent pas et regardent, laissant parfois échapper un sourire approbateur comme les *aficionados* des cirques espagnols, lorsque le matador a plongé son épée dans la nuque du taureau selon toutes les règles de l'art.

Ces populations misérables de Southwark, de Lambeth, de Saint-Gilles sont les pourvoyeuses de Newgate ou de Bedlam. Les Anglais appellent eux-mêmes le quartier de Lambeth « le sale Lambeth. » Il fait face à Westminster, et le vieux et sombre palais de Lambeth dresse ses tours noires devant les clochetons du Parlement. Là, comme à Saint-Gilles, vit agglomérée, dans des rues étroites, une population ténébreuse, hâve, terrible. Les enfants vont tout nus par les rues, ou, plus grands, s'exercent à faire des cabrioles ou à chanter des chansons devant les passants, afin d'avoir un penny. Les haillons pendent aux fenêtres, la boue est dans la rue, le dénûment au logis. Et ces ruelles sont adossées à d'immenses et riches tanneries, à de superbes fabriques de faïence. Antithèse éternelle! Il est de ces quartiers où la police ne se hasarde jamais la nuit, où les policemen s'arment d'un revolver lorsqu'ils les traversent, le jour. Comment tout cela peut-il vivre? Je connais une collection de dessins de George Cruikslank qui s'appellent énergiquement : « la vie de Londres, c'est la mort. » C'est là qu'il faut aller chercher le secret de toutes ces misères. Cruikslank, peintre impitoyable, a dit à sa patrie toute la vérité à la face du monde, et ce jour-là, il a été un grand artiste.

Newgate et Bedlam! La prison et la maison des fous. Voilà où se dénouent bien des drames. On m'a montré la petite porte qui s'ouvre devant le condamné à mort les jours d'exécution. C'est la deuxième en arrivant à Newgate par Oxford-street. En sortant de là, le condamné

aperçoit la potence. Cette petite place si étroite contient
ces jours-là dix mille personnes et les fenêtres qui font
face à la prison se louent des prix fabuleux. Si les exécu-
tions se succédaient avec rapidité, les heureux proprié-
taires de ces fenêtres feraient bien vite leur fortune.
Faut-il donc que ces sortes de représentations aient partout et toujours leur public? Tout ce qui se rattache au
crime excite d'ailleurs vivement à Londres la curiosité.
On vient de fonder un journal spécialement destiné à tenir
la foule au courant des crimes qui se commettent à Londres
et ailleurs, *The Illustrated Police News law-courts and cri-
minal record*, qui se vend un penny et qui dès son premier numéro atteignait un tirage considérable. S'il fallait
en croire les Londonners, tous les crimes seraient commis
par les Irlandais. Ces pauvres diables, qui sont à la vérité les plus farouches du monde, jouent le rôle du bouc
émissaire ou du baudet de la fable sur lequel on crie
haro. Les Anglais les détestent et en revanche les Irlandais ne cachent pas leur haine pour les Anglais. La première parole que l'un d'eux me dit en voyant que j'étais
Français, fut celle-ci : « Nous aimons beaucoup la France
et nous détestons l'Angleterre. » Un de mes amis se
brouilla totalement avec une famille irlandaise pour avoir
dit que le *Times* est le plus « grand » journal du monde.
Il oubliait que le *Times* est un journal anglais!

Et cette haine, on la conçoit en songeant à ce peuple
depuis si longtemps opprimé et qu'on osait comparer un
jour à une surcharge de cargaison qu'il fallait jeter à la
mer pour que le grand vaisseau britannique voguât librement. La misère le décime, et ce que la mauvaise nour-

riture laisse subsister de ce peuple qui se nourrit de patates, Londres l'engloutit brutalement. Alors, ces exilés
que la faim chasse de leur patrie, apportent dans la
grande ville leurs passions et leurs haines. Ils traitent les
Anglais comme un prisonnier son geôlier et ils gardent
en main le *shilleha*, ce bâton noueux qui sait si bien
fendre les crânes. Les autres émigrent en Amérique, et
l'Angleterre de s'applaudir en voyant l'Irlande qui se dépeuple. Au loin, sans doute, ces fils de Saint-Patrick
regrettent leurs clairs ruisseaux, leurs grandes prairies,
leur verte Erin, leur pauvre et chère Irlande! Mais leur
nouvelle patrie les nourrit, et chez les étrangers ils sont
plus libres que dans leur île, où le vice-roi les traite en
ennemis. Hélas! depuis le jour où le courageux Swift écrivait ce pamphlet infernal où il proposait de tuer les enfants
irlandais afin de nourrir le reste de la population, terrible
soufflet appliqué sur la joue de sa patrie, l'état de l'Irlande
n'a pas changé, et le satirique trouverait encore à aigui-
ser sa verve diabolique.

Il verrait même que les Irlandais prennent le temps de
se déchirer entre eux. En août 1864, on éleva à Dublin
un monument à la mémoire de ce grand O'Connell qui
rêva un moment de reconstituer l'Irlande. O'Connell était
catholique; or, les protestants de Belfast songent que pareil honneur n'est pas rendu au protestant Guillaume III,
et que les orangistes ont le droit de se plaindre. Et vite ils
brûlent en effigie la statue de l'agitateur. Les catholiques
ne peuvent laisser passer un tel affront; ils donnent à un
mannequin la figure de Guillaume d'Orange et en font un
feu de joie. Grande rumeur, on s'insulte, on en vient aux

mains, les fusils sortent des maisons et les cadavres tombent sur le pavé. L'émeute et le massacre durent dix jours,
et les Anglais répètent avec une vive satisfaction la parole
d'O'Connell lui-même : Ces Irlandais sont incorrigibles, et
s'il y a un Irlandais à brûler, ce sera certainement un
Irlandais qui mettra le feu au bûcher.

Pour maintenir l'immense population de Londres, — on
compte quelque chose comme trois millions d'habitants,
— cinq mille policemen suffisent. La police anglaise, une
des mieux organisées, ne date que de 1828. C'est Robert
Peel qui substitua aux antiques *watchmen*, qui se bornaient
à avertir les dormeurs du temps qu'il faisait, ces policemen qu'on rencontre partout, leur chapeau de cuir
bouilli sur la tête, un brassard au bras gauche, un petit
collet de caoutchouc sur les épaules, et dans la poche
le bâton minuscule qui représente la loi. Ce sont de braves
gens fort polis qui veillent sans démonstrations sur votre
sécurité. Leur allure pacifique n'exclut pas l'énergie ; ce
même homme qui se promène la nuit, trempant un gâteau dans une tasse de thé, tout à l'heure se collettera,
s'il le faut, avec le plus farouche des bandits. La police
se compose d'un commissaire en chef, de deux sous-commissaires, de dix-huit surintendants, et de cent trente-
trois inspecteurs qui surveillent six cent vingt-cinq sergents qui commandent quatre mille neuf cent cinquante
constables. Chaque policeman porte à son collet une lettre
et un chiffre. Le centre de la police est Scotland-Yard et
rayonne à travers toutes les section-houses, d'où partent, la nuit venue, marchant à la file, des rondes de
policemen qui vont veiller à la sûreté des rues pendant

que les pompiers organisent des échelles de sauvetage et
des stations de pompes en cas d'incendie. Les policemen
veillent à la fermeture des portes, et surveillent les faits
et gestes des passants au moyen d'une petite lanterne
qui éclaire le promeneur sans lui permettre de distinguer
d'où vient cette lumière. Les filous de Londres ont la
réputation d'être de grands artistes, mais les policemen
qui les épient ne se laissent pas tromper facilement. Cette
police, — sans compter la « delective police » ou police
secrète organisée par sir James Graham, — coûte à Londres dix millions de francs, et ce n'est pas trop cher.

On vient de retirer le chapeau des policemen, qui leur
donnait la grave allure de quakers, et on l'a remplacé par
une façon de casque en cuir assez semblable à celui des
soldats bavarois. L'innovation n'est pas heureuse.

La nuit, les deux tiers de la police sont sur pied; mais
j'ai dit que les policemen se hasardaient rarement dans
certains quartiers. Ils stationnent généralement devant
ces établissements très-nombreux à Londres et que surmontent trois grosses boules. Ce sont les monts-de-piété.
Ce sont là les refuges de la débauche. Quant à la misère,
elle a ses hôpitaux, mais ils ne suffisent pas à tous les
misérables. D'ailleurs, Londres est divisé en paroisses.
Chaque paroisse a son hôpital, soutenu par des souscrip-
tions volontaires; mais cet hôpital n'est ouvert qu'aux
pauvres de la paroisse. Il s'ensuit que les hôpitaux des
paroisses riches thésaurisent et que ceux des paroisses
pauvres ne peuvent suffire à toutes les demandes d'admission. C'est un gouffre, ce Londres! Toutes les misères s'y
rassemblent, depuis la misère repoussante jusqu'à la misère dissimulée sous un sourire.

VIII

Un dimanche à Londres. — Ce qu'en pense Dickens. — Un jeu de cartes. — Le *cant*. — On s'échappe. — Waterloo-Bridge. — Les cités ouvrières. — Twickenham. — Un nom, un chiffre. — Le dimanche soir. — La Tour de Londres. — Le passé. — Musiciens et militaires anglais. — Les bateaux de la Tamise. — Le Tunnel. — La Cité. — Le commerce. — Encore des chiffres.

Je me suis laissé conter, il n'y a pas longtemps, l'histoire d'un Anglais qui partait tous les samedis soir pour Douvres et ne manquait jamais de passer son dimanche à Calais. Cette histoire-là pourrait bien n'être pas un conte. Un homme résolu est capable de tout pour éviter la tyrannie dominicale que s'impose l'Angleterre. A Paris, le dimanche est un jour de repos, de plaisir, de gaieté; le dimanche, à Londres, est un jour de recueillement, presque de deuil. La vie immense de la grande ville s'arrête tout à coup, la source de mouvement est tarie, un morne silence succède à cette étonnante agitation; les rues sont désertes; les passants, en habits de cérémonie, se dirigent tête baissée vers le temple; les omnibus marchent lentement en passant devant les églises. C'est fini; Londres a rendu l'âme. — Ci-gît Londres.

« Rien à voir que des rues, des rues, des rues! Rien à respirer que des rues, des rues, des rues! Rien qui puisse changer un peu et rafraîchir l'esprit usé par la fatigue! » Qui parle ainsi? C'est Charles Dickens. Il connaît depuis longtemps ces lugubres dimanches; il les a dépeints maintes fois avec l'énergie de la haine.

Tout est fermé, les rues agrandies sont désertes, les visages graves d'ordinaire prennent quelque chose de refrogné. Le spleen montre sa griffe à chaque coin de rue, et l'ennui se promène lentement à travers les parcs interminables. La journée, qui a douze heures en temps ordinaire, se compose ce jour-là de quarante-huit heures bien comptées. Et comment tuer le temps? On va à l'église, on en revient, on y retourne. Ceux qui restent à la maison sont contraints d'y éviter le bruit, de lire les Écritures et de se recueillir. Et c'est en pareil cas que se montre dans tout son jour l'hypocrisie anglaise. A Londres, chaque famille habite une maison tout entière ou à peu près. On ferme donc les portes, on se claquemure avec précaution, et, silencieusement, on prend un livre, le roman nouveau, ou quelque journal du dimanche, et on lit. Miss Braddon remplace la Bible, et l'on est censé prier en lisant le *Secret d'Aurore Floyd*.

J'étais logé dans une maison anglaise, et mes hôtes, qui, le dimanche venu, bâillaient depuis le matin, m'invitèrent, vers midi, à faire une partie de cartes. L'enfant de la maison me demanda si je voulais les cartes ordinaires ou les cartes anglaises. Je choisis les cartes anglaises. Ce sont des cartes spécialement destinées à entretenir le sentiment du patriotisme dans le cœur des jeunes garçons. Les rois bibliques y sont remplacés par des majordomes anglais ; Argine devient la reine Anne; Ogier et Lahire, l'amiral Napier ou sir Colin Campbell, et ces personnages sont entourés d'une auréole sans fin de victoires, de préférence remportées sur les armées ou les flottes françaises. Donc, nous jouions. Tout à coup, on frappe à la porte. La famille entière paraît effrayée, et, avant que j'eusse pu demander ce dont il s'agissait, cartes patriotiques, romans, journaux illustrés, tout avait disparu dans les profondeurs d'un vaste tablier, et les Bibles, prestement ouvertes au hasard, étaient lues avec une avidité pleine de ferveur. Il s'agissait, grande affaire ! de ne se point laisser surprendre en flagrant délit de distraction !

Ces inconcevables exigences de l'usage sont les tyrannies de la libre Angleterre. Là-bas, la reine règne, mais le *cant* gouverne, et c'est bien le plus insupportable des gouvernants. C'est lui qui veut qu'on coupe son pain en s'aidant de la fourchette, qu'on ne se mouche pas trop fort, et qu'on mette de côté certains noms de vêtements parfaitement « nommables, » mais qui, là-bas, paraissent *impropers*. La pudeur anglaise, souvent plus apparente que réelle, adore les périphrases. Que diraient les blondes ladies en lisant les lettres de la princesse Palatine, voire celles de madame de Sévigné ?

Les Anglais secouent d'ailleurs comme ils peuvent le joug dominical, et, pour peu que la pluie habituelle fasse relâche, ils prennent les omnibus ou les chemins de fer et s'échappent à travers champs. Ils vont à Greenwich, à Richmond, à Kiew. Parfois, la religion les poursuit jusque-là, et ils se heurtent contre quelque prédicateur improvisé ou quelque dame patronnesse distribuant aux promeneurs la *Vie des Saints* ou les sermons des pasteurs en renom. Souvent lorsque le prédicateur, qui est boucher ou épicier de son état, déplait à ses auditeurs, la la foule qui l'écoute renverse la chaise qui lui sert de chaire et le renvoie brutalement couvert de horions. Que si le prédicateur a su se faire des adeptes, ceux-ci prennent parti pour lui ; on se boxe furieusement, et c'est vraiment une ingénieuse façon de sanctifier le dimanche.

Désespéré, ennuyé, hébété, je me jetai dans un cab et je pris à Waterloo-Bridge le chemin de fer de Richmond. L'usage est, en Angleterre, que les voyageurs aillent se placer, comme bon leur semble, dans les wagons. Point d'employés qui vous arrêtent ; vous traversez la voie à votre gré. Liberté entière ; on suppose bien que vous saurez à l'occasion vous garer parfaitement sans la bienveillante intervention de ces tuteurs en uniforme qui ne vous ouvrent les portes des salles d'attente que lorsque le moment est venu de gagner un coin de wagon à la course ou de le conquérir à coups de poings. Les wagons anglais sont d'ailleurs beaucoup moins confortables que nos wagons français, qui paraissent eux-mêmes détestables quand on sort des wagons allemands. Mais les wagons anglais sont incomparables pour la rapidité. Ils vont comme la foudre ; le tableau des vitesses parcourues semble impossible. Faire trente lieues à l'heure est pour eux un bagatelle. Et tant pis si la chaudière éclate ou si deux trains se brisent en se rencontrant! J'avoue que se sentir en sûreté lorsqu'on voyage est un point qui n'est pas à dédaigner.

En quittant la station de Waterloo, le chemin de fer traverse le quartier de Lambeth, longe la Tamise et domine toute cette partie de Londres, composée de fabriques, de quartiers pauvres et de logements d'ouvriers. A droite et à gauche s'élèvent, comme une succession de logements de carton, de longues files de maisons symétriques, construites sur le même plan, régulières et monotones. Elles n'ont qu'un seul étage et, bâties en briques rouges, ressemblent à des casernes minuscules. Là, vivent non pas seulement des artisans, mais de modestes employés qui se rendent en ville, chaque matin, à leurs bureaux. Ces cités ouvrières ont cela de tristes qu'elles condamnent ceux qui les habitent à l'uniformité. Ces pauvres *casernés* ont du moins la ressource de se cloîtrer chez eux dans leurs petites salles, de vivre libres dans leur retraite... La vapeur siffle. — Peu à peu, les maisons se succèdent moins agglomérées ; des champs cultivés les séparent. De grandes prairies vertes, de ce vert aqueux et bien anglais, s'étendent tachetées de bestiaux superbes. Des routes ombragées de gros arbres centenaires rayonnent autour de railway. Au loin, dans des masses de verdure, se dresse une tour chinoise, pagode à neuf étages, que Georges III a fait élever à Kiew, par un singulier caprice. On nous arrête à Richmond, et la ville, au milieu d'une pluie fine et perçante, nous apparaît coquette, s'étageant gracieusement comme sur une colline et conduisant, entre deux rangées de maisons propres et bien époussetées, jusqu'à cette terrasse merveilleuse et cette avenue qui l'ont fait surnommer le Frascati de l'Angleterre. Mais on se lasserait vite de cette coquetterie sans caractère, de cette séduction, de ce village où les vrais monuments sont les restaurants et les hôtels, ville d'agrément où l'artiste n'a rien à voir, où la gentry seule vient faire assaut de toilettes et de luxe. Richmond en réalité n'est qu'un parc immense, joli comme une aquarelle, grand, superbe, verdoyant, mais cette nature, gentille à ravir, semble factice. La Tamise, devenue ruisseau en cet endroit, coule paisiblement au milieu des prairies, au bas de la terrase ; les barques filent gracieusement ; lorsque le soleil donne, on songe aux élégantes *pochades* de Turner. C'est Asnières, un Asnières plus riche et plus vaste, mais Asnières sans ce je sais quoi de coquettement parisien qui le rend charmant, lorsqu'il n'est pas envahi, disons tout, par sa détestable population du dimanche.

En longeant la Tamise, à chaque pas, nous rencontrions quelques groupes compassés qui marchaient en silence. Près de Twickenham, deux ou trois jeunes gens passaient en chantant une chanson de notre pays. On les regardait, moitié d'un œil de courroux, moitié d'un œil d'envie, ces indiscrets Français qui savaient si bien s'affranchir d'une règle pénible. Twickenham est un village modeste, bien anglais d'ailleurs, avec son église couverte de lierre et entourée de tombes. Sur une de ces pierres. j'épelai ce nom : *Catherine Parr*. Une inconnue qui mourut sans savoir peut-être qu'elle portait un nom célèbre! Près de là, sur la grille d'une habitation particulière, je pus

lire un chiffre, un nom, je vis des armes qui m'avertirent
que, là, j'étais en France. Et j'eusse pu rencontrer dans
ce logis mieux qu'un écho de mon pays — tout un chapitre de notre histoire!

. . . .

Le soir venu, Londres reprend à peu près sa physionomie habituelle. Le règne du dimanche va finir, Dieu soit
loué! On va donc être libre! Les vendeurs de gin qui
tenaient depuis le matin leur boutique fermée, la rouvrent
jusqu'à onze heures, et la foule impatiente s'y précipite,
mais pour peu de temps. A l'heure où le *gin palace* est contraint de mettre ses volets, il offre un spectacle curieux
et terrible. La pendule est là, marquant l'heure, avançant
toujours. Une minute encore, et le marchand jettera sans
façon ses clients à la porte. Implacable loi : le dimanche
tout *publical housse* éteint ses lumières à onze heures du
soir. Aussi, comme cette foule de buveurs avides se
heurte, se pousse, s'insulte, se bouscule! Les mains fié-
vreuses tendent en se crispant des verres vides, les voix
enrouées demande encore un peu de *half and half*, un peu
de gin! Il faut voir ces yeux allumés, ces gestes farouches, ces têtes abruties. Des hommes, des femmes, ivres,
stupides, sont là. Les uns boivent encore, les autres dorment déjà. Une jeune femme au doux visage, tenant entre
ses bras un enfant de deux ans, le laissa tomber en s'af-
faisant elle-même. L'enfant criait. On jeta à la porte
l'enfant meurtri et la mère ivre.

Nous n'avons pas à Paris un seul monument à opposer à
la Tour de Londres. Le musée du Cluny n'évoquera jamais
aussi bien le moyen âge que ces quatre tourelles grises

qui se dressent insolentes avec leurs créneaux encore menaçants. On a peut-être bien fait de démolir la tour de
Nesle à cause des joyeusetés royales qu'elle rappelait,
mais je la regrette au point de vue du curieux, et si les
tourelles du Châtelet n'existaient encore, je ne saurais
où retrouver le moyen âge à Paris. Les Anglais ont le
le respect de l'archéologie. Avec un peu de bonne volonté, on croirait que les guides qui vous introduisent
dans la Tour et que les gardes qui s'appuient sur leurs
hallebardes à la porte d'entrée se sont échappés le matin de quelque toile du vieil Holbein. Leur pourpoint
noir garni de galons rouges, leur poitrine où rampe sur
fond de gueules le lion britannique, leur large toque et
jusqu'à leur barbe grise les rendraient parfaitement pittoresques si de la jupe de leur tunique ne sortait un pantalon
gris à côtes et de leur pantalon une paire de ces souliers
énormes avec lesquels les Anglais prennent si profondément possession du sol. Il y a bien aussi, sur cette toque,
quelques petites papillotes en papier rose à critiquer,
mais il ne faut pas se montrer trop exigeant.

L'abbaye de Westminster était jadis la légataire uni-
verselle de la Tour de Londres; la Tour servait de lieu de
supplice, Westminster servait de tombeau. Dès qu'il pénètre dans la Tour, si son imagination se met de la partie, le visiteur voit bientôt revivre les plus sinistres souvenirs; les lieux où il passe, les noms qu'il entend
prononcer, évoquent subitement le passé. Cette porte s'appelle la « porte des traîtres » et la tradition veut que ce
soit là que Richard III fit étouffer ses neveux; cette tour
est la « tour ensanglantée, » cette autre la farouche « tour

blanche. » La salle des armures, assemblage de bannières
et d'armures, où les rois et les hommes d'armes demeurent à présent côte à côte, fait songer à cette salle immense où Victor Hugo fait tuer Sigismond par Évi-
radnus :

On peut suivre ici l'histoire du costume, depuis le
XIIIe siècle jusqu'au XVIIe ; depuis Édouard Ier émergeant
vivant du passé dans sa robe rouge ; depuis Henri VIII,
énorme dans son vêtement de fer, sa masse d'armes en
main, prêt à la guerre ; depuis Édouard VI, sinistre dans
son armure brunie et bronzée, jusqu'à Jacques II, dont la
perruque s'échappe d'un casque mythologique surmonté
de plumes et qui porte une cuirasse par dessus sa tunique de buffle.

A travers les lances gigantesques, les armures brillan-
tes, les armures turques, les cottes de mailles des Sarra-
sins, les étendards indiens ou chinois, les canons pris sur
nous et sur d'autres, les boucliers, les épées à main, les
pertuisannes, les haches d'armes, les mousquets, les fusils et les sabres, le guide vous conduit dans la salle d'armes de la reine Élisabeth. Ce guide était un bon gros
homme, à la figure réjouie, qui nous montra en riant un
billot sur lequel furent décapités plusieurs seigneurs
écossais et la hache qui coupa la tête du comte d'Essex.
— Vous pouvez toucher, ajouta-t-il avec son bon sourire.
L'assemblée se pencha sur le billot et toucha du doigt
les entailles que la hache avait faites dans le bois en tran-
chant le cou de Lovat et de Balmerino et se retira satis-
faite. Mais le guide tenait absolument à nous faire soupeser un collier de tortures qui devait, disait-il avec

sa paterne gaieté, « étouffer joliment son homme ; » et
à nous introduire dans un affreux cachot froid et noir,
où l'on jetait les condamnés — des innocents quelquefois
— pour les oublier. C'était ce qu'on appelait les envoyer
dans la paix... Quelle sinistre poésie ont ces mots terribles : *In pace !*

Ce n'est pas tout — On tombe de Charybde en Scylla.
Le guide nous conduit à la tour Beauchamp. Là, que de
victimes ont gémi! Que de sanglots ont entendu ces murailles ! Tour à tour, les favoris des rois et ceux des
reines, et les reines aussi, ont été jetés dans ce cachot.
Les prisonniers de la tour Beauchamp ne sortaient de là
que pour marcher à l'échafaud. On peut voir de là haut,
en regardant dans la cour, la place où Anne de Boleyn,
qui fut enfermée ici-même, mourut, tandis que Henri VIII,
posté sur la terrasse de Richmond, attendait le signal de
cette mort qui devait lui être donné par un feu de joie
allumé sur la tour. Et tous ceux qui ont été enfermés là
ont voulu graver leur nom sur la muraille, marquer leur
souvenir, laisser leur trace dans cette prison. L'homme
sent bien que tout lui échappe parfois! Il veut se rattacher, ou rattacher son souvenir, à ce qui dure plus que
lui : aux arbres, à la pierre, au livre... L'un a mis son
nom, l'autre son chiffre. *Dolor*, a écrit celui ci ; *Pati*, a
ajouté celui-là. L'un a tracé tristement un squelette : il
ne croyait plus qu'à la mort. L'autre, plus orgueilleux,
a gravé là son blason inutile ; l'autre, plein d'espérances,
a tracé l'image d'une croix. Les visiteurs, qui ne trouvent dans cette tour ni sabres arrangés de façon à figurer
des fleurs ou des charmilles, ni armures effrayantes, ni

canons enlevés aux Français, se demandent d'un air ennuyé pourquoi on les a conduits là. Le penseur s'arrête,
se recueille, regarde et songe.

La tour de Londres sert à présent de caserne. C'est
aussi un arsenal et on y a déposé les diamants et les
joyaux de la couronne. Si le peuple anglais se révoltait
jamais, il trouverait là de quoi armer cinq cent mille
rebelles. — Dans les fossés, les soldats font l'exercice;
mais ils y mettent un peu trop de hâte, comme s'ils craignaient la subite intervention du bâton ou de la baguette.
Une fois l'exercice fini, ils rentrent dans leur caserne,
prennent leur pot de pommade et lissent avec soin leurs
cheveux. Il faut les voir, avec leur raie géométriquement
tracée derrière la tête, leur casquette maintenue par un
licou qu'ils se passent sur la lèvre supérieure, marcher
au son de la plus agaçante, de la plus énervante, de la
plus sauvage musique qui soit au monde. J'ai remarqué,
dans leur caserne, qu'ils ont des formes en bois pour
placer leurs gants quand ils les ont quittés. On sent que
transportés hors de leurs habitudes, ils se sentiront malheureux, désarmés, inhabiles. — Le sac de nos soldats,
ce sac hyperbolique qui contient tout à la fois, munitions,
linge, outils, aiguilles, livres, etc., leur est inconnu. La
plupart d'ailleurs sont soldats malgré eux (j'entends par
surprise) et font leur métier en rechignant. Les abords du
Parlement sont fréquentés par des sergents recruteurs,
reconnaissables à leur shako orné de rubans et à la canne
qu'ils tiennent à la main. Ils abordent les jeunes gens, les
poussent au cabaret, les grisent et leur font signer un
blanc seing qui oblige les imprudents à défendre pendant

sept ans la Grande-Bretagne. Et nul, hélas! pour se con-
soler, ne peut se vanter d'avoir dans sa giberne le bâton
de maréchal dont parlait Louis XVIII! Les marins seuls
peuvent espérer les plus hauts grades. Quant aux soldats,
on sait qu'ils sont commandés par des officiers qui ont
acheté leur titre et qui peuvent même se faire remplacer
dans leurs commandements, si bien que sir un tel ou lord
un tel reçoit, dans les salons de Londres, les compliments
pour les exploits que son remplaçant accomplit, sous son
nom, en Chine ou dans les Indes.

Aussi bien, ceux qu'une vocation pousse vers l'état militaire, en Angleterre, s'enrôlent-ils dans la marine. Là,
toute route leur est ouverte et l'espérance de l'avancement
les enfièvre. Ce qui fait d'ailleurs la puissance de Londres,
c'est sa marine et surtout ce bras de mer que les Anglais
appellent la Tamise. La Tamise c'est la richesse, c'est
l'animation, c'est le pittoresque, c'est la gaieté, c'est la
grandeur de Londres. Sans la Tamise, Londres ne serait
qu'une immense, noire et silencieuse nécropole. Avec la
Tamise, c'est la plus puissante et la plus superbe des
villes. Tant de bateaux, tant de vaisseaux, tout ce mouvement, tout ce remue-ménage remplacent bien la gaieté
et le soleil. Il faut voir ce croisement incessant de bateaux
chargés de passagers, qui s'emboîtent les uns dans les
autres, se frôlent sans se heurter, glissent, filent, s'éloi-
gnent, reviennent avec une imperturbable rapidité.
Partez du pont de Westminster en allant jusqu'au Tunnel.
Vous serez ébloui; ce panorama grandiose vous semblera
féerique. — Et il l'est en effet. A droite, la rive laborieuse,
noire, ténébreuse, Lambeth et les quartiers pauvres; à

gauche, les monuments gigantesques, les palais, les
églises, Sommerset-House qui baigne dans le fleuve sa
vaste façade de marbre, régulière, froide mais immense, ces maisons qui plongent sans obstacle dans la
Tamise, ces ponts hardiment jetés, ce dôme gigantesque
de Saint-Paul dominant la ville entière, cette cité sans fin,
vous plongent dans un étonnement profond. Malheureusement le Tunnel ne tient pas tout ce que promet sa réputation. A quoi sert cette vaste galerie souterraine, où
les passants sont rares, où le froid vous saisit brusquement, d'où l'on a hâte de sortir bien vite? L'enton-
noir dans lequel on s'enfonce par des escaliers, est orné
de peintures odieuses qui ont la prétention de représenter Cherbourg, Venise, Sébastopol, les Alpes. Jamais
barraque de saltimbanques n'a arboré pareilles infamies.
Le Tunnel a sa population, qui ne le quitte jamais; c'est
un bazar interminable, tristement éclairé au gaz où de
pauvres filles pâles vendent des marchandises couvertes
de poussière. Pour combattre un peu la tristesse de ce
lieu sinistre, elles mettent des fleurs artificielles autour
des becs de gaz; mais tout cela se détériore dans cette
atmosphère humide. Pour engager les passants à acheter,
quelques-unes emploient un singulier moyen. Elles tendent le pied en avant, le passant s'y embarrasse, tombe,
et l'on entre aussitôt en conversation. La Tamise est au-
dessus de cette voûte, et envahirait la galerie si la
moindre fissure se déclarait. Un de mes compagnons
passait fièrement, se redressait, regardait avec orgueil
ces murs humides. Quand il sortit enfin, il se retourna
vers nous :

— Eh bien, dit-il, vous voyez ce tunnel?... Ce n'est pas un Anglais qui l'a construit, c'est un Français, c'est Brunel; sans cela, croyez-vous que je serais venu le visiter?

Nous rentrâmes à Londres par la Cité. Le soir venait; c'est l'heure à laquelle il faut voir cette partie de Londres, pour juger de son animation et de son activité... Dans une des rues qui descendent de Cheapside vers la Tamise, nous entrâmes pour juger de l'intérieur d'une taverne anglaise. On nous servit pour *luncher* de petits morceaux de pain savoureux et un énorme bloc de *chester*, de plus des pipes en terre que le tavernier laisse à la discrétion des consommateurs. Quand il fallut payer, on prit notre guinée et on la jeta sur la table, la sonnant froidement, comme si elle devait être fausse. C'est l'usage. Quelquefois le marchand prend votre monnaie, la tord entre ses dents et après l'avoir examinée vous remercie, mais très strictement.

Le mouvement de cette Cité est énorme. Les voitures s'entassent, les passants se pressent, les omnibus encombrés jusqu'au faîte trouent cette cohue de camions et de cabs. Les commis vont en hâte à la poste chargés de paquets de lettres. Les boîtes aux lettres, divisées en boîtes pour Londres et deux milles autour, en boîtes pour l'Angleterre et en boîtes pour l'étranger, reçoivent dans leurs énormes gueules des cargaisons de paperasses. Devant la banque, dans ce carrefour de la Cité où se trouvent Mansion-House, la Poste, la Bourse et la Banque, l'animation est étonnante. On comprend que le commerce *londonner* procède par millions, que tout y est grand, tou

superbe. Les magasins s'enfoncent à perte de vue, les
docks particuliers contiennent des quantités formidables
de marchandises ; les vaisseaux s'arrêtent sous les fenêtres
mêmes des négociants, sont déchargés par des grues
dans les docks. Les denrées arrivent par cargaisons,
on vide dans les caves des voitures entières de fromages,
les poissons viennent par charretées. On entasse les fruits
dans des magasins où jamais ne pénètre la lumière du
jour. Certaines rues, avoisinant la Tamise, sont encombrées de poisonniers, de vendeurs de moules ; l'odeur est
atroce, les maraîchers vont, viennent, soulèvent les far-
deaux, travaillent, tandis que toute une population besoi-
gneuse se nourrit des détritus de ces denrées jetés dans
le ruisseau. Au-dessus de ce quartier s'élève une colonne
surmontée d'une façon d'artichaut qui est chargé de représenter une urne d'où s'échappe une gerbe de flammes.
Cette colonne a été élevée en mémoire du grand incendie
de 1666. Le haut de la colonne est grillé. Ce fût, paraît-il,
il y a deux ou trois ans, une mode de se précipiter de là-
haut sur le pavé. Le grillage est là pour combattre les
caprices de l'usage. Mais cette Cité est vraiment le cœur
de Londres. C'est là qu'il faut tâter le pouls de l'Angleterre et la Cité répond orgueilleusement. Nous sommes
assez fiers d'être Français ; les Anglais peuvent à bon
droit se glorifier de leur patrie. M. Himly citait l'an
passé, à la Sorbonne, des chiffres qui donneront une
idée singulièrement grande de l'Angleterre. Dans le port
de Londres, il entre souvent, par jour, plus de 300 navires,
et Londres a pour rivale Liverpool. La douane de Londres
rapporte par an 259 millions de revenu ; les docks con-

tiennent plus d'un milliard de marchandises. Londres enfin, à elle seule, fait un commerce plus considérable que tout le marché français et ne représente que le cinquième du commerce de l'Angleterre [1]. On arrive, en interrogeant la statistique, à des résultats inouïs. Par exemple, on trouve qu'il y a quatre ans (et depuis les choses ont marché à pas géant) l'Angleterre comptait plus de 37,000 vaisseaux, bâtiments à voiles ou à vapeur, c'est-à-dire plus de 15,000 vaisseaux de plus que nous. Je sais que M. P. Barry vient, après avoir visité nos arsenaux, Cherbourg, Brest, Toulon, d'essayer de prouver que la marine française triompherait de la marine anglaise en « huit ou quinze jours [2]. » Mais à cette assertion, le total des forces respectives des deux nations et la

1. Pour ne citer que deux exemples, il y a à Londres une brasserie, Hamburg et C°, qui compte 3 cuves, appelées mash-tuns, lesquelles contiennent chacune 800 barriques ordinaires; elle emploie 150 chevaux et camionneurs, consomme annuellement 18 millions de francs de drêche et 40 millions de houblon, occupe 400 ouvriers et débite plus de 450,000 barriques d'ale ou de porter. Cet établissement possède une caisse d'épargne pour les ouvriers et les commis, des écoles pour les enfants et une bibliothèque de 300 volumes. Il n'est pas d'ailleurs le seul de ce genre, et la maison Barclay, Perkins et C°, rivalise avec lui. Londres fabrique pour plus de 1,500,000 *quarters* ou barriques de bière. — Dans un autre genre d'industrie, les bougies, la maison *Price* (fondée par deux négociants anglais qui demeurèrent anonymes et prirent la raison sociale *Price*, parce que, paraît-il, un *négociant* déroge en devenant *fabricant*), occupait en 1855 1,400 ouvriers et 1,208 enfants, et fabriquait *par mois* plus de 700 tonnes de bougies (2 millions de francs). Depuis, sa fabrication a toujours augmenté.

2. P. Barry, *The Dockyards, Shipyards and Marine of France.*

comparaison répondent assez éloquemment. A nos 100,000 marins, l'Angleterre pourrait en opposer 360,000. Son armée de terre, il est vrai, ne peut se mesurer avec la nôtre ; mais il ne faut pas trop s'habituer à regarder comme faciles à vaincre les bataillons qui surent si bien mourir à Inkermann.

IX

Si vous ne voulez pas jeter à Londres la malédiction que lui lança le poëte de *Lazare,* n'allez pas voir Haymarket. Haymarket, c'est ce quartier maudit par le poëte où la débauche déroule ses anneaux, où la faim se pare d'un faux sourire pour séduire le vice, où tout est hideux, repoussant et sombre. On ne peut éviter ce lugubre tableau. La nuit venue, Londres voit ses rues se peupler soudain de ces nocturnes promeneuses, qui se fardent pour cacher leur pâleur. Elles sont nombreuses, il faut lutter pour traverser leurs flots pressés ; et l'Angleterre laisse errer librement ces misérables, n'ayant pas le courage de les appeler par leur nom et de les classer à leur rang. Voici la plaie, voilà le cancer qui te ronge, ville immense ! Voilà ce que l'étranger ne peut voir sans tristesse et sans horreur. La misère a chassé ses malheureuses de leurs repaires ; elles ont faim, mais demanderont-elles à manger ? — Non, à boire ! — Elles boivent. Leurs yeux hagards s'allument et leurs voix rauques disent : — A boire encore ! — Le long de la grande rue, les *turkish divans*, illuminés joyeusement, semblent des cafés où l'on rit, où l'on cause,... mais non, là-bas, au fond, on s'enivre, et le vice a commencé sa ronde. Et dites ensuite que ceci est une chose horrible, l'Angleterre daignera hausser les épaules, mais elle ne vous croira pas. La plaie est là ; l'Angleterre la nie. On touche du doigt cette plaie pour faire crier celle qu'elle ronge ; l'Angleterre sourit et ne crie pas. A la Chambre, un orateur demande un jour une loi contre le vice. On l'interrompt, disant qu'avec un mot de plus il va faire un outrage à la Vierge. L'hypocrisie, la redoutable hypocrisie, enlace ce peuple entier de ses replis. Qu'elle s'appelle le *cant*, la *respectability*, le bon ton, c'est l'hypocrisie, c'est elle. Elle règne en maîtresse, elle et l'égoïsme se partagent cette île que vous voyez là-bas, noire de houille sous ce ciel de plomb.

Il faut parcourir, à minuit, ce quartier regorgeant de monde, voir ces femmes avinées, couchées sur les trottoirs ou sous les sombres arcades, dormant là, jusqu'au jour, dans un sommeil épais. Graves, imperturbables, les hommes de police traversent cette foule, sans s'inquiéter de ce qui se passe. Et de fait, si la morale est atteinte, la loi ne l'est jamais. L'ordre règne à Haymarket.

Cette hypocrisie gigantesque, qui faisait jeter à Byron

de si éclatants anathèmes contre les siens, domine de toute sa hauteur, non-seulement les mœurs, mais les lettres, en particulier le roman anglais, et plusieurs fois elle a paralysé le talent des romanciers. Le public anglais veut être flatté, caressé, choyé dans ses vices. Il lapiderait un Balzac qui le mettrait brusquement face à face avec un miroir. Pour l'intéresser, il demande des héroïnes angéliques, de braves jeunes gens bien rangés, que d'affreux bandits peuvent à la rigueur persécuter, mais qui doivent fatalement, quand vient le dénoûment, triompher de leurs persécuteurs. Surtout point de passions! La passion, c'est la bête noire de cette société puritaine, pratique, exacte, mécanique, qui ramène tout à la balance, aux formules, aux chiffres. *Le Lys de la vallée*, ou *Valentine*, ou *les Lionnes pauvres*, exciteraient le plus terrible des orages. Quelle révolte!

Mais, on l'a dit avec beaucoup de justesse, s'il fallait juger des peuples par leur littérature et de leurs mœurs par leurs romans, l'Angleterre serait un nid de vertueux ménages opposée à notre pauvre France toute ravagée par les passions. Quelle différence entre *Madame Bovary* et *Madame Dombey* de Dickens! Mais cette différence est-elle aussi réelle qu'elle est apparente? Le calme est-il le propre des intérieurs anglais et devons-nous baisser le front devant la réprobation de ces patriarches en habits noirs? J'ai grand'peur qu'il en soit de l'Angleterre comme de la France. En dépit des tableaux conjugaux de Mme Sand et de MM. Feydeau et Flaubert, admirables peintures de quelques exceptions, la famille garde encore de ces recoins sacrés que les passions mauvaises n'atteignent pas.

Plus d'un foyer est demeuré saint, plus d'un n'a jamais connu ces tempêtes. Et, malgré les peintures adoucies

Dickens, qui souvent se révolte pourtant et jette sa pitié pour la misère à la face de sa patrie, malgré miss Currer Bell, je crains bien que ces calmes et puritains intérieurs qu'ils nous dépeignent ne soient voilés d'un nuage.

Avez-vous jamais pénétré dans un air intérieur anglais? Tout y est propre, net, tout à sa place comme il convient. La cheminée est garnie de « souvenirs » mis sous globe, le foyer à sa bûche l'hiver, l'été un joyeux paquet de fanfreluches qui l'égayent. Les meubles sont précieusement couverts de housses faites par les filles et la maîtresse de la maison. Les gravures, représentant que'que fait d'armes de la guerre des Indes, sont nettoyées sous leurs cadres d'acajou. La *Bible*, avec les dates de mariages et de naissances, est ouverte toujours sur la table commune. La famille entière dîne côte à côte, silencieusement. Le soir, on veille en trempant dans le thé coloré des fines tranches de pain noir beurré, tandis que le fils aîné lit à haute voix le numéro nouveau de quelque *magazine*. De bonne heure on se couche et l'on se lève avec le jour. Tout est calme, recueilli, et comme religieux. Mais ces jeunes filles aux yeux doux, tout à l'heure sortiront dans la rue, tête haute, regard hardi, le front levé ; tout à l'heure elles parleront au premier passant venu, sans se troubler, sans hésiter. Ne sont elles pas libres? Les mœu. anglaises autorisent toute liberté chez la jeune fille. Elles réservent leur sévérité pour la femme. Aussi, les rôles semblent-ils renversés! Ces blondes misses font hardiment la poursuite au mari. L'usage leur octroie généreusemen un permis de chasse. On le voit bien aux allures timides des jeunes gens qui croient rencontrer un piége dans tout regard bleu, dans toute tresse blonde. Que de cœurs naïfs et trop confiants se sont vus poursuivis par des enfants de seize ans devant un tribunal pour *réalisation de promesses !* A dix ans, j'imagine que la petite fille anglaise songe à son mari futur. Elle donne à douze ans des rendez-vous; à quinze ans conseille au prétendu de son choix de demander sa main, et se marie à dix-huit, selon sa fantaisie. Le plus étonnant, c'est que parfois elle fait une admirable femme de ménage.

Il n'est pas rare de voir à Hyde-Park, par exemple, de charmantes misses attendre, au pied d'un arbre, tout en regardant les cavaliers caracolant dans la grande allée et les équipages, le jeune homme à qui elles ont écrit la veille, sous les yeux de leur mère. Et la mère n'est point là ! Les mères anglaises sont de l'avis de la loi, elles prétendent que leurs filles sont libres de disposer de leurs cœurs. Ceci s'appelle la *flirtation* et n'a rien de patriarcal.

Les fêtes populaires même ont leur côté choquant. Aux fêtes de Noël, au Christmas, les rues sont pleines de chanteurs qui vont de porte en porte, à travers le brouillard, psalmodier les anciens cantiques. On se presse avidemment autour de l'oie grasse entourée de patates, pendant que se consume en pétillant dans l'âtre la bûche légendaire de Noël. Le bal suit bien vite le repas. Au plafond de la salle est appendu un lustre enrubané et tout orné de fleurs. Dès qu'une jeune miss, en dansant, se trouve au-dessous de ce lustre, son cavalier l'embrasse sans façon. C'est le droit du Christmas. Les mauvaises langues prétendent que les danseuses ont le soin — je me trompe, la maladresse — de s'arrêter souvent sous ce lustre maudit.

J'ai nommé Hyde-Park. C'est le rendez-vous de la fashion. Au moment de la saison, à quatre heures du soir, son aspect est féerique. Équipages, cavaliers, piétons, ladies élégantes, gentlemen gracieux, yeux d'azur, voix de rossignol, chevaux superbes, laquais galonnés, tout se presse, et s'entre-croise, étincelle et poudroie. Et cependant, les pauvres en haillons dorment sur les gazons du parc, « la tête à l'ombre et les pieds au soleil. » C'est à Hyde-Park qu'on voit cet horrible Achille, ou plutôt Wellington tout nu : une statue élevée au vainqueur par ses *countrywomen*. Le socle porte le nom des victoires de Wellington, Salamanca, Vittoria, Toulouse, Waterloo. Si pour lui Toulouse est une victoire, c'est une victoire chèrement payée. Soult tint en échec son armée entière avec une poignée de soldats. On montre encore à Toulouse un champ, jadis stérile, maintenant fertilisé par tous les cadavres anglais qu'il recouvre. Les habitants le comparaient à un immense champ de coquelicots. Mais les Anglais n'y regardent pas de si près. Ils mettent bien au rang de victoires Ligny et les Quatre-Bras, en les englobant dans la bataille de Waterloo !

Hyde-Park devient désert avec les premiers froids. Paris se dépeuple l'été ; nos voisins sont plus logiques. En été, ils demeurent à Londres ; l'hiver, ils se retirent dans leurs châteaux. La vie de château est vraiment seigneuriale en Angleterre. Un château, c'est une ville en résumé. Tout y est rassemblé, cuisine, écuries, et jusqu'à des

gazomètres pour fournir l'éclairage. Alors commencent
les gigantesques chasses au renard et à la grouse. Nous
ne connaissons plus guère ces grandes chasses, dignes du
moyen âge, avec meute et piqueurs. Le déboisement de
nos contrées, les prairies artificielles, tout à contribué à
aire de la chasse un plaisir de roi ou mieux la simple satisfaction d'un piéton qui jette son plomb aux perdreaux.
En Angleterre, la chasse immense est encore pratiquée et
l'art cynégétique a sa littérature, ses adeptes, son club.
Nous avons, il est vrai, autre chose que ces chasses à
envier à nos voisins! Mais quoi? Est-ce là le sens artistique et le sens musical? Il faut avoir entendu massacrer
les opéras de Verdi par les chanteurs et les orchestres de
Londres pour juger de l'imperturbable fausseté des oreilles
anglo-saxonnes. Il faut avoir regardé la grande place de
Trafalgar pour être à tout jamais guéri de l'architecture
britannique. Quel fantaisiste a dit qu'il préférait que la
France eût perdu la bataille et qu'elle n'eût pas chez elle
la place de Trafalgar? Il avait raison. Cet amalgame de
fontaines, de colonnes, de galeries, de statues, d'escaliers,
ce mélange sans goût et sans style choque et agace. De
malheureux généraux anglais se voient juchés sur des
chevaux de carton en récompense de leurs services. Sir
Henri Haveloc sert piteusement de pendant à l'amiral
Charles Napier, mélancoliquement fiché sur un socle
massif. Tout deux regardent le lion britannique qui dresse
comiquement sa queue au fronton de l'hôtel du duc de
Northumberland, et au milieu de la place, assis sur des
cordages, le manchot Nelson grelotte au sommet d'un
immense tuyau de cheminée. Les Anglais n'ont pas pro-

digué l'image de Nelson. Tandis que le vainqueur de
Waterloo montre son profil maigre à tous les carrefours,
le vainqueur de Trafalgar ne possède que de rares pié-
destaux. L'Angleterre qui lui doit plus d'une victoire, ne
lui a point pardonné ses folies détestables. Lorsque Bona-
parte put quitter l'Égypte et traverser la flotte anglaise
pour revenir en France, les Anglais furieux oublièrent
Aboukir pour ne se souvenir que de cette faute, et Napoléon nous apprend lui-même, dans ses *Mémoires* qu'un
« grand nombre de caricatures sur Nelson et Sidney-
Smith tapissèrent les rues de Londres. Dans l'une, dit-il,
on représentait Nelson s'amusant à draper lady Hamilton,
pendant que la frégate *la Muiron* passait entre les jambes de l'amiral. » Pourtant ce Nelson fut un homme de
génie. Plus que Wellington il eut l'audace, le coup d'œil
prompt, la détermination, qui font le grand homme de
guerre. Mais pourquoi faut-il que cette figure soit tachée
de sang, pourquoi se dresse au-dessus de cette tête le
gibet de ce vieillard qui s'appelait Carracciolo, pourquoi
les baisers de lady Hamilton ont-ils laissé leur souillure
sur ce front où le génie se heurte avec le crime?

Trafalgar-Place, comme toutes les places anglaises, n'a
point de fin, pour ainsi dire. Décidément, les Anglais ont
le sens du grand. Rien ne les étonne si ce n'est le colossal. Leur palais de cristal contiendrait trois de cette *halle
aux arts*, qui s'ennuie beaucoup dans nos Champs-Élysées. Ce Cristal-Palace n'a pas d'ailleurs son pareil au
monde, et c'est chose vraiment admirable. Vous pouvez
là passer un mois sans vous ennuyer jamais et en vous
instruisant toujours. Tout ce que l'art a de plus exquis ou

de plus curieux y est représenté. Toutes les architectures humaines y figurent. C'est un pandœmonium immense où tout ce qu'à produit l'industrie humaine se retrouve. Toutes ces salles ont un nom et une destination spéciale. Ici la salle italienne, avec les murailles du palais Farnèse, les statues de Michel-Ange, les portes de bronze de Saint-Marc; là, la salle byzantine, avec ses fontaines et ses mosaïques, ses décorations superbes. — On peut passer le monde en revue. Dans la salle assyrienne, où les taureaux ailés du palais de Khorsabad vous écrasent de leur taille gigantesque, vous entrez dans cette salle égyptienne qui semble conserver encore la trace de Ramsès et de Ptolomée. — Plus loin, la salle grecque. A côté, la maison romaine. — Ici, le froid vous gagne et vous voilà subitement rejetés de plus de mille ans en arrière. C'est que nulle reconstruction n'a mieux été faite, nulle résurrection plus complète. *Cave canem*, dit l'inscription: *Salve*, dit l'oiseau en mosaïque. Les danseuses aux formes grêles, telles que les chœurs peints en noir sur les rouges vases étrusques, dansent sur les murs de l'atrium, et l'impluvium de marbre semble prêt à recevoir les eaux du ciel de Pompéi, pendant que dans la salle du festin retentissent les derniers échos des tibicines. Puis encore un pas et la coupole de l'Alhambra fait étinceler ses rubis et ses émeraudes sur votre tête, à côté de la cour des Lions où vous cherchez la trace du sang des Abencerrages. L'illusion se dissipe, il est vrai, quelquefois, par exemple lorsque vos souliers trop modernes glissent sur les dalles de marbre faites pour les baboudj des Maures et vous songez alors que ces colonnes gothiques, ces

chefs-d'œuvre étonnants, cette Acropole qui ferait envie
à M. Beulé, ce chœur de Notre-Dame de Paris tel qu'il
était avant les « restaurations » de M. de Viollet-Le-Duc,
ces fontaines et ses corniches, ces bas-reliefs et ses
sculptures ne sont autre chose que des moulages en plâtre, qui peuvent paraître magnifiques à des Anglais,
mais à qui l'artiste tourne le dos pour admirer le moindre
petit doigt de statue, du moins authentique.

N'importe. Le spectacle est beau. Les Anglais ont voulu
faire un monde de leur Palais de Cristal. Ils y ont réussi.
Après la maison de Pompéi, la salle du Nouveau-Monde :
les Cafres et les Peaux-Rouges après les Grecs et les Romains. Voici des Indous chassant le tigre, des Groënlan-
dais combattant les ours blancs, des sauvages du Mexique
aux prises avec un juguar, un assemblage bizarre d'A-
byssiniens et de Samoïèdes, de Lapons et de Brésiliens.
Puis, des serres, des ménageries, des aquariums, des
boutiques d'articles de Paris, une exposition de tableaux
shakspeariens dans un bâtiment en carton, modèle exact
de la maison où naquit Shakspeare, une exposition de
fleurs, un théâtre, un bal, un gymnase, tout un amalgame
d'étonnements, de curiosités, de surprises, d'étrangetés
où ne manque pas même le monde antédiluvien, car je ne
sais quel savant a reconstruit, dans un coin du jardin,
une parcelle de ce temps fabuleux, avec ses fougères
immenses, ses monstres terribles. Que dire d'un muséum
où l'on peut admirer à la fois le mégathérium et la *Nuit*
de Michel-Ange, l'ichthyosaure et les cartons de Raphaël ?

Et partout des fleurs ! Les fleurs sont les bienvenues à

Londres. Ces rues noires et longues ont besoin de quelque pied de marguerites pour s'égayer. Le seul sourire de ces maisons enfumées, ce sont ces jardins des fenêtres, autres jardins suspendus de cette autre Babylone. Mais ces pauvres fleurs sont tristes !

Nos jardins à Paris sentent le renfermé.

A Londres, ils sentent la prison.

Comme nous sortions du Palais de Cristal, un ami nous montra un curieux spectacle. C'était un gamin qui était entré dans le bassin, sous le jet d'eau, et qui chantait, mouillé par en haut, mouillé par en bas. Le cercle des auditeurs était tout tracé par le bassin. On écoutait, on riait silencieusement, et l'on jetait des pennys au chanteur. Pas un policeman pour le chasser de son bassin. Quel mal faisait-il ? J'eus le temps de le voir s'enrhumer, mais je dois dire que je ne crois pas qu'il ait perdu sa journée.

Je tenais beaucoup, vous le pensez bien, à voir les volontaires anglais. On en a tant parlé ! Puis, ces bataillons de volontaires ont été quelque peu créés pour nous forcer à la tranquillité. L'Angleterre, qui craint beaucoup l'invasion, veut absolument nous tenir en respect. Il faut les voir, ces riflemen, gros comme des muids ou longs comme des perches à houblon, gris, rouges, verts, avec de petits shakos empennés et des guêtres étroites ; ils vont, portant leur fusil ainsi qu'un parapluie, l'air fort peu martial et la démarche lente. Notre malice à de quoi s'égayer. Mais je ne conseillerais pas à mes compatriotes de rire trop longtemps.

Ces braves volontaires, qui sont des commis ou des négociants, d'honnêtes avocats ou de paisibles vendeurs de denrées coloniales, vous logent quatre-vingts balles sur cent dans une cible éloignée. Ils sont résolus, hardis, et, le cas échéant, se feraient tuer jusqu'au dernier pour défendre la Cité de Londres. Je ne dis rien des *riflewomen*, et de l'*Archery Club*, un club féminin qui décoche les flèches comme le devaient faire jadis les archers crétois, de classique mémoire. La guerre d'Amérique nous a prouvé que les dernières amazones n'étaient point mortes.

Au reste, tir, chasses, courses, gymnastique, voyages, voilà les grandes passions, les grands plaisirs des Anglais. Le cricket est si fort en honneur qu'on ne l'appelle jamais que « le noble jeu du cricket. » Qui n'a pas vu les courses d'Epsom ne peut se faire une idée de ce que peut l'ardeur de la passion chevaline, et le goût des voyages est si fort développé en Angleterre que la « littérature voyageuse » s'édite à des centaines de mille d'exemplaires, et qu'on a fondé des clubs spéciaux où, par exemple, nul ne peut être admis s'il n'a déjà tracé son nom sur la pierre des Pyramides d'Égypte. Le club voyageur, *Traveller's Club*, de Pall-Mall envoie tous les ans un ou deux de ses membres faire l'ascension du Mont-Blanc, et publie, chaque année, le récit de l'ascension nouvelle. On a, je crois, traduit en français quelques-unes de ces relations sous ce titre : *les Grimpeurs des Alpes*. Tout dernièrement, les journaux annonçaient la mort d'un homme intrépide, le capitaine Speke, qui pourra se vanter peut-être d'avoir trouvé la source et le point de départ du Nil Blanc. Il s'est lancé au plein cœur de l'Afrique, partant du Cap, avec dix carabiniers à cheval indigènes, et il voulait traverser l'Afrique tout entière, de l'est à l'ouest, « dans sa zone la plus fertile. » Il l'eût fait peut-être sans quelques grains de plomb qui l'on frappé bêtement pendant une partie de chasse. Disons aussi que le gouvernement soutient, encourage, aide de ses conseils et de ses deniers les voyageurs de cette sorte. La Société de Géographie entretient ainsi nombre de voyageurs qui vont demander leurs secrets aux peuplades les plus inconnues, porter aux confins du monde la crainte et l'admiration du nom anglais.

Cette dernière considération suffirait à encourager nos voisins dans toutes leurs entreprises si l'amour de la science ne les soutenait pas. Le patriotisme est un des sentiment les mieux ancrés dans ces cœurs anglais. Ils disent : Je suis Anglais, avec tout l'orgueil d'un Romain s'écriant : *Civis sum romanus.* Ils sont patriotes ; ils sont même, si je puis dire — et pourquoi non ? le mot est consacré, — ils sont *chauvins.* On nous a tant de fois reproché notre chauvinisme français que je suis fort aise de le reprocher à d'autres. Allemands, Belges, Anglais, sont à coup sûr aussi chauvins que nous. Causez dix minutes avec eux sans que l'Anglais ait parlé de Waterloo, le Belge des fortifications d'Anvers et de son horreur de l'annexion, l'Allemand de Leipsick, je vous en défie. Et lors même que le Français chante bien haut Austerlitz ou Wagram, il entend encore la plaisanterie. Essayez

de plaisanter un Prussien qui parle de Rosbach, et tous
les jurons de la Germanie, riche en sacrements de toutes
longueurs et de toutes sortes, tomberont sur vous drus
comme grêle. Ce qui ne veut rien dire, au surplus, si ce
n'est que les peuples se doivent pardonner bien des petits
défauts en faveur de quelques grandes qualités.

D'autant plus que, lorsque les Anglais nous vantent
orgueilleusement leurs institutions, il me paraîtbien difficile de déclarer qu'ils ont tout à fait tort. Médise qui
voudra du *self-government*. Je crois que celui-là est l'idéal
de tout esprit vraiment attaché à la cause de la civilisation et du progrès. Si l'homme est responsable de tous
ses actes, c'est que de toute justice il doit être libre de
les accomplir. Puis, lorsque chacun est appelé à agir, à
dire son mot et à apporter sa pierre dans les affaires publiques, l'individu se développe plus noblement et plus
sûrement. L'idéal de nos sociétés modernes étant le bonheur de chacun au milieu de la prospérité de tous, les
institutions de cette individualiste Angleterre, où, comme
dit M. Taine, l'indépendance de l'individu aboutit à la
souveraineté de la nation, ne doivent-elles pas servir de
modèles ?

Peut-être, il est vrai, conviennent-elles à ce peuple
méthodique, aux mouvements réguliers, dont l'esprit,
composé de rouages inamovibles, fonctionne avec une
régularité parfaite, mieux qu'elles ne conviendraient à
notre alerte et vif esprit, tout disposé aux changements,
prêt à marcher, en avant ou en arrière, selon le vent qui
souffle, le caprice dernier ou la mode régnante. Mais ce
serait là une question trop longue. Prenez, au reste, un

livre excellent qui vient d'avoir une deuxième édition, ce qui est très-rare pour les ouvrages de cette sorte, et quand vous aurez lu les *Institutions politiques, judiciaires et administratives de l'Angleterre*, par M. Charles de Franqueville, vous pousserez à votre tour le cri de Bardour, *the old* David Bardour : *Ah! liberty is a noble thing!*

L'Anglais est libre en effet. Il va, vient, parle, discute, écrit, pense, agit, applaudissant ou sifflant, selon qu'il trouve la farce bonne ou mauvaise, et cela sans que rien ne l'arrête, fort de son droit, confiant dans la légalité de ses paroles et de ses actes, s'associant quand il le veut, comme il le veut, fondant sans autorisation entreprises ou journaux, courant aux meetings, aux assemblées aux clubs, exposant ses idées, ses théories, ses utopies, sans entrave aucune, avec cette seule menace au bout de ses actes : La loi, la justice. *Ne fais que ce que dois.* Je me promenais un jour dans Regent-street, le matin, à l'heure où les passants sont encore assez rares. Un gentleman était occupé à tracer, avec son parapluie, sur la boue du trottoir, une kyrielle d'attaques assez vertes contre la reine Victoria, et proposait une série d'amendements à je ne sais quelle adresse, lorsqu'un policeman le frappe doucement sur l'épaule et l'invite à cesser son manége. « Comment ? dit l'homme au parapluie ; et ne suis-je pas libre d'écrire ce qu'il me plaît ? — Libre en effet d'écrire, sir, répondit le policeman, mais non pas sur les trottoirs, car, de cette façon, vous gênez la circulation publique. — C'est juste, fit le gentleman. » Il effaça du pied les inscriptions faites dans la boue, prit son crayon, et traça cette fois ses injures sur la muraille blanche d'une maison voisine. *Ma maison*, dit-il à l'homme de police pour éviter toute observation nouvelle. Le policeman salua, tourna les talons et laissa faire. L'homme aux inscriptions ne gênait plus personne.

Malgré cet admirable microcosme des institutions, l'exentricité anglaise se retrouve encore jusque là. Par exemple, certaines lois antiques n'ayant pas été abrogées, plusieurs crimes, le crime de haute trahison entre autres, risqueraient fort d'être punis en 1864 comme ils l'eussent été aux temps les plus farouches du moyen âge. En cas de haute trahison, le coupable pourrait encore, à l'heure qu'il est, être condamné à avoir le ventre ouvert et à faire amende honorable à genoux, en tenant un cierge d'une main et ses entrailles de l'autre. Le peuple anglais est si fier et si conscient de ses droits que, furieux, il pourrait parfaitement, le cas échéant, demander l'application de cette peine barbare.

Mais à côté de ce reste de mœurs normandes et saxonnes, dignes d'Albert le Grand, l'instruction est là, luttant et effaçant peu à peu ces derniers vestiges. En pareille matière, nous sommes bien forcés d'admirer sans restriction. Les écoles gratuites, les associations savantes, les maisons d'éducation, sont nombreuses et bien établies. Les journaux pénètrent partout, les livres se vendent à des milliers d'exemplaires. Regardez ces rues tout encombrées de libraires et de distributeurs de prospectus. A chaque pas on vous remet dans les mains l'annonce de quelque nouveau musée anatomique, d'une salle de lecture sur l'histoire naturelle, de cours publics sur la philosophie. J'ai écouté, au musée Kahn, une leçon sur la

physiologie du mariage où n'assistaient pas seulement
des médecins ou des étudiants, mais des commis, des
négociants, des gens du monde. Les Anglais s'efforcent
d'ailleurs d'acclimater chez eux la connaissance de la
zoologie et de l'histoire naturelle qui est si peu répandue
qu'au Zoological Garden, par exemple, lorsque l'animal
n'a pas été classé par Geoffroy Saint-Hilaire, on remplace sur l'écriteau sa désignation par un terme latin
suivi d'un point d'interrogation fort dubitatif. Il faut at-
tribuer cette ignorance relative à un certain sentiment
religieux qui empêche la plupart des savants de se déclarer ouvertement contre la Bible, lorsque leurs découvertes contredisent le texte des Écritures. Aussi tandis
que Ferguson, Bradley, Madie, Herschel disputaient le
premier rang à nos mathématiciens et à nos astronomes,
tandis que Kater publiait ses admirables observations sur
les oscillations du pendule, que Dalton nous donnait ses
recherches sur la vapeur et les gaz, que Young essayait
d'expliquer par la théorie de l'ondulation le phénomène
de la polarisation de la lumière si bien étudié par
Brewster, tandis que Leslie découvrait les lois du rayonnement de la chaleur, que sir Humphry Davy inventait
son admirable lampe contre le grisou et se soumettait
lui-même à l'anesthésie pour mieux étudier les effets du
gaz exhilarant, tandis que Wollaston, Priestley, Faraday
donnaient leurs noms à de si étonnantes découvertes, les
naturalistes anglais se bornaient à des études de détail,
à de petits travaux sur les oiseaux de tel coin de la terre,
à des monographies sur les papillons ou les vespertilio-
nides, si bien qu'un Owen, seul peut-être, avec son sys-

tème d'anatomie comparée, peut être opposé aux naturalistes de notre pays ou de l'Allemagne.

Mais dans le domaine de l'histoire, dans celui de la critique et des sciences politiques, les Anglais sont admirables. Les noms des plus célèbres économistes sont des noms anglais : Adam Smith, Ricardo, Mac-Culloch. Malthus, J. Stuart-Mill. Et cette science de l'avenir s'est si bien développée sur le sol britannique qu'elle est devenue une science populaire. Tandis que le nom de l'économie politique est à peine connu du petit nombre en France, la chose a déjà pénétré dans la foule en Angleterre. Au mois de juin 1848, pendant que nos rues se hérissaient de barricades, un ami de Robert Peel lui demandait s'il ne craignait pas de voir un jour Londres ainsi ensanglanté. — « Jamais, répondit-il ; les Anglai savent trop bien l'économie politique ! »

L'enseignement industriel acquiert aussi chaque jou un admirable développement. Tout ce que le gouvernement peut faire pour faciliter l'accroissement de la fortune et du goût public, il le fait. C'est, je crois, le prince Albert qui fonda le musée de Kensington, où les moulages de tous les meubles, de toutes les statues, de tous les objets d'arts connus sont exposés et prêtés à des ouvriers qui peuvent les emporter, les étudier, et s'en inspirer chez eux à loisir. Une école, *The blue coat school*, ainsi nommée à cause de la couleur des uniformes, est ouverte gratuitement à six cents enfants. Ce sont des orphelins ou des enfants pauvres : ils portent des bas jaunes et vont toujours nu-tête, c'est la règle : six cents enfants abandonnés qui deviennent des hommes sérieusement instruits.

La littérature populaire atteint en Angleterre un accroissement colossal. Là, les journaux illustrés, les publications instructives, les *family papers*, les magazines se vendent à des milliers d'exemplaires. A une des dernières réunions de l'Association nationale pour l'avancement de la science sociale, fondée par les Russell, les John Pakington, les Brougham, afin d'accroître les progrès des études de jurisprudence, d'hygiène, d'éducation (une autre sorte de congrès), un des membres citait quelques-uns des chiffres du tirage de ces publications populaires. Le *London journal*, qui contient, outre des romans, des articles d'histoire, de littérature, des relations de voyage, etc., se vend à 350,000 numéros et paraît toutes les semaines; l'*Illustrated farm paper* à 300,000 exemplaires; le *Family Herald* et le *Chamber's journal* à 200,000 exemplaires; une feuille quotidienne à un penny 300,000 exemplaires. Il s'est vendu 1,200,000 numéros à un penny (10 centimes) d'une *Histoire populaire d'Angleterre*. Bref, pour donner une idée du nombre de toutes ces publications, la livre anglaise de papier étant imposée de 15 centimes, le trésor touche par an 200,000 livres pour droit de papier [1].

1. Ces journaux donnent d'ailleurs une idée exacte de ceux qui les lisent. A côté de récits doux et charmants, on rencontre par exemple des annonces qui ouvrent de singuliers horizons sur la vie anglaise. Les revues mêmes en sont constellées. J'en ai copié quelques-unes au crayon : « B. J. C. Il y a plus que de la cruauté à ne pas écrire. Ayez pitié. Ne prolongez pas votre silence. » Annonce de librairie, extraite de *the Illustrated Police News*. « Nouvelle publication (n° 2 gratis avec le n° 1). *Les Jeunes*

Les principaux événements bibliographiques étaient, durant mon séjour à Londres, la publication d'une édition populaire de Macaulay, d'un roman de Dickens, et la mise en vente d'un nouveau poëme de Tennyson. De grandes affiches, pareilles à celle des *Misérables* à Paris, avertissaient les passants que le journal *All the year round* (120,000 exemplaires) commençait un roman de Dickens, *Notre ami commun*, ce roman qui, publié mensuellement par fascicules illustrées au prix de 1 schilling, rapporte plus de vingt mille francs par mois à son auteur. Quant au poëme de Tennyson, on ne donnait même pas le titre : *A new poem of Tennyson !* Et le poëme se vendait à de nombreuses éditions. L'éditeur de Tennyson lui donne par vers une guinée, vingt-cinq francs, ni plus ni moins. Tennyson est en outre le poëte pensionné de la reine ; fournisseur assermenté des cantates et des odes de circonstance, il jouit d'une réputation que ni Byron, ni Thomas Moore ne connurent si complète de leur vivant. Pégase ne conduit pas toujours les poëtes à l'hôpital.

Femmes de Londres, ou les Mystères de Minuit, roman de haute et amoureuse vie, par le lieutenant Parker, comprenant les vies et aventures de nombreuses femmes (*females*) qui fréquentent de nuit les rues de *la Métropole*. Ce roman retrace les iniquités dont la grande cité abonde, et montre à côté de la pauvreté et du crime, la vertu, la paix et le bonheur. Pères, lisez-les *Young ladies of London !* Mères, lisez-les *Young ladies of London !* Frères, lisez-les *Young ladies of London !* Sœurs, lisez-les *Young ladies of London !* et vous connaîtrez les crimes et les infamies, et *les Mystères de Minuit !* (Publishing Company, Fleet-street.)

On voit que la puritaine Angleterre sait aussi publier et lire certaine littérature que nous relisons beaucoup trop en France.

Tennyson est bien fait d'ailleurs pour être lu par ses jeunes misses aux yeux pâles; toujours touchant, mélancolique, féminin, sentimental, mais point passionné, faiseur d'idylles et de pastorales, conteur charmant, doux et pur trouvère, suffisamment ému pour attirer une larme au bout d'un cil blond, jamais assez révolté pour faire naître la tempête dans un jeune cœur... Lisez, jeunes filles, mères anglaises au coin du feu, pères de familles après avoir visité vos champs bien cultivés, vos docks bien entretenus, lisez les *Idylles du roi* et la *Mort d'Arthur* de Tennyson... Mais laissez-nous relire *le Corsaire* de Byron et le *Pèlerinage de Child-Harold* 1.

J'ai remarqué que, quoiqu'il faille neuf heures tout au plus pour aller de Paris à Londres, nous avons encore des idées assez fausses sur les Anglais. Nous ne pouvons pas nous résigner encore à leur entendre dire *Yès, sir*, au lieu de *Oui, monsieur*, ce qui serait bien plus simple; et quand ils parlent de la Tamise, nous sommes révoltés de les voir ignorer qu'il n'est au monde qu'un seul fleuve et que ce fleuve se nomme la Seine. La faute en est sans doute à nos vaudevilles et à nos opéras-comiques. Ces deux genres, le premier adorablement, le second absurdement faux, nous ont toujours présenté les Anglais comme des fantoches habillés de nankin, ne marchant jamais sans un voile vert, un parapluie jaune et un télescope en guise de lorgnette. Soit. Les Anglais nous repré-

1. Depuis que ces lignes sont écrites, M. Taine a publié le 4ᵉ volume de son *Histoire de la Littérature anglaise* où, à propos d'une comparaison entre Alfred de Musset et Tennyson, il exprime admirablement la même idée.

sentent bien comme de petits nains à grosses moustaches,
maîtres à danser ou garçons coiffeurs ou chefs de cuisine, grands amis du bruit et grands mangeurs de grenouilles, mangeurs de grenouilles, oui. Et pourquoi ?
Cela tient à ce qu'ils nous ont trop peu étudiés chez nous
et à ce que nous les avons trop peu vus chez eux. Je sais
qu'en regard de l'école opéra-comique, il y a l'école de
Rousseau, qui met sur un piédestal le sentencieux et
larmoyant milord Édouard et inspire le type romanesque
d'Oswald à Mme de Staël. Mais entre ces deux extrêmes,
se tient, j'imagine, l'exacte vérité ; il y a l'Anglais tel
qu'il est, l'Anglais tel que l'ont vu jadis Montesquieu et
Voltaire.

Et pour moi, l'Anglais véritable, ce n'est ni le gentleman ami du cant, l'homme comme il faut, — et comme
il en faut très-peu, — qui *doit*, de par l'usage, être *infor-
mé*, c'est-à-dire lire assez de journaux pour tout connaître sans avoir rien étudié ; n'avoir aucun état, porter
le titre d'avocat ou de médecin, si bon lui semble,
mais surtout n'exercer jamais, — qui *doit* éviter les
mouvements brusques qui cassent les cols et plissent
les habits, savoir exactement l'heure de l'ouverture de la
saison d'été et de la saison d'hiver, tirer la grouse avec
les fusils Manton et manger régulièrement des petits pois
au mois d'avril parce que les primeurs sont des mets
aristocratiques ; — ce n'est pas davantage le brusque, rus-
tre, gros et lourd Saxon gorgé de bière qui incruste dans
vos pieds les rudes clous de ses semelles farouches, im-
poli, grossier, et donnant raison trop exactement à la parole de Montesquieu : « Les Anglais sont occupés, ils

n'ont pas le temps d'être polis. » L'Anglais réel, c'est l'honnête, froid, grave, instruit, fidèle père de famille qui aime et honore sa religion, sa liberté et qui ne transige pas sur ses droits, connaissant et accomplissant tous ses devoirs.

On demandait à je ne sais quel économiste ou homme politique anglais ce qui l'avait frappé davantage pendant son voyage en France. — Ceci, répondit-il en sortant de sa poche un petit couteau de Nontron qui lui avait coûté un sou. J'imagine que nos arts et notre goût avaient pourtant dû le séduire un peu. Pour moi, ce qui m'a surtout frappé dans mes promenades dans Londres, c'est peu de chose encore : la canne du guide qui nous conduisait à la Tour de Londres. Au moment d'entrer dans la petite salle où sont exposés les diamants de la couronne : « Ladies et gentlemen, dit-il, il faut déposer ici vos cannes et vos parapluies : c'est l'ordre! » Et le premier il déposa sa canne. La loi n'est-elle pas faite pour tous?

C'est à cette simple action de notre guide — elle résumait bien tout le respect de ce peuple pour la légalité — que je songeais, en revenant sur le bateau qui me conduisait à Boulogne, lorsqu'un jeune Anglais avec lequel j'avais causé tout à l'heure d'Inkermann et de Trafalgar, me dit, montrant le soleil devenu rouge et disparaissant du côté de Newgate :

— Voyez, le soleil est pour nous! Il quitte votre France pour nos côtes crayeuses, et c'est en Angleterre qu'il se couche !

— C'est vrai, lui dis-je. Et que de soleils qui se sont vés en France pour aller finir là, dans votre île !... Que

de découvertes commencées ici et achevées là! que
d'aurores dont vous avez vu les crépuscules! que de
naufrages dont vous avez recueilli les épaves!... Mais
heureusement, sir, demain le soleil se relèvera chez
nous!

X

LE RHIN ALLEMAND

Une question de géographie. — Nancy. — Saverne. — Strasbourg. — Les brasseries. — La cathédrale. — Le temps passé. — Le Munster. — Le temple Saint-Thomas. — Deux momies. — De Strasbourg à Kehl. — Ce que contient un tiroir. — Chemins de fer allemands. — Bade vu d'une chambre d'hôtel. — Le cimetière de Bade. — Monseigneur le Pinson et Son Altesse le Moineau. — Un peu de peinture. — Un orage.

Je serais bien en peine de savoir où commence l'Allemagne. La géographie me donnerait là-dessus une réponse satisfaisante, mais il est convenu que nous ne savons pas en France un mot de géographie. C'est Goëthe qui l'a affirmé à Napoléon et le grand Goëthe est, dit-on, infaillible. Pour moi, je trouve que l'Allemagne commence en Lorraine et j'en ai rencontré la preuve au buffet de Nancy, dans cette gare pseudo-gothique, toute enfumée et où sur des vitraux superbes je lus distinctement, quoiqu'il fit à peine jour, ce mot franco-allemand, tracé en caractère gothique : *Restauration*. — Un bouillon, du café,

du chocolat, ce que vous voudrez, dis-je au garçon du
buffet qui me regardait avec de gros yeux ronds tout
ensommeillés. — Pas de *chogolat*, monsieur, du *pouillon !*
répondit-il. J'avais décidément raison, nous étions bien
en Allemagne. Mais à tout prendre je ne conseillerais pas
aux habitants d'outre-Rhin de tenter la conquête de
la Lorraine, qui déteste l'étranger autant qu'elle aime
son bon vieux roi Stanislas. C'est la patrie de Jeanne
d'Arc, et Metz, qui n'est pas loin, se vante de n'avoir
ouvert ses portes à personne.

Chacun a ses défauts : Nancy a le grand tort de ressembler à Versailles et de proclamer la suprématie de la
ligne droite. Trop de régularité. *L'ennui naquit un jour...*
C'est La Fontaine qui le dit et c'est l'uniforme Boileau
qui a dû le penser. Mais voilà Nancy bien loin derrière
nous. Un de mes voisins, qui cause avec un ami, pendant
que les forêts de la Lorraine, les villages encore endormis, les grands bois sombres, les noires masures et les
vieilles tourelles défilent sous nos yeux, à toute vapeur,
ne trouve d'autre manière de témoigner son admiration
que ce cri de cœur : *Quel beau pays de chasse !*

La couleur locale est une si bonne chose, l'originalité
du costume une si grande séduction, qu'en apercevant,
un peu en deçà de Saverne, perchée sur un monticule,
une paysanne alsacienne, cornette de soie noire et jupon
rouge, en l'entendant appeler je ne sais qui, — son chien
je crois, — cette jeune fille aux cheveux jaunes me sem-
bla plus ravissante que Mignon et son guttural appel,
plus ravissant qu'un chant du Tasse. Fi de Paris, cette
fois ! nous arrivions en pleine Alsace ! Les maisons aux

toits pointus, les champs de colza, les houblonnières, dressant leurs bataillons de perches grêles, les cigognes effrayées par la vapeur et s'enfuyant lentement, avec leurs méthodiques battements d'ailes, comme tout cela était loin de ce que nous avions vu la veille, et que ces tourelles en ruines, juchées là-haut sur ces coteaux boisés, vous consolaient du boulevard et de ses éternelles séductions! Le château de Saverne, immense bâtiment construit dans le style ennuyeux du xviie siècle, nous donne un vaste échantillon des monuments en grès rouge qui ne vont plus nous quitter maintenant. Ce grès rouge surprend, étonne et charme au premier abord. Une église rouge, un palais rouge, une mairie, une école, une cathédrale couleur lie de vin, c'est charmant. Mais à la longue, lorsque gares de chemins de fer, corps de garde, forteresses, auberges ou basiliques, tout est irrévocablement rouge, cette couleur agace, et l'on songe involontairement, en voyant se dresser les clochers des églises, à d'énormes carottes élevées là, en manière de temple, par quelque population de jardiniers.

La vapeur siffle. Avant une heure nous serons à Strasbourg. Les regards impatients interrogent déjà l'horizon et lui demandent la flèche de la cathédrale.

Strasbourg est, comme Rouen, comme Dijon, une de ces villes privilégiées qui ont gardé leurs vieilles allures, leur antique physionomie et leur caractère propre. Dieu préserve ces admirables cités de la pioche des démolisseurs! C'est un plaisir d'errer à l'aventure dans ces rues étroites, aux maisons en auvent, surplombant parfois sur la voie, souvent ornées de décorations bizarres, avec des enseignes fantastiques, des sculptures bouffonnes et des escaliers de bois sculpté. Il paraît que Strasbourg a aussi des rues larges et droites, et des maisons qui valent celles de la rue de Rivoli.

Mais je les ai soigneusement évitées. Tout au contraire, longuement vous m'auriez vu attardé dans cette étroite rue des Tanneurs, où je ne sais quel ruisseau coule ses eaux noires, petite ruelle sombre où l'imagination peut entrevoir, pour peu que vienne l'heure de la brune, toutes les silhouettes fantastiques des romans allemands. Mais, hélas! une déplorable fatalité me contraignait à visiter Strasbourg avec un parapluie à la main. Il pleuvait et quelques rares passants se hasardaient seuls dans les rues désertes. Quelques artilleurs se rendant à la brasserie militaire, une blonde fillette traversant la rue sa robe sur la tête, comme Virginie enfant. Auprès des monuments, tapis sous quelque auvent, ces guides exécrables qui vous harponnent, qui vous déchirent, qui vous enserrent avec une férocité inconcevable. Au premier passant venu je demandai la cathédrale. — « Voyez-vous l'enseigne de la brasserie du *Chasseur endolori?* C'est la rue à droite. » Je remerciai. Le *Chasseur endolori* est une enseigne plaisante qui a cent ou deux cents rivales à Strasbourg : *Brasserie de la rose embaumée, Brasserie du cuirassier galant,* etc., etc. J'en pourrais remplir deux pages entières.

C'était jour de marché, sans doute. Guttenberg, dont la statue en bronze orne la *place du Marché-aux-Herbes,* me parut triste et ennuyé. Le pauvre homme tenait à la main le rouleau de papier que David (d'Angers) lui a donné, et regardait, non pas l'inscription fameuse : *Et la lumière fut*, mais les gouttes d'eau qui tombaient sans relâche de ce rouleau arrosé par la pluie. Ah! les maisons superbes, de ce côté, à l'angle de cette place, des maisons sculptées de la base au faîte, les boiseries reluisant neuf, des chefs-d'œuvre, des merveilles! Puis la cathédrale. C'est un beau spectacle que celui-là. Subitement, au détour d'une rue, la masse énorme, gigantesque, infinie, se dresse devant vous, vous écrase de toute sa hauteur, de toute sa force et de toute sa grâce. La flèche monte au ciel à perte de vue, les clochetons s'élèvent comme mille aiguilles niellées, les rosaces éclatent de tous leurs feux, les statues vous regardent de leurs yeux muets, les gargouilles vomissent l'eau du ciel par toutes leurs bouches de monstres. Comme on se sent écrasé par cette masse de pierres qui a sa vie, qui a son sens, qui a sa voix, qui a son histoire. Quelle foi, quelle patience, quelle ardeur et quel génie n'a-t-il pas fallu à ceux qui avaient entrepris d'ériger sous le ciel une telle merveille? Nul monument élevé de la main de l'homme n'est aussi haut que celui-ci. Leur mot d'ordre, à ces artiste d'un autre temps, était le grand cri qui fait les grandes choses: *En haut les cœurs!* Plus montait vers le ciel leur œuvre immense, plus leur âme s'emplissait de ce vaste bonheur du devoir accompli. La terre leur était si dure alors qu'il leur fallait songer à la préférer au ciel. Aussi bien, lorsqu'ils avaient élevé leurs monuments jusqu'aux nuages, se sentaient-ils libres, fiers, indépendants, plus près de Dieu. Combien de générations d'hommes ont apporté leur pierre à cette grande œuvre! Que de mains ont travaillé à ce labeur! Que de fronts ont vieilli dans l'accomplissement de cette tâche! Tous les styles se retrouvent dans cet infini chef-d'œuvre, tous, depuis le roman sévère jusqu'au gothique flamboyant qui s'éteignait dans une auréole; tous les styles, parce que toutes les générations du moyen âge ont passé par là. Et que d'efforts sans succès! C'est la foudre et c'est l'incendie, le feu du ciel et celui des hommes, c'est le tremblement de la terre, la torche des soldats, les dégradations du temps qui s'acharnent contre cette masse de granit. Après avoir construit, il faut reconstruire; après avoir dit : l'œuvre est faite, il faut s'écrier : l'œuvre est à refaire !

Puis, au labeur encore et sans s'inquiéter de leur gloire, songeant seulement à leur but, ces architectes anonymes ne daignaient pas laisser leurs noms au monde à qui ils léguaient une merveille. Quelques-uns seuls ont surnagé; c'est Kuntz, Nicolas de Lahr, Ulric d'Ensingen, c'est Jean Hültz qui vint de Cologne pour poser la première pierre, c'est Erwin de Steinbach surtout, le grand Erwin, qui demandait à la mort quelques années encore pour tout finir et qui léguait en mourant sa tâche à son fils. Mais les noms de ces milliers d'ouvriers qui allaient au Kronthal extraire le grès, l'amenaient en ville, le taillaient de leurs mains; mais les noms de ces deux cent mille enthousiastes qui s'adjoignaient aux ouvriers et travaillaient à l'œuvre immense pour le salut de leur âme, qui les connaît, qui nommerait un seul de ces paysans, de ces serfs, de ces compagnons, foule immense, qui bâtit, comme toujours, le chef-d'œuvre sous le pseudonyme de quelques-uns?

Ici devrait naturellement se placer la description de la
cathédrale. Mais, tout bien réfléchi, il me semble plus
facile de la construire que de la décrire. Ce n'est pas
qu'elle ait manqué de braves gens bien disposés, les
Schreiber, les Friederich, les Schweighœuser, pour raconter toutes ses merveilles, et de dessinateurs pour les
reproduire. Pour moi, je suis moins habile ou plus timide,
comme vous voudrez. L'histoire seule des portails de la
cathédrale serait d'ailleurs l'histoire du monde. Ici, au
milieu, les récits de la création, de la chute d'Adam, la
vie entière de Jésus, les groupes des apôtres ; à gauche,
les scènes de l'enfance du Christ ; à droite, une de ces con-
fusions fantastiques telle que le moyen âge aimait à les représenter dans leurs détails les plus osés : la résurrection
des morts et le jugement dernier. L'œil s'arrête sur deux
groupes opposés, le groupe des vierges folles et celui des
vierges sages. Rien de plus naïf et de plus charmant à la
fois. Ces corps grêles, ces visages d'une douceur émaciée, ces sourires un peu douloureux des vierges sages
contrastent avec le rictus large et ouvert dans une face
charnue des vierges folles. De ce côté, la vie laborieuse
et quelquefois dure de la femme qui ne laisse pas éteindre
sa lampe de travail aux heures de la nuit ; de l'autre,
l'existence follement jetée aux quatre vents du ciel de la
fille qui marche à la douleur par la joie, à la misère par
la honte. Éternelle antithèse que le moyen âge a expri-
mée là d'une façon poignante : habits de bure d'un côté,
robes de brocart de l'autre ; ici la joie, là la résignation.
Mais la morale n'est pas loin. Ce jeune homme au doux
visage qui marche derrière les vierges sages, l'œil franc

et le front pur, c'est le fiancé. C'est lui qui apporte le
doux bonheur, le calme et le repos, la sainte joie de la
maternité, les éternelles consolations du foyer. Au contraire, celui qui marche après les autres, le visage superbe et le regard hardi, son large torse épanoui dans un
pourpoint luxueux, l'œil provoquant, la lèvre dédaigneuse,
c'est le démon, et sur ses habits de soie, derrière son
dos, rampent traîtreusement de hideux reptiles.

Comme tout cela serait superbe si l'on avait la liberté
de le regarder librement! Mais j'étais déjà entouré d'un
groupe bavard de guides affamés. — Voulez-vous voir
l'intérieur, monsieur? — Voulez-vous visiter le Munster,
monsieur? — Voici, monsieur, les statues de la fille
d'Erwin de Steinbach. (Je supprime décidément l'accent
alsacien auquel je commençais d'ailleurs à m'accoutumer). « Voyons, dis-je en me retournant vers celui qui
avait parlé le dernier, où sont les statues de Sabine? »
C'était un grand diable haut comme un peuplier, dont la
face rusée s'illumina d'un sourire : « *Foïci!* » Deux
femmes, deux jeunes filles, deux saintes. L'une qui relève fièrement la tête, comme si le rayonnement du ciel
l'éclairait tout à coup, l'autre qui baisse tristement le
front, encore chargé peut-être du poids d'un remords.
Il y a plus de quatre cents ans que vivait Sabine de
Steinbach. Elle était la fille du grand architecte. Sainte
fille qui consacra sa vie entière à l'achèvement de l'œuvre
de son père ! Et que de grâce dans ces statues aux formes
frêles comme des roseaux ; que cette maladive et rayonnante expression des sculptures du moyen âge est plus
belle cent fois, dans sa maigreur intelligente, que la

calme et imperturbable beauté des chefs-d'œuvre grecs, qui n'ont pas besoin d'être de marbre pour être insensibles !

Les guides, paraît-il, n'ont pas le droit de séjourner dans l'intérieur de la cathédrale. Je me croyais parfaitement délivré de ces cicerones empressés qui, dans une chaire merveilleuse, vous font remarquer non l'aspect général du chef-d'œuvre, mais quelque détail enfantin, comme un renard qui guette une poule ou des oiseaux qui mangent des raisins. Je me laissais aller à l'admiration complète de cette sombre nef où la lumière entre par faibles échappées, laissant filtrer par les verrières des rayons qui semblent s'enrouler autour des faisceaux des colonnes, ou se perdent dans l'ombre épaisse. Le Suisse, guide en uniforme méprisant fort les guides en blouses, me ramena brusquement à des idées plus pratiques.

— Nécessairement, c'est l'horloge astronomique que vous voulez voir, monsieur ? Venez à droite, me dit-il, je vous prie. Superbe horloge, n'est-ce pas ? Celle-ci est l'horloge nouvelle ; l'ancienne horloge est déposée ici près, dans le Frauenhaus, sur la place du château. Celle-ci, commencée en 1838, a été placée en 1842 ici même, et inaugurée le 31 décembre de la même année. Elle n'a pas moins de vingt mètres de haut ; elle marque à la fois le mouvement des étoiles, du soleil et de la lune, les fêtes de l'Église, le jour de l'année et le jour de la semaine, l'heure de la journée et le quantième du mois ; lorsque chaque heure sonne, les quatre âges de la vie, l'enfance, l'adolescence, la puberté et la vieillesse, viennent frapper l'heure, suivies de la Mort... A midi, les douze apôtres passent en saluant Notre-Seigneur Jésus-Christ assis sur son trône. — Malheureusement il est deux heures, revenez demain. Le spectacle en vaut la peine... Je reprends...

Mais je brisai là avec ce prospectus artistique, et je m'éloignai pendant que l'horloge sonnait deux heures, et que d'horribles pantins défilaient avec leurs mouvements anguleux, sonnant un glas qui me faisait songer à l'inscription fameuse : *Vulnerant omnes, ultima necat !...* Et c'était la Mort qui suivait le petit vieillard appuyé sur ses béquilles ; et c'était la Mort, marionnette horrible, qui frappait le timbre d'un os de tibia qu'elle tenait dans sa main décharnée...

Me voilà tombé de Charybde en Scylla. Mon guide extérieur m'attendait à la porte. Comment savait-il que j'allais justement sortir par cette porte-là ? — Vous voulez monter à la tour? De ce côté, monsieur ! — Je le remercie, je monte. L'ascension est rude. Trois cent trente marches, très-rapides, assez glissantes et quelque peu usées. Il semble parfois que l'escalier tremble sous vos pas ; les fenêtres à ogives qui s'ouvrent brusquement sur l'extérieur découvrent, au-dessous de vous, la place du Château, et les passants hauts comme des pygmées. Le vent s'engouffre et gémit par ces ogives ; une cloche retentit brusquement ; encore quelques marches et me voici sur la plate-forme, face à face avec un des plus beaux panoramas du monde. On peut s'arrêter longuement ici, regarder, contempler, admirer ; la plaine immense s'étend, le Rhin serpente, subitement rapproché par la perspective ; à l'horizon, de ce côté, s'étend la forêt Noire, avec ses sombres lignes de pins, ses vallées et ses montagnes surmontées de ruines ; de l'autre, c'est la plaine du Rhin qui se confond avec la vallée de Zorhn, ce sont des églises, des châteaux, des clochers ou des tourelles disséminées dans cette vallée verdoyante, dans ces forêts, dans ces champs, que bornent là-bas, bien loin, en un horizon bleu, les hautes cimes des Vosges. La pluie s'était dissipée ; le vent chassait brutalement les grands nuages gris éperdus, le soleil trouait de flèches blafardes ces masses aqueuses et de larges bandes bleues égayaient l'étendue morne tout à l'heure. Les toits d'ardoise de Strasbourg semblaient sourire tout à coup, et les cigognes quittaient les cheminées qui les abritaient pour voler en criant au-dessus de la ville. Je me croyais parfaitement libre de jouir de ce spectacle, lorsque je remarquai un homme, à mine suspecte, qui rôdait autour de moi avec une hostilité évidente. Comme je ne suppose pas qu'il eût l'intention de me précipiter du haut de la terrasse, il est probable que ce n'était autre qu'un gardien de la plate-forme qui tenait à me servir de guide et à m'expliquer les beautés du point de vue. Les voyageurs, assez heureux pour s'être jetés, hache en mains, dans les forêts du nouveau monde, nous racontent que, là-bas, tout visage inconnu doit d'abord être considéré comme un visage ennemi. Prenez garde aussi, vous qui n'explorez que les bords du Rhin ou les cantons de la Suisse. Tout visage inconnu est un visage hostile. Garde à vous ! C'est peut-être un guide !

Au-dessus du Munster se dresse la tour octogone et la flèche, suprêmes hardiesses et suprêmes défis ! On ne

monte plus à ces sommets que sur la permission du maire.
Toutes ces pierres, tous ces escaliers sont couverts de
noms ; Goëthe a mis le sien ici, Herder un peu plus loin.
Gravée de main d'artiste, on lit à côté cette inscription :
*Paul de Balk, capiteine dans les trupes de Russie, le
7 may 1763.*

La visite au temple Saint-Thomas, situé non loin du
Munster, figurait sur mon programme. C'est là qu'on
admire — disent les manuels des voyageurs — le tombeau
de Maurice de Saxe. Vous connaissez ce mausolée. Pigale
a voulu accumuler là toutes les nuances du sentiment ;
la France pleure, la victoire se désole, Hercule est désespéré ; le maréchal seul paraît satisfait. Est-ce l'abon-
dance des drapeaux, des ornements, la blancheur du
marbre, toujours est-il que l'impression qu'on ressent n'a
rien de lugubre. A côté, dans un coin du temple, on a
conservé les momies de je ne sais quel comte de Nassau
et de sa fille. Ils sont sous verre, les malheureux, comme
s'ils provenaient d'un temple péruvien ou d'un hypogée
égyptien ! Le margrave est vêtu d'un ample habit de drap
jaune, ganté de peau de buffle, coiffé d'un feutre énorme,
chaussé de souliers gigantesques. Sa face parcheminée
accuse tristement les os du crâne ; les paupières ne re-
couvrent qu'un œil absent ; plus de cils, plus de lèvres,
des oreilles sèches et jaunes... Il y avait là cinq ou six
jeunes filles qui regardaient froidement cette lugubre
chose. Le père est un homme de quarante ans ; la fille
paraît un enfant. La mort a recroquevillé ce pauvre petit
corps qui fut gracieux peut-être sous ces beaux vêtements de soie blanche. On a laissé à ces mains dessé-

chées les bagues et les bijoux d'autrefois, les bracelets trop larges pour ce petit poignet raccorni, les anneaux trop à laise autour de ces doigts amincis par le temps... Pauvre enfant! Elle aima et fut aimée peut-être... Pourquoi ce vêtement de fiancée?... Ces lèvres remuèrent, ces yeux eurent des larmes, cette bouche, qui montre des dents déchaussées, des sourires... Et si pourtant on secouait brusquement cette boîte, tout cela tomberait peut-être aussitôt en cendres!

Je n'étais plus en goût de courir les monuments. En sortant de la *Frauenhaus* (maison de Marie) où la femme du concierge me fit voir les débris de l'ancienne horloge astronomique et un superbe escalier en limaçon construit sur un seul pilier, je me promis de laisser de côté les autres curiosités de Strasbourg. La concierge m'a paru être tout à fait un esprit rétrograde; elle n'avait jamais assez de soupirs pour gémir sur les artistes disparus, et pour déclarer que jamais horloger alsacien (quant aux horlogers français, vous n'y songez pas) ne construirait pareille horloge.

A Strasbourg, quand la nuit vient, les brasseries s'allument. Brasseries ou jardins publics, voilà les grands plaisirs. Tout est bien pourvu qu'on y puisse boire de la bière. Gambrinus est le souverain de Strasbourg. Gambrinus est ce roi fantastique, mi-parti Charlemagne et souverain hébreux, dont le trône est un tonneau et le sceptre un hanap immense débordant de bière mousseuse. Sa barbe blanche descend sur sa poitrine; un large sourire la sépare; son épée inoffensive repose sur sa cuisse et son image rayonnante décore les enseignes des brasséries. Ce souverain-là, en fait d'ivresse, n'aura du moins jamais causé l'ivresse du sang.

J'aurais pu demeurer longtemps à Strasbourg : la ville en vaut la peine. — Certains de ses recoins sont vraiment pittoresques et étranges. Dans plus d'une rue, resserrée comme une ruelle, un maigre filet d'eau bourbeuse, deux ou trois barques amarrées, les maisons plongeant tout droit, sans quais, dans ce ruisseau, et voilà un tableau tout fait. Il y en a bien d'autres. Ces hautes maisons, aux escaliers de bois, ces enseignes hybrides : ici un chevalier cloué dans son armure et que le vent entrechoque tristement : là un énorme serpent empaillé sur l'enseigne d'un pharmacien — d'un apothicaire, *apotheke* comme dit l'enseigne [1], — ces derniers vestiges du passé arrêtent et étonnent. Les lourds artilleurs qui passent dans certaines rues, en faisant résonner leurs éperons sur le pavé saillant, ressemblent à des anachronismes. Strasbourg offre d'ailleurs un très-curieux mélange de mœurs allemandes et de mœurs françaises. Beaucoup d'affiches, collées sur les murailles de la ville, sont écrites en allemand, et en cherchant un théâtre, je ne rencontrai que l'annonce d'une représentation de *Guillaume Tell* dans la langue de l'auteur, Schiller. Ce qui n'empêche pas tous ces braves Strasbourgeois d'être les plus patriotes des hommes. Les Allemands, qui ne parlent de rien moins

---

1. Ce serpent est célèbre à Strasbourg. Une nuit les étudiants le décrochèrent de l'enseigne et le jetèrent dans la petite rivière de l'Ill. Le lendemain, grande frayeur. Les Strasbourgeois croyaient cette fois voir de leurs yeux le fameux serpent de mer prédit par les gazettes!

que de raser la cathédrale de Strasbourg pour prouver comment ils punissent les traîtres, trouveraient à qui parler s'ils tentaient l'aventure. En 1814, la garde nationale de Strasbourg arrêta seule les armées de la coalition. Les Strasbourgeois ne vous disent pas moins, lorsque vous débarquez de Paris : — Vous venez de France, n'est-il pas vrai? et vous demandent obstinément : — Vous allez de l'autre côté du Rhin?

De Strasbourg à Kehl, il faut à peine quelques minutes. Le chemin de fer vous emporte; on laisse à droite cette île des Épis où les arbres ombragent le monument de Desaix; le vieux pont de bateaux, détrôné par le pont de fonte, apparaît là-bas parcouru par les passants. Bientôt se dressent les fortifications de Kehl et les casques pointus des soldats prussiens miroitent à travers les murailles de granit rouge. Le contraste des deux rives est assez piquant. Du côté de la France, les soldats se promènent en riant, les mains dans les poches de leur culotte rouge; la sentinelle s'appuie sur son fusil et regarde. Du côté de Kehl, les canons montrent leur gueule noire, les fusils se hérissent en faisceaux; sentinelle sous les armes et soldats en promenade ont l'air singulièrement rébarbatifs et belliqueux.

Première surprise.

Deuxième surprise. Un suisse à mine réjouie, appuyé sur une canne à pomme énorme, se tient à la gare de Kehl, escorté de quelques douaniers dont les chapeaux à plumes de coq font songer aux bersaglieri piémontais. Le sergent me demande mon passe-port. Je n'ai point de passe-port. On me fait entrer dans une salle où je crois, Dieu me pardonne, qu'on m'enferme. Voilà un voyage qui commence mal. Bah! j'en serai quitte pour repasser le pont de bateaux et pour rentrer dans Strasbourg par la porte d'Austerlitz, dont le nom sonne bien à mes oreilles patriotiques. Mais il est des accommodements avec la douane badoise tout aussi bien qu'avec le ciel. Le sergent ouvre la porte, me demande mon nom, l'inscrit sur un chiffon de papier tiré d'un calepin, et me dit gravement : — C'est cinq francs! — Voilà un bon diable, et pourvu qu'on paye le droit de visa que le grand-duc s'arroge sur les passe-ports, peu importe que le passe-port existe ou non. Ceci fait, j'avais le droit de circuler librement à travers toute la Confédération. Je commençai par la ville de Kehl à user du droit que j'avais acheté en entrant.

Je dis la ville de Kehl. Kehl n'est pas une ville, mais une longue rue, géométriquement droite, avec des maisons modernes, une affreuse église en grès rouge et une gare de même couleur. Les passants sont rares ; quelques soldats, embarrassés de leurs casques pointus, vont et viennent d'un air ennuyé. Les marchands de tabac se tiennent sur le pas de leur porte et fument philosophiquement leurs pipes de porcelaine. On m'avait recommandé de n'oublier point les *curiosités* de Kehl, et ses lithophanies artistiques. J'entrai chez un marchand dont la figure paterne me promettait la bienveillance la plus grande.

Les lithophanies achetées, c'est-à-dire des vues en verre de Baden, de Heidelberg ou de Carlsruhe, le marchand me demanda en souriant si je ne voulais pas autre chose. Il faut tout voir en voyage. Les tiroirs ouverts, je vis en effet bien des curiosités, mais, au grand étonnement du bonhomme, je le remerciai de ses offres. Il eut la bonté de me dire que les Français, de passage à Kehl, se munissaient de certains cartonnages et de photographies qu'il désignait comme *droliches*. Mais je lui répondis que chacun là dessus agissait selon sa fantaisie. La vérité est que je regretterais fort d'avoir passé à Naples sans jeter un coup d'œil sur le fameux musée secret du roi, et que ce pape, qui fit couvrir de draperies le *Jugement dernier* de Michel-Ange, me semble tout à fait un vandale ; j'estime que l'art a le don de rendre toutes choses acceptables, mais à la condition qu'il soit l'art, et non le métier. Où Michel-Ange est admirable, la photographie est immorale et bête.

Mais j'oubliai bien vite mon honnête marchand. C'était un dimanche. Sur la route de Kehl à Baden, les paysans, en habits de fête, longeaient le chemin de fer dans leurs carrioles, les uns enveloppés dans leurs vastes houppelandes, le gilet rouge étincelant, les culottes courtes et les souliers à boucles, comme au temps passé ; les autres en petite veste blanche, coquette et brodée de rouge ; ceux-ci coiffés d'un bonnet fourré à glands d'or ; ceux-là le chef enfoui sous un énorme chapeau de feutre. La veste blanche appartient, m'a-t-on dit, aux jeunes garçons non mariés. Quant aux filles, elles portent leurs cheveux en nattes. On m'a assuré que ces nattes gigantesques sont un symbole et que les seules rivales de la fille de Jephté ont le droit de les arborer. Singulier usage et qui n'aurait pas force de loi chez nous. Quand la jeune vierge n'a pas assez de cheveux pour les tresser ainsi, elle les augmente avec des cordons noirs, et la diversité de couleurs donne un aspect bizarre à ces nattes.

Était-ce le soleil, était-ce ma surprise de touriste? mais tout ce pays de Bade me semblait respirer le bonheur, l'aisance ; tous ces visages étaient joyeux, toutes ces joues fraîches et toutes ces dents blanches. Les jolis sourires dans ces yeux bleus, les frais éclats de voix, les coquettes couleurs; et toutes ces stations construites en forme de chalets, petites, séduisantes, avec les oiseaux chantant et les fleurs grimpant aux fenêtres, une tête blonde apparaissant à travers ces vitraux à petits losanges de plomb, la vieille aïeule assise devant la porte dans le grand fauteuil patriarcal, ses fils à ses côtés, les enfants jouant, les adolescents un livre à la main...

Le chemin de fer, qui est bon diable, vous laisse le temps de tout voir. C'est un chemin de fer qui marche doucement, par compas et par mesure, et qui ne fera jamais rompre le cou aux voyageurs. Mais il a ses défauts et l'on s'irrite parfois de sa majesté, timide comme s'il craignait d'écraser ses rails. A l'aide d'une lorgnette médiocre, on découvrirait parfaitement Baden, depuis les casemates de Kehl, et le wagon met une heure entière à vous y transporter. Il s'arrête partout, à tout propos, de cinq minutes en cinq minutes. De plus, on vous contraint à descendre trois fois de voiture et à changer de train, ce qui est le plus terrible accident d'un voyage !

Quand la voiture jaune qui me prit au débarcadère de Bade m'eut déposé au bas du perron de *l'Hôtel à la cour de Darmstadt*, ma première visite, faut-il l'avouer, fut pour la fameuse maison de Conversation. J'étais bien à peu près sûr de trouver toujours le vieux château, et Eberstein et la cascade à leur place. Mais le temple de la Fortune, eh! ma foi! on pouvait parfaitement l'enlever du matin au soir on le fermer, comme on fermait à Rome le temple de Janus. Mais non! le temple était bien à sa place. Point de description, vous le connaissez. Musset vous a dit quelle déplorable architecture abrite le dieu Plutus. On entre; un huissier vous avertit qu'il faut aussitôt retirer votre chapeau. Vous voilà nu-tête. Dans une première pièce, décorée de deux énormes paysages, on joue à la roulette. Une foule compacte est penchée sur une façon de billard gigantesque au centre duquel une roulette est établie, qui, sans cesse en mouvement, marque le gain ou la perte. Les visages sont contractés, la foule est silencieuse, le croupier seul jette à chaque minute son cri fatidique : *Rouge ou noire, pair ou impair, manque ou passe !* Il faut voir avec quelle rapidité cet argot est compris, saisi, traduit, comment le râteau s'abat et amène à lui les pièces d'or ou les thalers, comment vite les gains sont comptés, comment ceux-là même qui ne comprennent pas le français saisissent parfaitement les mots que le banquier a prononcés!

Un observateur curieux passerait là des journées entières. Les types qui défilent dans cette salle sont vraiment bizarres, et on ne les rencontrerait pas ailleurs. Juifs avidement couchés sur le tapis vert, l'œil allumé, la lèvre frémissante, la main crispée; vieilles joueuses risquant avec un soupir le double thaler que leurs doigts crochus retiennent jusqu'au dernier moment; jeunes écervelés, le regard ardent, le geste prompt, jetant sans

compter, au hasard, et suivant la roulette avec fièvre;
joueurs de profession, épinglant les cartons nuancés de
rouge et de noir; riches étrangers posant nonchalam-
ment les rouleaux de louis sur un numéro quelconque
et perdant en souriant des liasses de billets de banque;
joueurs superstitieux marquant leur pièce d'or d'un signe
fatidique; calculateurs acharnés poursuivant un système
jusqu'à leur dernier sou; nobles et vilains, riches ou pauvres, gens d'esprit ou de sottise, jeunes mariées échappées de Paris, aventurières libérées du boulevard, tout
est là, tout se coudoie, tout se rencontre et se mélange.
Cette population se renouvelle, se succède avec une rapidité effrayante. Celui-ci sort, les yeux hors de la tête, avec
de l'argent plein ses poches; cet autre, la mine basse,
s'en va, sans trop savoir comment il soldera sa note
d'hôtel. D'ailleurs, il faut voir quel silence et quel bon
ordre! Dirait-on que peut-être ces gens-là jouent leur
vie en jouant leur fortune? Pas un mot, pas une plainte.
Rien. Rien que la roulette qui tourne, que le banquier
qui annonce, que le croupier qui répète son immuable:
Faites votre jeu, messieurs! rien que l'huissier qui insiste
et répète: *Otez votre chapeau!*

Dans l'autre salle, on joue le trente-et-un; tout à côté,
dans la salle de bal, les officiers autrichiens, leur plume
de coq à la casquette, causent et paradent auprès des
jeunes femmes assises sur les divans, pendant que la musique du jardin envoie par les fenêtres quelque harmonieuse mélodie de *Faust* ou de *Don Juan*.

Quel séjour vraiment féerique serait Bade sans cette
damnée maison de Conversation. Que de merveilles, de

surprises, de séductions! La Lichtenthal, une allée superbe où l'ombre épaisse est douce, où l'on peut rêver,
où l'on peut oublier et revivre. Ici, le quartier neuf semble une gouache élégante, une vignette anglaise : des
squares coquets, de grands hôtels blancs comme neige,
et des rues larges parcourues par des voitures aux cochers jaunes, verts ou roses. Là-haut, une ville du moyen
âge, une eau-forte de Delacroix, des ruelles tortueuses,
des carrefours adorablement sinueux. L'antithèse la plus
complète et la plus charmante. Mais quoi! la maison de
Conversation est là, qui attire l'attention tout entière, qui
magnétise, qui aspire, qui pompe, qui retient. Déplora-
blement froide, sèche, régulière et monotone au dehors,
elle est enivrante et irrésistible au dedans. — Eh quoi!
c'est cela? se dit-on. Je ne veux pas entrer là. On entre.
On n'en sort plus.

En ce pays de Bade, la fantaisie est reine. La pièce d'or
n'a d'autre valeur qu'un trentième de probabilité de gain.
Le millionnaire est pauvre; le va-nu-pieds peut être millionnaire. Le vertige est roi. On ne vit pas, on ne cause pas,
on ne s'amuse pas, on joue des opérettes que le public écoute
en pensant à la rouge tant de fois passée; la musique autrichienne fait merveille. Que vous importe la musique autrichienne? Et la roulette! et les couleurs! et les cartes!
Tous ces gens qui passent, ces femmes qui sourient, ces
élégants qui se pavanent, ces lionnes qui débutent, ces
chroniqueurs qui étudient, ces promeneurs et ces promeneuses échangent les mêmes propos, les mêmes paroles, les mêmes plaintes. — Avez-vous été heureux? —
Mon cher, une série superbe! La rouge passe onze fois;

je laisse ma mise, noire passe! — Trop d'estomac! —
Moi, j'ai tout perdu! — Le petit C. a fait sauter la Banque
à Hombourg, savez-vous? — Le double zéro est effrayant
ici. — Venez-vous à Wiesbaden? — L'an passé, j'avais
pourtant dévalisé les croupiers d'Ems! — Je voyagerai
la nuit. Au moins, au buffet, je ne serai pas forcé de dé-
penser ma dernière pièce. Je pourrai ainsi prendre une
voiture en arrivant!

Voyages de plaisir! Si l'on songeait que le fermier des
jeux paye à la ville de Bade 45.000 florins par an pour
droit de fermage, engage des ténors fabuleux et réalise
encore des bénéfices considérables, risquerait-on un
thaler sur cette roulette? Il est défendu aux habitants de
jouer. Qu'avez-vous donc à vous acharner contre cet
instrument impassible, froide et cruelle machine, sans
passion, dévorante, implacable, qui est la Banque? Et si
l'on se résignait à ne point jouer, à accepter Bade comme
une ville d'eaux ordinaire, à y vivre sans souci de fortune
et de gain, que de plaisirs, de charmantes promenades, de
journées passées dans des excursions profitables! Ce beau
pays de Bade, comme on l'appelle, est une Bétique en miniature, un album ravissant, plein de surprises et de
merveilles, avec sa forêt Noire, ses ruines, ses torrents,
ses montagnes, ses souvenirs et ses légendes.

Mais de tout cela on fait fi, ce semble, et combien de
gens, par exemple, qui passent à Bade et ne visitent point
le vieux cimetière, ce coin de terre où dort, enseveli sous
l'herbe, le passé? C'est un petit enclos, sombre et recueilli, derrière l'hôpital; les tombes des émigrés français
disent les noms, les grades, les titres des exilés qui re-

posent là. A côté, des noms anglais, des noms de femmes. Combien de jeunes filles qui venaient demander à Bade la guérison et qui y ont trouvé la mort! Elles reposent aussi loin de leur patrie, ignorées, oubliées... Au fond du cimetière, une pierre, surmontée d'une lyre sculptée, porte le nom d'un poète, Ludwig Robert, enterré avec sa femme. On a élevé au milieu du cimetière un calvaire couvert de lierre et de mousse, où sont couchés, sculptés en pierre, les apôtres et Jésus-Christ. Jésus est en prière; un petit ange grêle lui apparaît. Le Christ supplie, l'ange ordonne. C'est la montagne des Oliviers, et, réellement en dépit de la faiblesse de l'exécution, l'impression produite par ce groupe n'est pas ordinaire. Plus loin, sur un socle élevé se dresse la statue du roi de ce coin de terre, le fossoyeur. Un sculpteur strasbourgeois, M. Friedrich, en fit présent à Bade il y a quelque dix ans. L'idée est bien trouvée de mettre un cimetière sous la garde d'un fossoyeur. A lui vraiment appartient ce domaine. Il est le maître ici. Sa pioche commande; et puis, dit le fossoyeur d'Hamlet : « *Come, my spade*... : Allons, ma bêche! il n'y a pas de meilleurs gentilshommes que les jardiniers, les laboureurs et les fossoyeurs ; ils continuent la profession d'Adam. »

Mais le fossoyeur du vieux cimetière de Bade n'a pas sur le visage trace de mélancolie ou de cette indifférence rendue superbe par le contraste de la vie et de la mort. C'est un ouvrier musculeux, appuyé sur sa bêche — le soldat laboureur, rien de plus. Il ne pense ni ne rêve ; il pourrait servir d'enseigne à un jardinier galant, comme il sert de gardien au cimetière de Bade.

On resterait longtemps parmi ces tombes. Les noms lus en passant disent bien ce qu'est la ville. Il y a des noms russes et des noms allemands. Destinée étrange ! Mourir dans une ville de passage, dormir si loin des siens, dans un cimetière ignoré ! Il y a même de vieilles pierres tumulaires portant gravée l'image de quelque margrave ; il y a des croix sculptées du XVIIe siècle, et tombes et croix, on a tout encastré pêle-mêle dans la muraille, on a scellé ces débris avec de la chaux ; le temps a effacé les noms, la guerre a dispersé les os. Ceux qui furent des puissants et des grands de ce monde sont plus oubliés que les pauvres gens qui reposent à côté d'eux. Le beau cimetière, après tout, est le bel endroit pour reposer ! L'ombre est douce, et les pinsons chantent et voltigent gaiement, se posant sur les tombes et nichant dans les arbres, et sur ces pierres muettes, le vieux crucifix de Lerch de Leyen étend son ombre et garde encore sa couronne d'épines qui, dit la légende, tombent et repoussent sans cesse, de dix ans en dix ans.

Monseigneur le pinson, que j'ai nommé, est, avec le grand-duc, le souverain de Bade. Il est partout, toujours joyeux, toujours chantant, gai, preste, sautillant, gaminant, babillant. Le pinson est à Bade ce que le moineau est à Paris. Le pinson, plus coquet, plus mignon, étalant avec un certain petit orgueil ses plumes jaunes et son habit verdâtre ; le moineau, plus alerte et plus vif, plus spirituel, plus hardi, plus laid et plus charmant. D'ailleurs, effrontés tous deux, se perchant à votre portée, picorant à deux pas de vous, narguant le passant de leurs yeux de jais, vous agaçant de leur regard noir et s'envolant tout à coup avec de joyeux petits cris (rires d'insolence, n'en doutez pas) et de joyeux battements d'ailes.

Les pinsons m'escortèrent du vieux cimetière au vieux château, que j'avais résolu de visiter. Leurs cris de gamins égayaient ces grands pins solennels et sauvages qui se dressent sur toutes ces montagnes et les ornent superbement de leur vert feuillage. Sans les loueurs de voitures et de mulets qui vous harcèlent de leurs offres, cette ascension de l'*Alte schloss* serait admirable. La bonne odeur de résine, les pittoresques troncs d'arbres, les délicieuses fontaines; de temps en temps l'eau pure et douce dans l'herbe, parfois de bonnes fraises des bois, puis le grand air, le vent des montagnes sifflant à travers les branches, le panorama de Bade, de la vallée, des montagnes environnantes, entrevu par éclaircies, le plaisir de la marche, la causerie avec le compagnon d'ascension et les longs silences rêveurs, voilà la volupté du touriste. Mais il faut la marche à pied, les haltes, la jouissance intime du paysage. Point de guide bavard qui explique et ennuie; et quand on ne saurait point le nom de la montagne qui se dresse devant vous, qu'importe? On la regarde, on l'admire. Le vieux château, magnifiquement placé au haut du Batter, est un amas de ruines trop bien conservées. Des barres de fer retiennent précieusement les pierres prêtes à s'effondrer; on a récrépit les murailles; le ciment retient les escaliers; la ruine est rappropriée, soignée, époussetée, et au moment où l'on rêve des vieux margraves, jadis juchés dans ces tours comme des aigles dans leur aire, un *keller* vient vous jeter à l'oreille ce cri détestable : — Monsieur ne désire-t-il pas déjeuner ici ?

Déception !

Le vieux château où Hermann II vivait parmi ses hommes d'armes, le vieux château qui résista aux soldats de Turenne et qu'on incendia aux siècles passés, la ruine vénérable n'est plus qu'un restaurant, et la carte des vins s'étale à la grande porte, au-dessous de l'écu des margraves badois.

Acceptons les ruines comme la civilisation les a faites.

Eh bien! vraiment, sur cette terrasse l'endroit est bien choisi pour les repas. Je suis moins l'ennemi de ce prosaïque restaurateur. Au temps des margraves, les seigneurs badois dédaignaient-ils de vider le hanap du haut de la montagne, avec un des plus beaux coins du monde à leurs pieds? Le temps a marché. La montagne, aujourd'hui, n'appartient plus aux margraves ; elle appartient à tous, et vive le progrès qui permet aux modestes journalistes de manger une omelette en regardant la vallée de Bade, pendant qu'aux tables voisines on jase, on cause, on rit, que les Anglaises gazouillent comme des oiseaux, et les Françaises pétillent comme de la poudre !

....Puis nous descendons au hasard. Notre bonne fortune nous conduit aux *Rochers du Diable*, un endroit désert, un pêle-mêle de roches gigantesques qui, sauvages, sinistres, déchirées, crevassées, attirent peu de promeneurs. Il faut au surplus des jarrets solides pour les escalader. Mais les surprenants entassements de pierres, les lézardes terribles !

Quelles crispations de géants, quelle torture de la terre a jeté, broyé, brisé ces masses effroyables? La forêt de

Fontainebleau ressemble à une boîte à joujoux à côté de ces pierres de Titans. Tout à coup, brusquement, la foudre gronde, l'eau tombe à gouttes énormes, les nuages amoncelés se crèvent, ruissellent. Ces roches sont des abris. Et qu'importe la pluie s'acharnant sur les arbres, les torrents retombant en cascades du haut des roches, les grondements et les éclats du tonnerre! L'arc-boutant du rocher immense forme portique, et nous attendrons là la fin de l'orage. En un quart-d'heure, la forêt était sillonnée de petits ruisseaux, de torrents, de cascades.

Nous grimpons sur les roches mouillées, et, au sommet, le ciel balayé, les nuages repoussés, le soleil vainqueur!

XI

Bade, paraît-il, est une ville d'eaux. On l'assure énergiquement, et je suis tout disposé à le croire. Pourtant,
m'étant hasardé à la Trinkhalle, ce portique frigorifique
supporté par seize maussades colonnes corinthiennes, je
fus tout surpris de la figure étonnée de la gardienne
lorsque je lui demandai un verre d'eau. J'étais évidemment un des rares imprudents qui se soient hasardés
jamais à goûter cette effroyable eau chaude. Je la rejetai
aussitôt, ignorant que cette gorgée salutaire pourrait me
guérir des névralgies, de la dyspepsie, du psoriasis, — de
toute une légion terrible de maux effroyables, et je me
sauvai dans les deux petites salles où l'on expose habi-
tuellement des tableaux à vendre.

Il y avait là une bien agréable collection de barbouillages comiques. Les uns étaient tout simplement attribués à Greuze, les autres à Rubens.

A tout prendre, ces tableaux pseudo-antiques étaient moins ridicules que les quatorze fresques dont le directeur de la Pénacothèque de Munich a décoré la galerie de la Trinkhalle. Jamais couleurs plus adorablement fausses, ternes et criardes furent-elles assemblées? Les Allemands s'extasient volontiers sur le rare talent de Gœtzenberger, qui les a signées. Mais la couleur n'est point leur fait. Ces tons plats les séduisent, et ces compositions mystiques, souvent incompréhensibles, les plongent en des abîmes d'extase! Un artiste allemand ne sera jamais bien persuadé, tenez-le pour certain, que deux et deux font quatre. Au lieu d'exprimer franchement et nettement son idée, de traduire son idéal comme il le comprend, il cherchera, analysera, alambiquera, — d'une œuvre humaine fera une œuvre insaisissable.

Nul plus que moi n'aime cette suave poésie du Rhin, qui peuple la nature entière d'ondines et de lutins, cache les kobolds au fond des mines, loge les génies dans le calice des fleurs, entend passer dans le vent de minuit le son des cymbales enchantées, regarde au fond de l'eau, dans les grottes d'azur et de rose, les nymphes et les fées et peuple d'êtres mystérieux les brouillards du matin. Mais ce que la poésie peut rendre, la peinture doit renoncer à le peindre. L'insaisissable peut être saisi par l'âme; l'œil ne peut comprendre que la divine harmonie des couleurs. Ce qui fait la faiblesse de l'école allemande, c'est sa préoccupation incessante de l'idée, son éternelle habitude d'introduire la sentimentalité dans les arts plastiques. Ce système, qui produit souvent d'inimitables chefs-d'œuvre dans l'art des fresques, par exemple, aboutit quelquefois à de ridicules complications. J'ai vu, dans une exposition de cartons, à Bruxelles, à côté des admirables compositions de Kaulbach et de Cornélius — deux maîtres qui nous disputent la supériorité dans les arts — un gigantesque dessin représentant le feld-maréchal Blücher passant le Rhin. L'artiste avait mis dans le regard de Blücher toute la flamme possible, et, pour ajouter une idée à son œuvre, il avait placé, sous les pieds du cheval, un poteau renversé, avec cette inscription : *Route de Paris*. Non, en dépit des assertions de notre Chenavard, la peinture n'est point chose philosophique. Si elle ne doit pas s'attacher uniquement à la représentation matérielle des objets, encore moins peut-être doit-elle poursuivre un idéal immatériel qui la rendrait incolore. Entre la pléthore et l'amaigrissement, il y a la santé.

Les légendes de la forêt Noire étaient faites pour être racontées par quelque conteur, et non point peintes sous les arcades de la Trinkhalle, et la chose est si vraie, que tout le monde a fort abusé de la plupart d'entre elles.

Parmi toutes les légendes que Gœtzenberger a représentées sous les arcades de la Trinkhalle, la plus curieuse, à mon avis, et la mieux frappée au coin du pays, c'est la légende de la *Chaire du diable*. Le diable est décidément un personnage très-intéressant. Partout où on le rencontre, on est à peu près sûr de s'amuser. Le moyen âge, qui le craignait beaucoup, se vengeait de ses terreurs en se moquant de lui. On tremblait à son nom seul, on se signait, on se cloîtrait, on se pressait au coin du feu, les uns contre les autres. Puis quand l'occasion venait de le narguer de la belle sorte, personne ne s'en faisait faute. Chaque pays, chaque province a son héros de prédilection qui a mis plus d'une fois le diable en défaut et lui a rogné les ongles. En Allemagne, ce personnage est le plus souvent un bon bourgeois, bien rusé, qui enferme Satan dans un bénitier et le laisse se morfondre dans l'eau qui le brûle. L'Église joue toujours un rôle dans ce pays, et quand un simple mortel ne suffit pas à mater le diable, la légende appelle Jésus-Christ lui-même, comme dans la légende du *Teufelskanzel*.

Lorsque les premiers chrétiens vinrent enseigner l'Évangile dans la forêt Noire, — c'est l'auteur anonyme des légendes de Baden et de ses environs qui parle, — le diable, furieux, accourut de l'enfer à Bade par le chemin souterrain que suivent, pour y arriver, les eaux thermales. Il monta sur un rocher gigantesque et de là harangua la foule, lui parla des séductions et des splendeurs de son empire, des jouissances sans fin, des surprises sans nombre, des plaisirs et des voluptés qu'il accordait aux siens. Sa voix âpre allait au cœur des hommes et ébranlait les consciences. Les nouveaux convertis regrettaient leur conversion; cette peinture des pompes et des œuvres de Satan enivrait les plus faibles, lorsqu'un ange vint se placer en face de Satan, sur le rocher voisin du château d'Eberstein. Il ne parlait que de la félicité céleste, des joies divines, de l'amour du bien, des bonheurs du juste, mais cette voix délicieuse eut bientôt reconquis les âmes que Satan croyait en son pouvoir. Le diable alors, courroucé, mit en pièces la robe de velours dont le peintre l'a revêtu ; sa voix retentit comme un tonnerre, ses mains arrachaient les rocs énormes et les brisaient les uns contre les autres ; il broyait entre ses dents les pins centenaires, et l'ange avait beau parler, sa voix était couverte par le fracas épouvantable que faisait le Maudit. A son tour, Jésus-Christ se fâcha. Il apparut à Satan, le prit par la nuque et le lança sans façon à travers l'espace. On montre encore sur la montagne où tomba le démon, l'empreinte du sabbot de Satan si vigoureusement harponné par la main divine. La montagne s'appelle même, si je ne me trompe, *Teufelshufeisen*, le Sabot du diable. Et voilà comment Jésus empêcha les premiers chrétiens d'être damnés.

Chez nous, peuple démocratique et militaire, l'adversaire heureux du démon est le plus souvent un homme du peuple ou un soldat. Que de bons tours joués au Malin par le sergent narquois La Ramée ! Un beau jour, il parie avec Satan que S. M. le roi des Enfers n'entrera pas tout entière dans certain sac donné par l'archange saint Michel. L'orgueilleux Satan veut prouver le contraire, entre dans le sac tête baissée et La Ramée, sans plus tarder, ferme le sac, l'emporte chez un maréchal ferrant, et le posant sur l'enclume : — Frappez, frappez, dit-il, jusqu'à ce que le sac soit devenu plat comme un écu de six livres ! Tout enfants nous riions à nous tordre de la mésaventure de Satan, si bien racontée par nos grand'mères. Nous n'avions pas encore lu cette théorie de Proudhon qui dit : Satan, c'est le bien !

Après le vieux château, il fallait bien visiter le château

grand-ducal, ouvert à tout venant, lorsque le grand-duc
ne l'habite pas. Le portier nous accueillit sans difficulté,
et le voilà nous conduisant à travers le palais, nous expli-
quant tout, et ne nous faisant grâce ni du boudoir de la
grande-duchesse ni de la chambre à coucher. L'habitation est charmante, et, malgré la superfluité des dorures,
et quelques cheminées en carton-pierre, c'est bien la plus
confortable résidence qu'on puisse imaginer. C'est un
luxe princier, mais patriarcal, et l'on devine à la fois le
souverain et l'homme de la famille. Le château a des
oubliettes. C'est même sa principale curiosité. La tradition veut que la Sainte-Vehme ait tenu ses terribles
séances dans ces souterrains. L'imagination peuple bientôt ces lugubres salles de victimes et de francs-juges. On
voit passer, dans ces couloirs étroits, des ombres sinistres,
seulement éclairées par des torches résineuses, et si l'on
écoutait, on entendrait le vent gémir comme des voix
de suppliciés. On m'a montré une petite niche où le prisonnier, qu'on allait chercher dans son cachot, rencon-
trait tout à coup une statue de la Vierge. — Embrassez-
la, lui disait-on. Le malheureux approchait ses lèvres de
la statue, et aussitôt un ressort faisait ouvrir les bras de
la Vierge; la statue serrait contre elle le condamné,
l'étouffait, le triturait, le broyait et ne laissait tomber
qu'un cadavre informe dans un gouffre qu'une trappe
ouverte découvrait tout à coup. Plus loin, le guide nous
donna l'émotion de nous enfermer dans une oubliette,
sur laquelle il poussa une porte, faite d'un seul quartier
de roc. Quand cette porte maudite retombait sur un prisonnier enfermé là, sans pain, sans air, sans espoir,

quels cris de désespoir étouffé devaient entendre les pierres de ces cachots!

Il fait bon, en sortant de là, aller respirer un peu d'air pur. Vive la lumière! disait derrière moi un Anglais enivré de soleil. Et pourtant les Anglais ne sont pas des plus enthousiastes. Mais comment ici garder son sang-froid? Il semble que, du même coup, on doive célébrer le ciel bleu et maudire le temps horrible où ces choses atroces n'étaient pas seulement des curiosités.

Les jardins valent mieux que les oubliettes et que le moyen âge. On nous a montré un jardin (le public n'y pénètre pas toujours), le *Jardin des escargots*. C'est là qu'on nourrissait jadis des escargots pour la table de je ne sais quel margrave de Bade, qui en était très-friand. Dans les allées gisaient tristement deux énormes têtes de kobolds, en pierre peinte, avec la capuche et la barbe légendaires. L'un, riant, sa large bouche ouverte sous un nez épaté; l'autre, larmoyant et rechigné, — débris d'une mythologie évanouie, images tangibles du moyen âge décapité.

Ce mélange de légendes et d'actualité, de germanique et de parisien, de poétique et de spirituel, d'effrayant et de ravissant, fait de Bade une ville à part. On resterait à Bade tout l'été sans craindre l'ennui et sans se douter même qu'on a quitté Paris. Paris, en effet, vous arrive là par tous ses journaux, par tous ses élégants, par tous ses causeurs, et combien trouvez-vous à Bade de vos meilleurs amis, que vous ne voyez même pas à Paris! Je conçois parfaitement qu'on se donne rendez-vous à Bade six mois à l'avance. Avec notre vie parisienne dissipée

c'est encore le meilleur moyen de se rencontrer. Comme
Paris, Bade a son théâtre, une salle ravissante, toute
fraîche encore, blanc et or, tentures d'un pourpre vif, —
une bonbonnière ; comme Paris, des curiosités, des expositions, des concerts et des courses. Ce n'est pas pourtant
le turf d'Iffelszheim qui attirerait l'artiste à Bade. Si l'on
quitte Paris pour fuir cette foule hippique, ce n'est pas,
que je sache, pour la rencontrer où l'on va. Un des principaux charmes de Bade, au contraire, c'est le calme de
la ville, l'air reposé de ses maisons, la limpidité de cette
rivière en miniature où les truites jouent à travers les
cailloux blancs ; ce sont ces senteurs de pins, cet air pur,
ces buts d'excursion qui vous tentent de tous côtés ; c'est
aussi cette vie curieuse de la table d'hôte, où se coudoient les types les plus variés de touristes. On fait déjà
connaissance avec la cuisine allemande, très-épicée et
très-éclectique. Le chevreuil aux confitures et les cham-
pignons à la crème vous tentent par leur goût hybride.
Les noms des vins du Rhin se posent devant vous comme
des énigmes. — Voulez-vous de l'Affenthaler ? — Va pour
l'Affenthaler ! L'un de ces vins s'appelle poëtiquement *le
lait d'amour des jeunes filles*. Il est beaucoup plus mauvais
que ses rivaux, mais je crois qu'il coûte plus cher. A table,
on fait circuler la liste des étrangers nouvellement arrivés
à Bade ; les voyageurs regardent avec une admiration
extrême leur nom si parfaitement imprimé, et tout bas,
en rougissant beaucoup, prient le garçon de leur acheter
une dizaine de numéros qu'ils distribueront à leurs
amis, dès leur retour à Paris. J'eus la satisfaction de
voir mon nom suivi du titre de *scrifsteller* (j'écorche le

mot) ce qui ne laissa pas que de me flatter beaucoup.

L'allemand se mélange ainsi discrètement au français,
et les deux langues, mariées de la sorte, contribuent à la
formation d'un idiôme qui ne manque pas de charme. Il
y a, par exemple, près de la station d'Achern, une statue
élevée à Parmentier, *inventeur de la pomme de terre*.
J'étais logé à l'*Hôtel à la cour de Darmstadt*. L'*entrée des
Bains* s'appelle l'*Entrée aux bains*, et le règlement des
voitures, affiché partout, porte : *Toute de moins du quart
course qui ne sera pas indiquée par l'avance, la différence
ne sera pas bonifiée.*

Mais ce qui force le voyageur à quitter Bade, c'est le
jeu. Cette tentation éternelle finit par triompher des vertus
les plus rebelles. Dès que la roulette vous a dépouillé, on
s'enfuit et les Catons seuls ne laissent rien d'eux-mêmes
au bâtiment décoré par Cicéri. J'avais visité la vieille
église, aux stalles de chêne luisantes, semblables à celles
où s'agenouillait Gretchen pour prier ; temple modeste et
recueilli, où l'on peut lire le nom de Montécuculli sur une
dalle noire ; réduit fait pour la prière, où le passant et le
visiteur marchent sur la tombe des margraves. J'aurais
pu trouver au couvent de la Lichtenthal cette autre légende, qui veut que les soldats de Turenne aient reculé
devant la Vierge. Un de mes amis me vantait l'Ascension
et le point de vue du Mercure ; mais décidément la roulette me gâtait Bade.

La musique autrichienne avait trop de séduction, et la
musique autrichienne stationne devant la porte même de
la maison de jeu.

— Si vous voulez, dis-je à mon compagnon, nous partirons demain soir pour Heidelberg.

— Mon Dieu, dit-il, moi qui allais vous proposer de partir demain matin !

Et le lendemain, en effet, nous partîmes.

— Si vous voulez, dis-je à mon compagnon, nous partirons demain soir pour Heidelberg.

XII

Il y avait dans notre wagon six ou sept bons et braves
Badois que le vin rendait fort bavards. Tous vêtus de noir,
tous costumés comme des quakers, tous riant et jasant à
qui mieux mieux. Ils causaient bruyamment et leurs éclats
de voix faisaient trembler les vitres. La langue allemande
prenait, de la façon dont ils la prononçaient, des allures
rabelaisiennes. De temps à autre, quelqu'un d'entre eux
risquait, en français, quelque bonne plaisanterie salée.
Cette grosse bonne humeur, d'ailleurs communicative,
me faisait songer à la joviale ébriété des videurs de
hanaps d'autrefois. Or, ces braves gens si fort égayés
étaient tout simplement des pasteurs qui revenaient d'une

conférence. L'explication des textes n'avait pas été sans être arrosée. Rien n'altère comme une controverse. Ils s'arrêtèrent à Carlsruhe et le premier qui descendit réveilla d'un coup de pied un de ses compagnons endormis, lequel lança énergiquement une bordée de ces jurons germaniques interminables. Ils se prirent tous par le bras et s'éloignèrent. Je suivais des yeux le groupe mal affermi, qui savait par cœur, je gage, les *Propos de table* de Martin Luther.

Carlsruhe, Carlsruhe *la jeune*, comme on l'appelle, est bien la plus froide et la plus ennuyeuse des villes. Figurez-vous Versailles, moins l'herbe des pavés, un Versailles sans grandeur et sans souvenirs. Ces grandes rues droites, ces ornements pseudo-classiques, cette ennuyeuse uniformité feraient naître le spleen chez un Espagnol. Point de vie, un calme mortel et mortuaire, de rares passants tout étonnés de leur hardiesse. Comme cette petite capitale doit être jalouse de Bade, sa rivale ! La seule qualité de Carlsruhe, c'est son calme : pas un nuage ne doit passer sur le front de ses habitants, et nul malheur, je le parierais, ne se tapit à l'angle droit de ses rues.

Nous avions vu, en passant devant Rastatt, les soldats prussiens en faction et, sur ma foi, la main sur la gâchette de leur fusil, devant les fossés de la citadelle, remplis d'eau comme en temps de guerre. Image de la défiance et de la paix armée ! A Bruchsal, si nous étions demeurés plus longtemps, nous aurions pu trouver, au pénitencier que bâtit Hübsch, il y a quelque vingt ans, un échantillon agréable du système cellulaire, ce barbare système, cette torture sans le tourmenteur, ce supplice sans le bourreau.

Il y a des mots qui réellement gâtent les plus beaux paysages. Vous avez beau regarder les champs ensoleillés, le ciel bleu, les croupes sombres de la Forêt-Noire, la seule pensée de cette eau belliqueuse qui croupit dans les fossés de Rastatt vous irritera contre ces braves gens, qui croient devoir arborer contre nous une attitude menaçante ; — et la seule pensée du *Zuchthaus* (pénitencier) de Bruchsal vous empêche de contempler à votre aise, en artiste, en *aficionado*, le paysage qui vous entoure. Mais de Bruchsal à Heidelberg, l'impression mauvaise a le temps de se dissiper !

Je l'avoue, quand le crieur du train jeta à la portière ce nom magique : *Heidelberg*, je mis une grande hâte à m'élancer hors du wagon. Heidelberg ! Le château en ruines, l'université, les étudiants, le moyen âge, les soldats de Turenne, les électeurs et les francs-juges, tout cela subitement évoqué, tout cela visible, palpable, tout cela dans ce nom seul.

Nous voilà entourés de guides, de cochers, de garçons d'hôtel, de commissionnaires. On nous arrache nos bagages des mains. On tient absolument à nous faire monter dans un *droschken*, un droschken qui, malgré son nom pittoresque, n'est qu'un abominable fiacre. Un passant, un Français, veut bien nous prévenir qu'il y a deux routes pour se rendre au château et que la route des piétons, impraticable pour les voitures, est de beaucoup la plus charmante. En route, donc ! Heidelberg est bâti sur une montagne assez abrupte, assez haute, et la visite au château est à peu de chose près une escalade. Mais, que de tableaux ravissants et paisibles entrevus en chemin, quelle physionomie patriarcale et cette fois vraiment germaine à cette rue étroite, où les pavés se dressent hargneux. Les vieilles enseignes gothiques grincent à leurs tringles de fer, les petits miroirs-espions étincellent aux fenêtres comme des miroirs aux alouettes, des cages de papier se balancent avec un petit serin en carton, les fenêtres, garnies de plomb et de rideaux en percale, s'entr'ouvrent et laissent voir quelque intérieur reluisant de propreté, avec des tableaux de sainteté ou des trophées de chasse, des verreries de Saxe et des sculptures de la Forêt-Noire. De temps à autre, quelque figure de gamin joufflu, quelque visage plein de santé d'une jeune fille se penche à la fenêtre et se rejette en arrière, riant parfois, et montrant les étrangers en disant :

— Des Anglais !

Dès l'entrée, j'avisai des inscriptions latines attachées aux arbres. Les chemins étaient indiqués dans la langue de Cicéron.

Mais on a bien le temps de regarder des étiquettes quand on va contempler un château comme celui d'Heidelberg! Spectacle grandiose, celui-là! Quand, après avoir descendu quelques marches, on se trouve tout à coup dans cette vaste cour, envahie par le lierre, les arbustes, les herbes hautes, en face de ce monument écroulé, de cette grandeur déchue, de ce luxe effacé, de cette splendeur rayonnante encore dans sa ruine; on s'arrête, tout à coup muet; les yeux se fixent, éblouis, sur ces statues, sur ces arcades, sur ces sculptures; la pensée s'arrête effrayée devant cette ruine, devant ce meurtre, devant ce deuil.

L'imposante masse du château se dresse avec ses plaies

et ses blessures, avec ses étonnements et ses grandeurs;
le granit rouge se détache sur le ciel, comme encore calciné par l'incendie, et l'on n'ose faire un pas en avant,
de peur de se heurter contre les habitants naturels de ce
tombeau, contre des ombres. Cette banalité inévitable et
profonde vous revient à la pensée : *Si les pierres pouvaient
parler !* Si chacun de ces débris avait une voix, disait son
mot, jetait son cri, quel concert épouvantable de fanfares et de misères, de triomphes et de tortures, d'abjec-
tion et de grandeur ! Depuis que Conrad de Hohenstaufen
posa la première pierre de ce palais, chaque électeur
ajouta une tour, une richesse, une nouvelle splendeur.
Tous les siècles ont mis ici leur signature, et tous les
grands artistes peut-être y ont marqué leur place. Michel-
Ange, dit-on, a tracé le plan de la partie la plus splendide.

Mais au milieu de ces merveilles, merveille plus surprenante, rayonne, pour ainsi dire, le palais d'Othon-Henri.
Rinceaux élégants, architecture délicate, toutes les séductions d'un art qui se transforme, de cet art qui s'éveille,
qui cherche, qui va du paganisme au christianisme, de
Diane à la Vierge, de Jésus à Jupiter, et qui s'appelle la
Renaissance.

Les belles heures qu'on passerait là, absorbé dans ses
pensées muettes, assis sur quelque pierre de la cour, débris de muraille que la bombe a jeté là ! Que de rêveries
tristes, que de songeries profondes si ces ruines n'étaient
pas envahies chaque jour par des légions de visiteurs
curieux, souvent ignorants, à qui le sens de ces grandeurs déchues échappe, et qui regardent le vieux palais
en ruines comme ils regarderaient une décoration d'opéra !

11.

Je me heurtais, à chaque pas, contre un troupeau de jeunes enfants, conduits par le pédagogue, et qui nous regardaient passer avec cet éclair patriotique propre aux prunelles germaines toujours prêtes à foudroyer l'étranger. A la porte d'Élisabeth, le troupeau stationnait ; nous le retrouvâmes à l'entrée du palais de Louis, à la grosse tour, au Rupprechtsbau, partout. Évoquez donc la poésie des ruines en présence d'un clan d'écoliers échappés ?

Et pourtant la mélancolie du lieu vous pénètre, vous conquiert, en dépit des passants, des visiteurs et de la foule. Palais du deuil, où les tours effondrées, lézardées du haut en bas par l'explosion de la poudre, s'enfoncent brutalement dans les tours, leurs voisines, et les éventrent sans pitié ; palais de la destruction, où la grosse tour, écroulée de la base au faîte, attire comme un gouffre, avec ses pieds envahis par le lierre, et son vaste point de vue du Neckar, jaune et boueux, coulant au milieu d'une vallée plate ; palais de la mort et du mystère, où les statues blessées, décapitées, stigmatisées, semblent menaçantes encore, où, quand on demande le nom des architectes de ces chefs-d'œuvre successifs, l'écho répond : Point de nom ! qui sait ?...

Et tant de grandeur sert de but d'excursion aux bourgeois en tournée ! Dans le palais de l'électeur Robert, qui fait tristement face au palais de Louis, on a ramassé quelques débris d'armures, des sabres et des poignards souillés de rouille ; sur une table, des photographies du château. On emporte un souvenir de cette visite, et le portrait-carte de la Tour fendue prend possession d'un feuillet d'album, entre la ballerine et le chroniqueur à la mode.

Qui eût prédit à Frédéric I⁰ le Victorieux le sort de la tour qu'il faisait construire? Plus loin, dans l'endroit du château où les cachots, les poudrières, les casemates étaient jadis, rien aujourd'hui que l'humidité, l'abandon, les murailles nues; la salle des gardes, déserte; la cuisine, où l'on faisait cuire des bœufs entiers, abandonnée; la salle d'audience, dont les cheminées sont encore intactes, où l'œil peut reconstruire des panneaux, des boiseries, des tableaux, des merveilles, la salle où la foule dorée, titrée, insolente, des électeurs, des courtisans, des généraux, tournoyait comme à Versailles sur des talons rouges, déserte encore, — et le lierre envahit cet autre Versailles. Éternelles leçons de l'histoire!

La chapelle, mieux conservée que le reste, garde encore quelques tableaux d'un genre rococo odieux à l'œil; des portraits d'électeurs en perruques monumentales grelottant au milieu de cette façon de grange, dont des poutres soutiennent le plafond. Sur l'autel dédoré on a placé des boulets énormes, trouvés dans les ruines, boulets français qui servirent à décapiter peut-être les statues du palais d'Othon-Henri. La chapelle arbore des guirlandes de lierre, et des drapeaux et des rosaces de fleurs fanées, appendus là en l'honneur du roi de Prusse, qui vint, je crois, visiter Heidelberg il y a deux ou trois ans, et ces débris d'hier ont l'air plus tristes que les ruines elles-mêmes.

— Maintenant, dis-je à la jeune fille qui nous conduisait, faites-nous voir les caves!

Les caves! Cette merveille et cet étonnement! Le fameux tonneau! le classique tonneau, le tonneau célèbre!

La jeune fille sourit et nous ouvrit les portes de la cave. Peut-être était-ce pour neutraliser l'odeur humide des caveaux, mais cette jeune Allemande avait cru devoir oindre ses cheveux de la pommade à l'odeur la plus pénétrante si bien que le souvenir de la grosse tour de Louis V ne me revient jamais que parfumé d'une déplorable odeur de benjoin. Revenons aux caves. On traverse une galerie sombre, on descend à droite quelques marches glissantes, et l'on se trouve en face du grand et du petit tonneau. Ne vous fiez pas à ce mot de petit. Ce petit tonneau-là désaltérerait un régiment. Il est petit, par comparaison, petit à côté de cette tonne gigantesque, qui ferait la joie de Grangousier et de Gargantua. La grosse tonne d'Heidelberg, un monument, un monde, un microcosme! une tonne qui contient 283.000 bouteilles de vin, une tonne qui ressemble à un navire, une tonne sur laquelle on a dansé, l'électeur et toute sa cour, une tonne qui a eu pour tonnelier un architecte, et qui a un fronton comme une maison, et des armes comme un palais. D'ailleurs, le tonneau superbe parle peu à l'imagination ; il évoque bien, il est vrai, toutes les pensées de fêtes cyclopéennes et d'orgies colossales. Mais on compte le nombre de fois qu'il fut rempli. C'est un tonneau de luxe, un inutile tonneau, qui ne vaut même point ces tonneaux minuscules que Gulliver avalait par centaines à ses repas !

Au moment où nous nous retirions, notre guide odorant nous désigna du geste une espèce de fantoche, moitié Punch et moitié Prudhomme, qui se tenait debout sur un socle, auprès d'une pendule en bois, pareille aux *coucous* de la Forêt-Noire. Le fantoche est en bois lui-même, et c'est la statue, grandeur naturelle, d'une façon de nain qui vivait à la cour du palatin Charles-Philippe et y remplissait l'emploi de bouffon. Malin comme un singe, rusé comme un renard, gourmand comme Lucullus, ivrogne comme Noé, il s'appelait Perkeo, et entretenait sa verve en buvant chaque jour quinze doubles bouteilles de vin du Rhin. Il allait, avec son habit bleu et son gilet rouge, son chapeau galonné, ses souliers à pont, gambadant et gaminant à travers ces ruines alors somptueuses, et le bouffon apostrophait les grands seigneurs, les grandes dames et les guerriers fameux, et jusqu'aux demi-dieux de la façade d'Othon-Henri, en leur disant peut-être qu'il durerait, lui bouffon, plus qu'eux tous ! Et les noms de ceux qui construisirent ce palais, l'Alhambra de l'Europe a-t-on dit, demeurent ignorés, tandis qu'on vous montre l'horloge en bois, à côté de la statue de Perkeo, en vous disant : Voici l'œuvre de Perkeo ! Et quand on veut tirer certaine ficelle qui pend sous l'horloge, un ressort joue, le cadran s'ouvre, et une grande queue de renard vient vous souffleter brusquement. Passant, c'est une bouffonnerie posthume de cet éternel bouffon, Perkeo, l'illustre ivrogne !

Nous descendions la pente rapide qui ramène vers la ville, en songeant à Mélac et de Lorges, à ces Français qui firent une telle ruine d'un tel chef-d'œuvre. Infernale sauvagerie de la guerre, brutalité de la force, sottise de la foudre et de la flamme ! Puis il se trouvera des gens pour expliquer, pallier, excuser l'incendie du Palatinat ; la férocité du fait aura ses avocats et ses défen-

seurs, la dévastation ses panégyristes... Ruines éloquentes, protestez de toutes vos blessures et de toutes
vos misères contre la force et la violence ! Il y a justement
cent ans, Charles-Théodore voulut faire reconstruire le
château d'Heidelberg. Mais un jour, le 23 juin 1764, la
foudre tomba sur les constructions nouvelles et l'œuvre
de Charles s'écroula. Le feu du ciel voulait qu'on respec-
tât le feu des hommes. Et la foudre avait raison. Cette
ruine parle à l'œil de l'artiste, à l'âme du penseur. Elle
charme, elle éblouit, elle étonne, elle indigne. Qu'importe
une résurrection stérile d'une merveille morte, mais
grande encore dans son linceul ? Ruines superbes, ruines
éloquentes, restez ainsi saccagées, écrasées, violées, et
protestez de toutes vos blessures et de toutes vos misères
contre la force et la violence !

Le chemin du château à Heidelberg est parsemé de
marchandes de fleurs, qui attachent malgré toute résistance leurs roses à votre boutonnière et vous extirpent vos
fractions de thalers. Bon nombre d'étudiants s'en vont,
Kant ou Creuzer sous le bras, étudier sur la terrasse du
château. Sous le rapport universitaire, ma curiosité de
touriste devait éprouver une complète déception. Je connaissais Heidelberg comme tous les Parisiens le connaissent, par les romans et les drames, et mon imagination
peuplait volontiers les rues de la ville de pittoresques
jeunes gens, en petites jaquettes à brandebourgs, à casquettes provoquantes et à bottes molles. *Léo Burckart* de
Gérard de Nerval me semblait, en ce sens, un spectacle
sans controverse. Je dois avouer que je me trompais complétement. Heidelberg, il est vrai, possède bien, comme il

est dit, une Faculté de droit et de médecine, mais les étudiants n'ont ni bottes molles, ni jaquettes à brandebourgs, ni casquettes élégantes. Ils se promènent simplement vêtus, comme tout le monde, le paletot taillé sur les patrons de la Belle-Jardinière, pantalon de couleur claire, cravate rose ou bleue irréprochablement attachée au col-carcan par une épingle, le gilet sans plis, les manchettes coupant la main en deux, le lorgnon à l'œil, les cheveux très-sérieusement séparés par le milieu et ouvrant un chemin de l'occiput au sinciput, les bottines vernies, gravures de modes ambulantes. Une odieuse façon de calotte à ruban vert et blanc, ou noir et blanc, ou tricolore, je ne m'en souviens guères, leur couvre le front et se tient par miracle sur leurs yeux, grâce à un cordon qui s'attache délicieusement sous le nez. Quelques-uns portent en sautoir un cordon aux couleurs ci-dessus, les couleurs de leur université sans doute. Les plus élégants ou les mieux gradés, je l'ignore, ajoutent à leur calotte, épaisse comme une galette bretonne, un gland ou une aigrette d'or. Bref, tous s'attachent à bannir ce que les romantiques appelaient avec raison la couleur locale. On me dit qu'ils reprennent le costume traditionnel dans les occasions solennelles, mais je n'ai pas joué de bonheur. Ce qui n'empêche pas les étudiants d'être de très-braves et très-savants jeunes gens qui, sans doute, s'occupent un peu plus de leurs cours et de leurs études — quoi qu'en disent les romans et les drames perfides — que de leurs duels à la rapière et de leur bière bavaroise.

Manheim est la première station importante sur la route d'Heidelberg à Francfort. L'œil s'arrête sur les poteaux rouge et blanc et les guérites zébrées des mêmes couleurs. La mode est, en Allemagne, de faire ressembler les barrières à des mirlitons. Deux pelotons de soldats vont à l'exercice. Des marchands de fruits présentent des pêches à la portière des wagons. Il fait une chaleur méridionale et notre compartiment tout entier s'endort philosophiquement.

On entre dans le grand-duché de Hesse-Darmstadt. A Darmstadt, le train s'arrête assez longtemps pour laisser apercevoir la rue du Rhin, irréprochablement tirée au cordeau, la rue du Rhin, vierge de passants, la rue du Rhin, envahie par le soleil, et plus loin je ne sais quelle place, au centre de laquelle la colonne de grès rouge, élevée en 1830, au grand-duc Louis Ier, étend son ombre rectiligne, comme une aiguille solaire sur son cadran.

Les poteaux rouge et blanc deviennent blanc et noir. Les soldats continuent à faire l'exercice.

En arrivant à Francfort, dès le premier moment, on se sent dans une ville prospère et riche. Des équipages armoriés stationnent à la gare, à côté d'omnibus minuscules qui font le service des hôtels. Les maisons sont hautes et propres, et de leur amas émergent les clochers des églises. Je me donnai la satisfaction de loger dans la *rue des Millionnaires*. C'est une rue hospitalière qu'on devait fatalement rencontrer dans la patrie de Rothschild. A deux pas de mon hôtel, sur le Roosmarkt, je pouvais voir le monument des trois inventeurs de l'imprimerie, Gutenberg, Fust et Schœffer. La place de Gœthe, avec ses arbres semi-vigoureux, semble continuer le Roosmarkt. Au centre s'élève la statue de Gœthe, œuvre de Swan-

thaler, que Gérard de Nerval trouva fort belle et qui me
semble passablement lourde. Cette tête de Goëthe est
pourtant digne du ciseau, belle et froide, les traits accen-
tués et énergiques, le nez fin, l'œil d'un voyant. Mais
le sculpteur a voulu trop prouver; au lieu de dresser
cette statue noblement et de la dégager de ce je ne sais
quoi de bourgeois que donne le costume moderne, il a
appuyé Goëthe contre un tronc d'arbre, en lui prêtant
l'attitude d'un boutiquier épris de lord Byron qui veut se
faire peindre en Childe-Harold. Puis le manteau a je ne
sais quoi de pesant qui choque, la figure n'a rien de cet
éclat divin qui illumine. J'aime beaucoup mieux les bas-
reliefs du piédestal représentant les attributs du génie
de Goëthe et ses créations principales. Le drame, la poésie,
la philosophie, ces trois idéales maîtresses de ce grand
homme, sont là; on a oublié la science qui n'est pas
une des moindres facultés de Goëthe. Puis, tout autour,
rayonnent Faust rêveur et Méphistophélès grimaçant,
Goëtz de Berlichingen dans son armure, Mignon et Wi-
lhelm Meister, la fiancée de Corinthe, et le Tasse, et le roi
des Aulnes emportant l'enfant glacé dans ses bras..... En
vain ai-je cherché Werther, je ne l'ai point trouvé dans ce
groupe choisi de créatures divines. Ces deux jeunes gens,
l'un sur l'autre appuyés, lui souriant, elle rougissant, ce
n'est point Werther, ce n'est point Charlotte, c'est Hermann qui tout à l'heure appuyé sur la margelle de la fontaine souriait à Dorothée dans « *le miroir azuré du
cristal limpide.* » Le pauvre Werther est exilé de ce piédestal de triomphe. Si nous étions en Angleterre, je saurais
bien pourquoi. Werther est un suicide et le coroner au-

rait grande envie de lui faire un procès en attentat contre les personnes, mais l'Allemagne a plus de vertu. Werther n'a pas été chassé, seulement oublié. Au reste, j'ai remarqué déjà que cette œuvre passionnée, qui nous charme encore et nous émeut beaucoup, est en Allemagne la moins appréciée des œuvres de Goëthe. Nous proclamons beau, par-dessus toutes choses ce qui doit avant tout plaire à notre tempérament, sans nous inquiéter de l'opinion qu'ont de l'œuvre adoptée par nous, les compatriotes de son auteur. Et en cela nous n'avons pas tout à fait tort. Mais les étrangers, qui ont d'autres passions et d'autres idées que nous, se sentent surtout attirés par les idées et les passions qui leur conviennent davantage. Or les Allemands, habitués aux plus hautes spéculations de la pensée et aux plus hardies, lorsqu'il s'agit de philosophie religieuse et de recherches historiques et scientifiques, tiennent surtout à se distraire lorsqu'ils abordent le roman, et cela explique le succès inouï des romans de Paul de Kock et des pièces de M. Scribe. *Werther* a eu sa vogue extrême, mais *le Divan*, mais *les Affinités*, mais les dernières œuvres de Goëthe surtout l'ont quelque peu effacé ; pour nous, il n'en est pas moins resté la personnification suprême de Goëthe. L'erreur fortement enracinée ne finira pas de longtemps. Non, non, Werther ce n'est point Goëthe, ou plutôt c'est Goëthe jeune, ardent, naïf, croyant, aimant, passionné.

Un jour, un jeune homme, indécis, ennuyé, hésitant, s'arrêta au bord de cette petite rivière de la Lahn, qui coule dans la plus délicieuse vallée du monde. Il portait dans l'âme l'inconnu, un monde peut-être, peut-être rien que la fièvre et le désordre. Comment savoir si son trouble était une vocation, sa voix secrète, une voix d'en haut, sa fièvre du génie ? Il s'arrêta, écouta et regarda couler la petite rivière et l'interrogea doucement. Tout a sa voix, hommes et choses. Le flot doux, l'eau limpide, le saule attristé, le glaïeul riant, tout répondit à l'inconnu : — Tu es poëte ! Il releva le front, remercia la petite rivière et au premier passant qui lui demanda son nom, il répondit : — Je m'appelle Goëthe!... Il s'appelait Goëthe en effet, un an après. Un an après, il avait mis dans un livre point volumineux — un petit livre, disaient avec mépris les amis des gros tomes, — il avait mis toute son âme, et toutes ses fièvres, et toutes ses espérances déçues, et toutes ses douleurs cuisantes, et toutes ses larmes, et tous ses déchirements. Il avait fait Werther et il avait fait mourir Werther, parce qu'avec Werther, il tuait en lui toute passion qui ronge, tout l'amour qui assassine, tout ce qui trouble et affaiblit, parce qu'il étouffait du même coup le cœur de Werther et le sien, parce qu'il ne voulait pas qu'on le déchirât encore et que les Charlotte, sans le savoir, rongeassent le foie de Prométhée avec leurs baisers.

Avez-vous relu naguères cette dernière lettre que Werther écrit à Charlotte? Amertume, tristesse, amour, adoration, haine et sacrifice, il y a tout ; celui qui va mourir a mis dans cette lettre suprême son âme entière, sa foi, son dévouement et tout son cœur. Puis, la lettre écrite, Goëthe place un pistolet sur le front de Werther et Goëthe presse la gâchette. Le coup part, Werther est tombé et la jeunesse de Goëthe est morte. Maintenant surtout Goëthe sera Goëthe; il écrira des drames et des ballades et des mémoires contre la Révolution et des traités de physiologie et des poésies ciselées avec un soin étonnant, il traduira Racine et le surpassera, il étudiera Shakspeare et l'égalera peut-être, il aura des fièvres encore, mais les fièvres du penseur, du philosophe, du savant; il n'écrira plus Werther, il écrira Faust; il deviendra conseiller aulique, il se nommera le grand Goëthe, il conversera avec Napoléon et lui glissera quelques vérités dans l'oreille, il sera l'égal des rois, il survivra à Schiller, dont il aura l'honneur de faire jouer les pièces; il sera le point de mire de l'Europe et du monde; les plus illustres le visiteront comme l'illustre entre tous; on ne mesurera pas sa grandeur de peur de le trouver trop grand; il jugera tout et tous — injustement comme juge le génie; — on écoutera ses paroles, on étudiera son regard, on voudra analyser son geste et son surnom sera celui de Jupiter, l'*Olympien*; mais il ne sera plus le Goëthe de la vallée de la Lahn, mais il ne songera plus à Charlotte, mais il se laissera aimer sans aimer; mais il ne croira plus; mais il n'espérera plus peut-être; mais il s'endormira dans son immense orgueil; mais, aveuglé par son propre génie, absorbé dans sa froideur, il ne sentira plus son cœur de marbre palpiter de ces douleurs si chères qui faisaient battre la poitrine de Werther. — Goëthe est grand! Goëthe est roi! Goëthe est infaillible! — Ci-gît Goëthe!

La plus grande rue de Francfort et la plus belle, le *Zeil*, qui est une promenade à vrai dire, s'ouvre non loin de la Goëthe-Platz. Large et droite, avec des magasins superbes et vraiment surprenants de luxe, tel est

cette rue où toutes les boutiques vous sollicitent avec
leurs antiquités curieuses, leurs verreries de Tantale,
et leurs dentelles, et leurs livres contrefaits, et leurs gravures, et leurs tableaux. Au bout de la rue stationnent,
devant la porte du corps de garde des constables, des
soldats bavarois ou autres, leurs fusils belliqueusement
formés en faisceaux sur le trottoir ou appuyés contre les
fameux poteaux zébrés. Puis, comme contraste au luxe
tout moderne du *Zeil*, on s'enfonce dans une série de
carrefours aux maisons vieilles et surplombantes, avec
pignons et poutres en saillies, boiseries grotesquement
sculptées, toits noirs et luisants aux ardoises arrondies
semblables à des écailles de poissons. Il fait bon alors se
promener de côté et d'autre dans ces ruelles étroites,
souvent boueuses et encombrées, à rêver moyen âge,
mieux que cela, à vivre de la vie d'autrefois, en pleine
ville du XVI° siècle. Ces ruelles nous conduisirent à une
des portes de Francfort, la porte Friedberger, où s'élève
le Monument des Hessois. Ce n'est point du tout le patriotisme, comme on pourrait le croire, mais le goût qui
m'obligèrent à rire de bon cœur en face de ce monument
formé d'un casque grec, d'un *glaive* et d'une peau de lion
reposant sur des rochers; hilarité mal placée, puisque
cette « œuvre d'art » a été élevée à la mémoire de quelques Hessois qui s'étaient, je crois, révoltés contre l'armée française, alors maîtresse de Francfort, et que Cus-
tine ordonna tout net de fusiller.

Près de là, les anciens fossés de la ville, transformés
en promenades charmantes, nous tendaient leurs allées
ombreuses, leurs lacs chargés de cygnes, leurs bancs de

bois aux pieds des arbres. Mais on ne va pas à Francfort pour rencontrer le bois de Boulogne, les maisons des Champs-Élysées et les bonnes en colloque avec les militaires, sous les grands marronniers. Ces allées ressemblent fort à celles du Bois de Boulogne, aussi parfaitement élégantes et ratissées, et les cygnes sont aussi blancs que les nôtres, quoiqu'ils nagent dans des lacs vaseux et verdâtres. Francfort a d'ailleurs plus d'un point de rapport avec Paris. Son animation d'abord et son luxe, puis, disons-le, ses omnibus. Le modèle, la disposition, tout est exactement semblable aux nôtres. Voilà, je l'espère, un aimable échange international.

On donnait au théâtre le *Don Juan* de Mozart. Je me rappellerai toujours la figure surprise du garçon d'hôtel lorsque je lui demandai le chemin du théâtre. — Mais il est les *trois quarts pour dix heures!* fit-il. En Allemagne le théâtre commence à cinq heures et finit à neuf. Nous sortîmes. La place de Goëthe était déjà plus déserte et plus sombre que la place Royale à deux heures du matin. La journée était finie à peine, et Francfort dormait, ou plutôt Francfort, enfermé, cloîtré, près de la table de famille, mangeait, causait, fumait, chantait ou faisait de la musique. Les jeunes gens mettaient toute leur âme dans les *lieders* qu'ils murmuraient en compagnie des jeunes filles. Les brocs de bière circulaient et les fumeurs aspiraient leur tabac dans des pipes à tuyaux de merisier. Tout était calme, et bientôt on allait se séparer, et les jeunes gens allaient serrer l'index des jeunes filles en leur récitant un ou deux vers de Klopstock, peu faits pour troubler l'âme bleue des femmes aux yeux de pervenche.

Et cependant Paris étincelait de tous ses feux, on s'étouffait sur les boulevards encombrés de passants et de voitures, et, dans les théâtres de musique, le finale du premier acte n'était pas encore chanté !

Si Francfort possède une rue des Millionnaires, toute parisienne et marquée à un millésime rapproché, il a la rue des Juifs, véritable carrefour des siècles passés. Point de description ; il faut la voir, il faut voir ces maisons bossues, hautes et aiguës, ventrues et lézardées, ces portes étroites et sombres, ces fenêtres à petits carreaux de plomb où, parmi des haillons apparaissent quelques têtes hébraïques, dignes de servir de modèles à Rembrandt. Puis, des vieilles échappées des toiles cruelles de Goya, des vieillards à carricks jaunes ; à travers ces misères des hommes vêtus d'amples houppelandes de velours. Dans un coin, faisant saillie, la maison où naquit la famille Rothschild. C'est, je crois, celle qui porte le numéro 153. Une autre qu'on a dotée d'une inscription pour annoncer que le poëte Ludwig Bœrne y naquit, Bœrne, cet autre Henri Heine pour l'ironie et pour la destinée.

Le Rœmer n'est pas éloigné de la *Judengasse*. C'est l'hôtel de ville de Francfort et on y conserve la bulle d'or qui l'éleva au rang de ville de couronnement. Un suisse rouge à chapeau monumental se promène gravement à l'intérieur. Il voulut bien nous indiquer un escalier à rampe Louis XIII dont les plafonds sont illustrés d'odieuses peintures mythologiques et qui conduit à la salle des empereurs. On nomme ainsi cette salle à cause de ses portraits des trente-deux empereurs d'Allemagne, tous peints dans une niche séparée, les uns farouches dans leurs armures sauvages, les autres ennuyés dans leurs costumes modernes. Le guide a bien soin de vous faire remarquer cette particularité que la salle, construite depuis longtemps, n'avait que trente-deux niches, et que l'empereur François, le dernier des empereurs d'Allemagne, celui qui clôt tristement la liste sur ces murailles, était précisément le trente-deuxième empereur.

Cette *salle des Empereurs* n'a rien de fort remarquable, mais on lui prête une grandeur imaginaire, quand on songe que du haut de ces fenêtres le nom du nouvel empereur d'Allemagne était jeté au peuple assemblé devant le Rœmer. L'élection avait lieu dans *la chambre d'élection*, qu'on montre à côté du Kaisersaal. Hélas! cette chambre d'élection n'a rien conservé de la poésie superbe qu'on imagine, et à cette même place où l'archevêque de Mayence présidait le conseil des électeurs, le sénat patient de Francfort tient ses séances endormies dans des fauteuils pareils à ceux où les employés de bureaux gagnent peu à peu l'ankylose, et devant qui de modestes crachoirs tendent leur sciure de bois. Plus de blason électoral, plus d'écus de l'électeur Palatin ou de l'archevêque de Cologne, de Brunswick ou de Bavière, appendus aux murailles, mais d'horribles fresques du XVIIIᵉ siècle, des Amours verdâtres, joufflus comme les cadavres de la Morgue, une fade odeur d'ennui et l'apparence de l'immobilité. Tribune toute-puissante de la Chambre des Lords, stalles imposantes de Westminster, où les pairs viennent librement débattre les intérêts du pays, où êtes-vous? Ce sénat de Francfort a le bourgeois aspect d'un cercle

de vieillards, où l'on joue aux échecs autour d'une table
garnie de bougies à abat-jour verts.

En face du Rœmer est la nouvelle Bourse, un bâtiment
mauresque, dont l'architecture jure quelque peu avec les
maisons qui l'entourent. On a cru l'orner en le garnissant
de statues représentant, ce semble, le Commerce, l'Industrie et les quatre parties du monde. Je crois me rappeler
que l'Amérique est figurée par une jeune femme costumée
comme Méloë, dans les *Incas* de Marmontel. Amérique
libre et fière, que dirais-tu de cette image ? Ce quartier
est vraiment le quartier curieux de Francfort. On arrive
en quelque pas à la cathédrale, au *Dom*, comme on dit
en Allemagne, à cette église fort ancienne, assez mal
entretenue, et où le visiteur s'arrête devant les tombes
coloriées de la famille de Holzhausen, merveilles étranges de sculpture polychrome, où les morts, raidis sur
leur pierre, les mains croisées, les yeux clos, semblent
animés encore des couleurs de la vie. Cette cathédrale aux
murailles un peu nues, n'a pas été garnie, comme la
plupart des autres églises allemandes, de ces triom-
phantes et déplaisantes architectures du xviie siècle qui
choquent, avec leur marbre noir ou blanc, dans ces
temples du moyen âge. On peut se figurer quel tableau
enluminé, historié, éblouissant, offrait le spectacle d'un
couronnement en levant les yeux sur ces brassards
étincelants, ces écus hauts en couleur, ces morions fantastiques, ces casques ailés ou cornus, qui demeurent
encore accrochés aux murailles de l'église, derniers souvenirs, derniers vestiges d'une époque disparue.

La cathédrale est entourée de marchés, et non loin de

là, recouvert d'un toit de zinc, est un bizarre calvaire représentant le Christ entre les deux larrons. Le Christ
mort, le bon larron résigné sur sa croix expiatoire,
le mauvais larron, costumé en bandit du xvᵉ siècle, avec
manches à crevés, toque empennée, reître échappé des
toiles d'Albrecht Dürer, se tord et blasphème, et rend
l'âme dans un dernier juron. Le moyen âge ne craignait
pas plus que Virgile les anachronismes. Il donnait au bon
larron le costume de son temps. A l'intérieur du Dom,
n'avais-je pas vu un instant auparavant le Christ sortant
du tombeau au milieu de soldats endormis, pareils aux
soldats des camps de Rodolphe de Habsbourg ?

Non loin de là est la boucherie, un coin épique, impossible, fantastique ; le sang dans les ruisseaux, des
ruelles resserrées garnies de victuailles, d'agneaux sanglants, de bœufs écorchés et d'interminables guirlandes
de grosses saucisses et de boudins jaunes. Rembrandt eût
aimé ce coin superbe de hideur, qui me faisait songer à
cette rue à descente rapide que Limoges appelle aussi la
boucherie, et où l'on risque fort de glisser sur les tripes
fumantes ou de se heurter contre les moutons frais égorgés.

J'étais entré dans un bureau de tabac et la figure du
marchand, qui m'avait vendu quelques objets d'ambre,
me plaisait complétement. Nous causions. Et sans mauvais sentiment de patriotisme mal entendu, il m'expliquait d'où venait l'humeur lente et lourde de ses compatriotes. — Que voulez-vous ? disait-il. Les jeunes gens
fument tout le jour durant, de longues pipes compliquées,
qui ne sont autre chose que des alambics à nicotine et,
par un excès de sybaritisme, ils mettent à l'appareil un

tuyau de merisier sauvage, de merisier à kirsch, qui contient, vous le savez, de l'acide prussique. Le goût amandé de cet acide leur plait infiniment, et tout douce- ment ils s'intoxiquent avec ce double poison. Je sais bien qu'ils noient la nicotine dans des flots de bière, mais ils ne s'en trouvent pas moins alourdis et empoisonnés.

Le raisonnement était étrange dans la bouche d'un Allemand et d'un marchand de tabac.

Je lui en fis l'observation. Il sourit et me dit assez finement :

— Je sais que nous avons la réputation mal méritée de n'entendre jamais raison. L'amour de notre patrie nous entraine parfois à la défendre un peu trop vivement, je ne l'ignore pas, et nous tenons beaucoup à nos gloires na- tionales. L'ironie n'est pas notre humeur. Nous n'avons pas, comme vous, des traits spirituels mais méchants pour tout ce qui s'élève, et nous respectons beaucoup les gens qui sortent un peu de l'ordinaire, parce qu'ils sont rares, ici comme partout. Mais nous ne manquons pas d'esprit, quoi que vous en disiez, et Henri Heine, dont vous vou- lez absolument faire un Français, serait là pour prouver le contraire. Nous avons le caractère appesanti, soit, mais nos raisonnements sont solides et mûris, nos actions point à la légère. Plus hardis que vous bien souvent; le docteur Strauss avait déjà publié la *Vie de Jésus*, que vous étiez encore à attendre M. Renan. Seulement, notre philosophie n'est pas sceptique et frivole comme la vôtre. Notre doute lui-même est religieux; notre néga- tion est pleine de foi. Le rire de Voltaire nous ferait peur. Affaire de tempérament. Puis, l'ironie légère, le mot

mordant, la discussion ailée, sont bien faits pour votre
société, incapable d'une attention bien grande, et qui
demande chaque jour du nouveau, n'en fût-il plus au
monde. Nous, au contraire, habitués à voir le fond des
choses et à creuser toutes les questions, de façon même,
je l'avoue, à les rendre souvent trop profondes, nous
demandons des recherches patientes, des assertions entourées de preuves, et pour ainsi dire un diplôme de philosophe. Cela nous arrête et ralentit notre marche. Toute
chose devient chez vous de l'action et se réduit au fait,
tandis qu'elle demeure chez nous de la spéculation et de
la pensée. Nous vous envions bien souvent, et nous re-
grettons de n'avoir ni votre vivacité ni votre entrain.
Mais changerions-nous contre ces qualités, notre patience
et notre continuité d'idées ? C'est là la question (et il citait
Shakspeare en anglais). Nous avons ensuite la franchise
d'accepter bien souvent votre supériorité et le courage
d'apprendre votre langue. Il y a à Francfort maintes
écoles où, pour six cents francs par an, on apprend
toutes choses aux enfants, les lettres et les sciences, les
langues anciennes et les langues vivantes. Interrogez la
plupart des passants, dix fois sur vingt, on vous répondra
en français. Voyons, avouez que si nous avons nos défauts, nous avons bien aussi nos qualités !

Je ne me rappelle jamais cette conversation avec un
simple marchand de tabac sans me faire cette question
indiscrète : Un allemand, causant en France avec un
vendeur de cigares, rencontrerait-il pareil raisonnement
et pareille instruction ? Combien y a-t-il de braves et
honnêtes bourgeois qui pourraient citer, tout en causant,

Alfred de Musset, comme mon marchand francfortois citait Henri Heine ? Je laisse la réponse à la bonne foi du lecteur. Une parenthèse. Heine, en allemand, se prononce *Haïné !* Nous trouvons cela tout étonnant. Léon Gozlan a écrit un jour cette jolie phrase : « Lord Byron, que les Anglais, » dans leur ignorance de la langue française, s'obstinent à » appeler lord *Baïronn...* » Nous croyons faire beaucoup de concession à la prononciation germaine en ne disant pas Go-ë-the, mais *Gueuthe* ; et quand nous entendons parler de *Gothe*, nous nous demandons très-naivement comment il peut se faire que les Allemands ne sachent point prononcer les noms de leurs grands hommes. Humilions-nous, car les étrangers consentent parfaitement à dire Racine ou Corneille, sans trouver à ces noms français une autre prononciation plus logique, plus britannique ou plus germaine.

Les bords du Mein, à Francfort, sont délicieux et la plus charmante promenade est une promenade sur les quais. On rencontre de temps à autre des ramoneurs portant une échelle, noircis des pieds à la tête, mais par contre le chef couvert d'un chapeau de forme haute, véritables muscadins de la suie et de la cheminée. Puis, de tous côtés, des commis, des courtiers suivis de leurs échantillons, des négociants en voiture, leur calepin à la main, tout le mouvement d'une ville commerciale. Des soldats en grand nombre, des soldats prussiens, des soldats autrichiens, des soldats bavarois, toute la milice de l'Allemagne ; les Autrichiens regardant les Prussiens de travers, et les Prussiens redressant leur taille devant les casaques blanches des Autrichiens. Sur une petite place, devant le

Zeil, la musique joue chaque après-midi, avec une précision suprême, des airs militaires et les « mélodies » d'Offenbach. Quand la musique autrichienne joue, les Prussiens font cercle et ricanent. Quand joue la musique prussienne, les Autrichiens accourent et haussent les épaules. Rêvons l'unité de l'Allemagne!

Çà et là, quelques statues encore, une statue dorée de Schiller, une statue de Charlemagne, en grès rouge, assez mesquine; de monument de côté et d'autre, et sur la bibliothèque de la ville une inscription latine où un élève de huitième découvrirait un solécisme : *Studiis libertati reddita civitas* au lieu de *Studiis libertate reddita civitas*. Il faut tout remarquer, surtout dans cette Allemagne où le latin, dit-on, est banal comme le tudesque. Il y a bien aussi le musée Bethmann où l'on va regarder la chair rose de la statue d'Ariane par Dannecker, et le cimetière où les morts sont étendus dans la chambre, un cordon de sonnette entre les doigts; il y a la maison de Goëthe avec ses trois lyres surmontées d'une étoile, et le musée Stædel qu'on ne peut visiter que le samedi, ce qui est fort agréable pour ceux qui arrivent à Francfort le dimanche matin. Mais ce qui ferait prendre en haine Francfort, c'est Hombourg. Les affiches vous conseillent d'aller à Hombourg, les garçons d'hôtel vous demandent si vous n'irez pas à Hombourg; les journaux portent en capitales les beautés et les plaisirs de Hombourg. Hombourg ici! Hombourg là! Hombourg partout! Comme si Francfort n'avait pas sa loterie permanente, qui tient boutique au centre de la ville, sur le Zeil, comme si Baden-Baden ne nous avait pas guéris de la roulette!

XIII

De Francfort à Mayence. — Le grand évêque. — Les Mayençais. — Schiller.
— Wiesbaden. — Les bords du Rhin. — Les légendes. — Coblenz. — Une
citadelle. — Statistique. — L'esprit français et l'esprit russe. — Bonn.
Poppelsdorf. — Le patriotisme allemand. — Ludwig Borne. — Beethoven.
— Cologne. — *Fra Diavolo*. — Aix-la-Chapelle. — Charlemagne. —
Adieu, Teutonia !

Nous saluons d'un dernier regard la patrie de Goëthe
et nous partons pour Mayence. Je devrais dire pour
Castel. Mais Castel n'est qu'un faubourg de Mayence et
communique avec la ville par un immense pont de bateaux. Un paquebot fait à chaque arrivée de trains le
service de Castel à Mayence. Cette fois, nous arrivons
dans une ville fortifiée, avec des forts, bastions, ravelins,
une citadelle et des canons menaçants. Les soldats faisaient l'exercice de la baïonnette avec d'immenses bâtons
garnis de tampons et leur raideur se contournait pour
arriver à l'alacrité de nos chasseurs à pied. Mayence,
qui fut riche et puissante et dont les archevêques-

électeurs parlaient haut à la diète de Francfort, est aujourd'hui déserte et triste, avec ses grandes rues sans mouvement, ses places silencieuses et ses bastions menaçants. Les monuments en grès rouge, l'inévitable grès qui faisait croire à un voyageur qu'on passait les églises en couleur, abondent attristés. La cathédrale élève son dôme byzantin, montre orgueilleusement ses tombes épiscopales, toutes coloriées, armoriées, brodées en pierre, sculptées et dorées, où parfois le mort est représenté couché dans son armure que recouvre le manteau pontifical. Mais dans ce monument superbe tous les styles se croisent, fleurissent et se combattent, et près des pierres tumulaires du xIII^e siècle, aux inscriptions à demi effacées, les monuments de marbre du xvII^e siècle s'épanouissent avec leurs grandes statues en prières. Pauvre merveilleuse église, incendiée six fois, pillée et bombardée, transformée en grenier à fourrage par ces héroïques soldats de notre République, qui n'avaient foi qu'en leur courage, qui se nourrissaient de rats plutôt que de se rendre aux Prussiens, qui luttaient à la fois contre la mort par le fer et contre la mort par la faim, qui triomphèrent de leurs vainqueurs par leur opiniâtreté, et qui promenèrent avec leurs haillons l'énergique et farouche surnom de Mayençais.

Mayence a, comme Strasbourg, comme Francfort, sa statue de Gutenberg. Il naquit ici, il établit plus tard son imprimerie dans une maison que l'on montre encore. Les Mayençais ont aussi voulu élever une statue à Schiller, mais, cette fois, que la statue est au-dessous du modèle ! Cette tête inspirée, ce front large, ces longs cheveux, ce

profil à la fois délicat et fier, on n'a rien rendu de toutes
ces perfections. On n'a rien exprimé des douleurs de cette
belle tête souffrante. Il eût fallu donner à ce front, à
cette bouche un peu amère, à cet œil la double expression
du génie et du malheur. La noble tête à peindre! La
noble vie à raconter! Quelles luttes et quelles angoisses!
La persécution, la pauvreté, l'exil, les âpres souffrances
de la liberté terrassée, Schiller eut tout à supporter.
Frappé dans son amour, frappé dans sa mère, il souffrit,
il pleura, et dans cette âme divine la douleur ne s'aigrit
point; le dévouement, la bonté, la grandeur ne purent
s'altérer. D'abord irrité contre les tyrannies et les lâchetés,
il fit *les Brigands*, cette œuvre de colère, cette torche al-
lumée pour l'incendie; il demanda et conseilla la délivrance par la révolte; — puis, songeant à la fraternité qui
est le mot d'ordre divin, il se reposa un moment dans les
utopies généreuses, les saintes rêveries, les fières espérances, il donna sa voix et son âme à cet héroïque marquis de Posa, puis enfin, voyant qu'il ne se faut pas seulement dévouer, mais qu'il faut agir, il écrivit *Guillaume
Tell*; il chanta, cette fois, le patriotisme généreux, la
liberté sage et profitable, il dit son dernier mot et écrasant la torche des Brigands, parti de l'excès, il arriva à la
vérité, à la liberté, à la justice. Existence agitée, tourmentée, douloureuse, qu'il faut envier malgré ses mal-
heurs et plaindre aussi malgré ses triomphes.

Heureuses les villes qui peuvent évoquer un nom glo-
rieux, un grand souvenir! Wiesbaden n'est pas de
celles-là! Wiesbaden est une jolie petite capitale, défendue par quatre ou cinq soldats de Nassau, et qui n'en

est pas moins séduisante. Elle a un jardin féerique, avec des canards ravissants, qui se jouent dans les roseaux comme des cygnes, plus petits et plus blancs. Elle a des rues d'une propreté hollandaise ; elle a une église très-élégante, dont les deux clochers parallèles ressemblent à deux énormes carottes. Elle a son Kursaal, où l'on vous vend très-chers des bijoux en cailloux du Rhin et des photographies de la place de la Concorde. Elle a ses eaux minérales tout comme Baden, et son trente-et-quarante et sa roulette. Elle a surtout une curieuse église du rite grec, assez semblable à notre chapelle moscovite du faubourg Saint-Honoré, et du haut de laquelle on peut voir le duché de Nassau tout entier, avec ses montagnes vertes, ses vignes, son Rhin majestueux, ses chateaux et son ciel bleu. Cette chapelle grecque a été élevée à la mémoire de la duchesse Élisabetha Michaelowna, morte à vingt ans et qui repose sous un sarcophage de marbre blanc. Des fresques à fond d'or, peintures russes, respirent une mélancolie mystique, qui évoque la mystérieuse poésie des steppes couvertes de neige. Un soldat de Nassau, avec son schako orné de crins, garde l'entrée du petit temple, tandis qu'un de ses collègues se promène d'un air attristé devant le palais grand-ducal, élégant comme une sous-préfecture.

De Wiesbaden, le chemin le plus agréable pour se rendre à Coblenz est le Rhin. On prend le bateau à Bieberich, et il vous transporte à Coblenz en moins de quatre heures. Le voyage par eau est un double voyage ; on fait route avec le fleuve même, et, dirait Pascal, le chemin marche avec vous !

On s'embarque à peu près devant le château du grand-duc de Nassau, au fronton duquel flotte le drapeau grand-ducal. Le bateau part, la vapeur siffle, on regarde, et les plus étonnants paysages défilent comme une lanterne magique.

Les bords du Rhin ! Le voyage idéal, le voyage poétique de Victor Hugo, les souvenirs des légendes et des chroniques, la Lorely accoudée sur son rocher, les burgraves embusqués dans leurs repaires ! Tant de souvenirs et tant de rêves ! On va donc voir de près ces burgs mystérieux, ces gorges profondes, ces rochers sinistres ? Je dois avouer, dussé-je me classer du coup parmi les esprits trop exigeants, que les bords du Rhin n'ont point tenu tout ce qu'ils me promettaient. Ce voyage doit sans doute être fait à petites journées, avec haltes nombreuses et stations souvent répétées. Au départ, en effet, la curiosité mise en éveil admire et s'écrie devant chaque point de vue nouveau, chaque ruine nouvelle, chaque nouveau *schloss* revêtu de lierre, chaque rocher déchiqueté et couvert de vignes ; mais peu à peu les *schloss* écroulés deviennent si fréquents, les montagnes succèdent si rapidement aux montagnes, les villages aux villages et les légendes aux légendes, qu'on a peine à suivre ce steeple-chase incessant de ruines, de souvenirs et de merveilles ! Je retrouve dans mon album quelques notes rapides, des croquis subitement terminés, des indications sommaires, rien qu'une ébauche de ce voyage charmant mais trop rapide que le bateau vous fait réellement faire à la vapeur.

C'est d'abord Elfeld, et sa tour carrée aux pignons en saillie, et sa coupole noire ; le Rhin étale au loin sa rive gauche, coloriée et divisée comme une carte d'échantillons, tandis que la rive droite élève avec orgueil ses ondulations où se blottissent des villages. De temps à autre, une barque amène au bateau quelque nouveau passager ou vient lui demander les paquets et les sacs qu'il porte. Voici les îles où Charlemagne venait pêcher; ces maisons aux toits d'écailles, avec leurs fioritures de fer forgé, leur toit pointu et leurs poutrelles, sont les maisons de Rudesheim. Sur le bateau on feuillette rapidement les guides pour apprendre le nom de cette grosse tour carrée envahie par le lierre, avec ses fenêtres percées comme des meurtrières. C'est le Boosenburg. — Savez-vous, dit un passager à son voisin, que nous avons tout à l'heure passé devant le coteau de Johannisberg? — Mais la minorité seule du bateau s'occupe du paysage. La plupart des passagers vont et viennent, ou demeurent assis, buvant, mangeant, jouant aux cartes. Une jeune miss, rêveuse et charmante, porte alternativement les yeux sur les vieux burgs et sur le roatsbeef qu'elle découpe. Les autres lisent, les autres rêvent, les autres dorment.

Les vignes, étagées sur ces coteaux, sont retenues par des fortifications solides. Le Rhin se resserre et coule encaissé entre deux coteaux couverts de verdure; Bingen apparaît à gauche avec ses promenades ombreuses et ses allures de ville commerçante; au moment où l'on admire les débris du Mœusethurm où l'archevêque Hatto fut mangé par les rats, passe un bateau prussien dont l'immense drapeau blanc arbore tristement un grand aigle noir. Adieu la légende! la réalité vient à chaque instant la faire oublier.

Cette immense chaine du Taunus, accidentée comme à
plaisir, tour à tour sauvage et riante, fait le charme du
Rhin, sa beauté, sa force. Autant de villages, autant
de surprises. Lorch, avec ses maisons pressées les unes
contre les autres, Lorch, blanche et noire à la fois ; Bac-
carach et ses tours percées à jour, ses églises ruinées,
appuyée contre le roc ; Caub, arborant une fantastique maison bleue à volets blancs ; Oberwesel, avec ses tourelles,
ses églises, ses murailles effondrées, et ses ruines ensève-
lies sous un manteau de verdure ; mais un train vient à
passer au milieu du romantique village et fait songer mé-
chamment à ces tableaux à musique que traverse une file
de wagons mécaniques. Plus loin, Saint-Goar, aux pieds
des rochers, dresse fièrement sa tour superbe. Rive
pleine de souvenirs où de grandes ombres apparaissent
parmi les nuées, celle de Frédéric barberousse promenant sa main de fer sur les tête des burgraves; celle de
Rodolphe de Habsbourg démantelant ces châteaux orgueilleux les uns après les autres, et celle de la Loreley
éplorée, fuyant avec ses blonds cheveux dénoués devant
les soldats de Louis XIV et ceux de la République. Légendes héroïques ! Et ce n'est pas celle de la fée du Rhin
qui paraît improbable entre toutes, c'est la légende de
l'armée de Sambre-et-Meuse et de l'armée du Rhin, c'est
la légende de ces paysans qui escaladaient ces rochers
vierges d'affronts et pénétraient à la baïonnette dans les
palais des burgraves !

Coblenz est une ville assez ennuyeuse qui n'a d'autre
grande curiosité que cette citadelle d'Ehrenbreitstein,
(*la large pierre de l'honneur*), élevant ses crêtes à plus de

cent pieds au-dessus du Rhin. Un pont de bateaux nous
y conduit, et, à la porte de la citadelle, on nous demande
d'écrire nos noms sur un registre puis on nous donne,
moyennant quelques sgroschen, une carte d'admission.
La montée est longue et rude; le rocher escarpé, fortifié,
couronné de bastions, est parsemé de tas de boulets, de
canons, de meurtrières et semble inexpugnable. Un
sous-officier prussien, à l'humeur très-gaie, nous guida
à travers la citadelle. Les fenêtres de la caserne étaient
ouvertes, et je pus voir le dortoir des soldats, petite salle
mal aérée où les lits sont superposés, — ils ont du moins
trois rayons, — comme certaines cabines de matelots. Les
casques à piques menaçantes étaient recouverts d'une
gaine de drap. Il se dégageait de ce dortoir, pourtant
très-propre, mais sans air, une odeur pénétrante. La
Prusse, nation militaire, devrait étudier l'hygiène en
même temps que la tactique.

Nation militaire! De Rastatt à Aix-la-Chapelle, à travers tous ces états divers, je devais rencontrer des soldats toujours. Des soldats partout, un énorme mouvement
de troupes, les tambours battant, les clairons sonnant, le
bruit et le fracas de la guerre. J'aurais grande envie de
placer ici mes réflexions personnelles sur les allures belliqueuses des peuples et sur les armées permanentes.
A quoi bon? Citons un chiffre, cela vaut mieux.

Les 351,734 hommes composant le personnel de l'armée prussienne absorbent par an 375,087,893 francs,
c'est-à-dire quelque chose comme *les trois quarts du
chiffre de la recette totale du budget de l'État.*

C'est tout simplement à ce total que je songeais,

tout en contemplant la vue d'une étendue si vaste que
l'on découvre du haut de la citadelle, et que le *Guide des
voyageurs* qualifie classiquement de *riante*. Le soleil se
couchait, rougissant les toits de Coblenz, et plongeant,
comme autant de traits de feu, ses rayons dans les eaux
du Rhin et de la Moselle qui se mêlaient aux pieds des
rochers; le pont de bateaux s'ouvrait avec lenteur pour
laisser passer une flottille de barques, et dans l'air attiédi
par une chaude journée, les hirondelles se croisaient avec
de petits cris. Et les officiers prussiens, étendus sur
l'herbe des glacis, à 184 mètres au-dessus du niveau de
la mer, devisaient d'un ton sentimental avec de jeunes
femmes que la discipline n'empêchait pas de visiter la
forteresse.

Au moment de nous éloigner, je demandai à un soldat
si le tombeau de Marceau se trouvait non loin de là.

Il parut réfléchir profondément :

— Marceau?... Ah! Marceau? dit-il ensuite... C'est
notre général! — Votre général? — Certes. Le monument est de ce côté, sur le bord de la Moselle, près du
Pétersberg, dans le fort Français. Je le remerciai de ses
renseignements et j'essayai de le désabuser en lui expli-
quant que Marceau était un général français, mais tout
fut inutile. Il me regarda d'un air incrédule, sourit et
trouva sans doute que les Français sont de mauvais plai-
sants. — Et la meilleure preuve que c'est notre général,
dit-il, c'est que Sa Majesté le roi vient d'ordonner de réparer et d'embellir ce tombeau. — C'est une raison après
tout.

Comme nous descendions de la citadelle, nous nous

heurtâmes contre une troupe de prisonniers danois portant
la soupe de la garnison, et qu'escortait un détachement
de soldats prussiens. Ces pauvres gens (je parle des
Danois) avaient l'air attristé et accablé. De quel droit ces
hommes, faits pour être libres, servaient-ils de valets à
des étrangers, loin de leur patrie? — Le droit de la
guerre, monsieur! — Je relirai *le Loup et l'Agneau*.

Je n'ai gardé de Coblenz, cet asile des émigrés, ce Versailles après Versailles, ce refuge momentané du talon
rouge, de l'élégance et de l'esprit du xviiiᵉ siècle, de Coblenz, foyer de conspiration et de rébellion, qu'un souvenir élégant. Il y a quelque part par là, en face d'une église
insignifiante, une colonne élevée comme un trophée par
les Français, et qui porte deux inscriptions. La première
est celle-ci :

AN M DCCC XII

MÉMORABLE PAR LA CAMPAGNE

CONTRE LES RUSSES

SOUS LE PRÉFECTURA DE JULES DOAZAN

C'est la provocation, le beau côté de la médaille. Voici
le revers. Au-dessous, le sort de la guerre, — le sort, cela
est mieux que le droit, — a permis d'écrire ceci :

VU ET APPROUVÉ PAR NOUS

COMMANDANT RUSSE DE LA VILLE DE COBLENZ

LE GÉNÉRAL DE SAINT-PRIEST

LE 1ᵉʳ JANVIER 1814

Tout l'esprit français ne serait-il pas en France?
Le lendemain, en m'éveillant, mon premier coup d'œil

fut pour le Rhin. Le soleil levant étendait une grande
ligne pailletée d'or sur le vieux fleuve tout couvert de buée
et parmi les vapeurs du matin où les fumées des toits tra-
çaient des spirales bleues, apparaissait la crête menaçante
d'Ehrenbreitstein se découpant en gris sur le ciel ar-
genté. Et là bas, dans la vallée, les toits d'ardoises
blanchis par la lumière jetaient aussi leurs étincelles
pendant que les vieux burgs, perdus dans le lointain, semblaient noyés dans cette brume lumineuse, peu à peu
chassée par un vent doux et frais.

Le bâteau du Rhin nous avait donné assez de surprises.
Nous reprîmes le chemin de fer pour aller de Coblenz
à Bonn. Ici, la présence du « choléra des voyageurs » se
fit de nouveau sentir et, comme à Heidelberg, nous de-
vînmes encore la proie des guides. L'un d'entre eux voulut
traiter à forfait pour nous conduire à travers les rues de
la ville. Il fallut bien céder et nous voilà remorqués par ce
personnage, qui mélangeait d'espagnol et d'italien son
langage pseudo-français, sous le prétexte un peu spécieux
qu'il avait servi dans la légion étrangère et qu'il avait
pris le Trocadéro. Les jardins de l'université sont superbes et sur la terrasse des bords du Rhin, notre guide
nous montra ou crut nous montrer, à travers le brouillard, un point éloigné qui était la Rolandseck.

C'est là, sur cette montagne, dit une légende allemande, que mourut Roland, le neveu de Charlemagne.

Près de Bonn, au bout d'une superbe allée de marronniers, toute pleine d'ombre, est l'observatoire de Poppelsdorf — complément indispensable de l'Université. Le
joli village que Poppelsdorf! Un village? Non, une rue,

une rue toute pleine d'enfants, de beaux enfants blonds et roses courant, criant, riant, une rue avec des maisons basses,
toutes peuplées d'ouvrières en dentelles qui lèvent à peine la
la tête pour voir passer les étrangers. Au bout du village est
le chemin du Kreuzberg où l'on va en pèlerinage. On montrait jadis dans la chapelle du Kreuzberg une vingtaine de
momies, celles des moines enterrés là-haut. Mais le pape
ne permet plus cette exhibition. En revanche, il est toujours ordonné de monter à genoux l'escalier saint de la
chapelle.

Nous étions parvenus là-haut à travers des sentiers
rocailleux et glissants où l'équilibre était une loi. En
descendant nous suivîmes le chemin des pèlerins, tout
parsemé de stations et de reposoirs, un chemin doux
et charmant, bien ombragé et où les branches de ceri-
siers vous soufflétent gaiement de leurs fruits rouges.

Poppelsdorf est un de mes bons souvenirs. Il y a là,
dans la maison du garde-chasse, une fraîche tonnelle, à
l'ombre, où le vin de la Moselle et les œufs du Rhin
semblent meilleurs. Les étudiants le savent bien. La
veille justement ils avaient célébré je ne sais quelle fête
ou quel anniversaire dans la grande salle de l'auberge.
Là, sous les lambris de chêne enguirlandés de verdure,
on avait suspendu des drapeaux, des bouquets de fleurs — et
en face des trophées de chasse, des têtes de daims et de cerfs,
on avait placé je ne sais quel buste (celui de Niébuhr, je
crois) et on l'avait couronné de lauriers. Ensuite, comme
rien ne peut se faire sans latin, en Allemagne, une inscription avait été tracée et l'inscription disait : « Qu'elle
vive, qu'elle croisse, qu'elle fleurisse, notre académie!

Vivat, crescat, floreat, academia nostra! Puis, on avait bu,
on avait chanté, on avait déclamé, et, j'en jurerais, on avait
récité quelques-uns des *sonnets harnachés* de Rückert
— par exemple, celui où le vieux père dit à son fils :

« Décroche le sabre du mur, et fais pleuvoir sur cette
vieille table une grêle de coups ; baptise-là, cette table,
du nom de *Français,* et taille-lui les entrailles dans le
ventre ! »

Il est en effet, encore en Allemagne, beaucoup de
braves jeunes gens qui se croient obligés de savoir par
cœur les odes furibondes de Louis Goerres, de Menzel ou
de Becker et qui parlent encore de raser la cathédrale
de Strasbourg parce que l'Alsace s'est faite française. Ils
ne réfléchissent pas que ces *sonnets harnachés* ou les ballades guerrières de Kœrner ou d'Uhland datent des
guerres du premier empire, de la lutte de l'Allemagne
contre Napoléon et qu'elles ne sont plus de saison en
1864. Mais peu importe ! Les leçons de Ludwig Bœrne
leur ont peu profité et au lieu de lire l'ironique livre de
leur compatriote, *Menzel der Franzosen fresser,* « Menzel,
le mangeur de Français » ils aiment mieux répéter à tue-
tête, entre la poire et le fromage, le refrain guerrier :

« Ils ne l'auront pas, notre Rhin allemand. »

Ce nom de Bœrne, que j'ai cité, nous devrions le connaître tous et le placer à côté de celui de Henri Heine ;
son œuvre, fut la même que celle de l'auteur des *Reisebil-
der.* Il s'attacha à faire connaître la France à ses compatriotes, à combattre leurs préjugés gallophobes et à châtier un peu sa patrie qu'il aimait tant, le pauvre exilé !
Ludwig Bœrne était né à Francfort d'une famille juive ;

il s'était fait protestant; il avait étudié la médecine et
la philosophie, et il écrivait dans les journaux libéraux
de son pays. C'était aller au-devant de la persécution.
Mais arrêtez donc les libres propos d'un libre penseur!
Il écrivit l'*Histoire de la censure de Francfort*, il se moqua
du pouvoir, il fustigea les petites tyrannies des fonction-
naires, il se rendit décidément dangereux et vint à Paris.
On ne connaît pas assez ses *Tableaux de Paris*, merveilles
d'observation et d'esprit. En Allemagne, on l'attendait
pour lui faire une ovation, puis pour le proscrire; Bœrne
se sauva en Suisse, ensuite à Paris. — Il se retira à Auteuil
et se consola? Non, il ne voulait pas être consolé. — Il
essaya de lutter contre l'exil en écrivant une *Histoire de la
Révolution française*. Mais ni l'amitié, ni la sympathie, ne
rendaient au proscrit sa patrie. Il travaillait, mais toute
sa verve, toute sa poésie, toute son âme, toute son ironie,
toute sa vigueur, tout son charme, les rencontrait-il à Paris, loin de cette Allemagne qu'il rêvait grande, libre et
fière?.... Alors il écrivit un livre, celui que ses compatriotes appellent son *testament*: *Menzel, le mangeur de Français*, où il conseillait aux Allemands de s'unir à la France,
de la suivre dans le mouvement qui l'entraînait, de se-
couer les jougs qui maintenaient l'Allemagne asservie,
et d'arriver enfin à la liberté par la paix. Mais que pouvait l'esprit de Ludwig Bœrne à côté des fureurs de Rückert? — Un seul Allemand, dit un vieux proverbe, vaut
mieux que mille Français! — Luttez donc contre les pro-
verbes, cet arsenal de la routine humaine! — Bœrne
mourut; il mourut à Paris, et ce fut la France, non l'Allemagne, qui lui dressa un tombeau.

Les hommes comme Bœrne sont les grands traits d'u-
nion entre les nations étrangères. Il y a à Bonn, sur la
place de la cathédrale, une statue que Litz a fait élever à
Beethoven. Beethoven! Le jour où de tels noms seront
dans la bouche de tous, point de dangers de guerre et de
discorde! Le génie amène la paix par l'idée, comme l'industrie par le fait. Les peuples, d'ailleurs, commencent à
fraterniser dans leurs grands hommes. Goëthe ou Schiller, Shakspeare ou Dante ne sont plus seulement pour
nous d'illustres inconnus; nous les avons admis à nos
fêtes intellectuelles, nous les comprenons, nous les étu-
dions, et le peuple aujourd'hui peut écouter la Symphonie pastorale jouée par un orchestre français que les
Allemands eux-mêmes regardent comme incomparable.
Beethoven est représenté, à Bonn, dans tout le feu de
l'inspiration, l'œil profond, la face illuminée d'une flamme
sombre, les cheveux épars. Noble tête léonine, bouche
contractée, méplats sévères, dans ce front bouillonnait un
des génies les plus étonnants du monde. Il était sourd, et
l'harmonie n'avait pas de secrets pour cette oreille fermée au bruit : il entendait au dedans de lui les sympho-
nies michelangesques que sa main retraçait fiévreuse-
ment, et quand ces *voix intérieures*, les voix véritables du
poëte parlaient, peu lui importaient les voix humaines !
Un jour, pourtant, il souffrit. Il entendait, sinistre dé-
chirement, le bruit du canon français qui bombardait
Vienne. Beethoven alors s'enfuyait, et ses poings fermés
s'appuyaient contre ses oreilles et il appelait ses voix,
ses chères voix, pour chasser le bruit sourd et brutal !

Il me paraît difficile de séjourner à Bonn. Un Pari-

13.

sien y mourrait d'ennui au bout de huit jours. Il n'en est
pas de même de Cologne. Cologne est une ville gaie,
presque bruyante, ce qui est bien la chose la plus inat-
tendue pour le voyageur. Puis elle a tant de curiosités, de
monuments, de souvenirs ! J'écrirais un volume pour vous
raconter son origine et son histoire. En dépit du temps, elle
est toujours un peu la Cologne riche et commerçante du
xve siècle. Nous avions, au surplus, la chance de visiter la
vieille colonie de Marcus Agrippa en temps de fête extraordinaire, la fête des rois Mages, — qui a lieu tous les trois
ou quatre cents ans, — et ces vieilles rues, toutes enguir-
landées de lierre, toutes pavoisées de drapeaux, toutes
ornées d'oriflammes et de bannières, ressemblaient exactement à une ville du moyen âge, le jour de la rentrée
d'un souverain. Songez que bannières et drapeaux étaient
ornés de figures de saints, d'inscriptions latines, de de-
vises religieuses, et sans l'aigle à deux têtes et les drapeaux
anglais ou espagnols, on se serait cru rejeté à deux cents
ans en arrière. Je dis drapeaux espagnols : il y avait, aux
fenêtres, des drapeaux de tous pays, blancs ou bleus,
jaunes ou rouges, tous, excepté, bien entendu, le drapeau
français que l'Allemagne ne chérit que médiocrement.

Cologne est divisée en deux par le Rhin et réunie par
un pont audacieux : la rive gauche est Cologne, la ville
même ; la rive droite, la petite ville ou plutôt le faubourg
de Deutz. C'est à Deutz qu'il faut se loger si l'on veut, en
s'éveillant, jouir du prodigieux panorama de Cologne
avec son amas de vieilles maisons, ses tours et ses clochers, et sa cathédrale, merveille sans tête que des constructions en charpente

A propos de logements et d'hôtels, je risque six ou huit lignes de renseignements pratiques sur ces lits minuscules, durs et désastreux, qu'on inflige aux voyageurs sur les bords du Rhin. Je ne parle pas de l'odieux papier dont sont tendues les meilleures chambres des meilleurs hôtels, mais je proteste contre ces lits sans confortable où l'on contraint les voyageurs de dormir... si faire se peut. J'avoue, il est vrai, que la cuisine allemande est généralement si succulente que le piment méridional lui-même n'arriverait pas à la douceur de ses sauces. En Allemagne, comme en Angleterre, on sert au voyageur un petit pain gros comme une brioche et tout à côté une corbeille de pommes de terre bouillies. Ces pommes de terre m'intriguaient fort au début du voyage, mais j'appris depuis, à l'étonnement des garçons à qui je demandais de nouveaux petits pains, que les pommes de terre étaient là pour tenir lieu de pain absent. Ces considérations et ces observations puériles ici, sont, en route, de la plus haute importance.

Le monument le plus renommé de Cologne c'est la fameuse cathédrale, et, sans la foule effroyable de *guides* qui l'entoure, ce monument serait admirable. Mais que faire et comment regarder, lorsque des malotrus vous tirent par les basques de votre habit en vous détaillant les beautés des vitraux ou des sculptures ?

La fête des rois Mages, qui donnait une couleur si belle aux vieilles rues de Cologne, m'a d'ailleurs empêché de visiter en paix la cathédrale. La foule était partout, dans le chœur et les bas-côtés, agenouillée et priant, chantant des cantiques, et m'interdisant de circuler à travers cette forêt de colonnes et de piliers, lorsqu'une procession immense fit irruption dans la cathédrale, et ceux qui priaient se joignant à elle, se mit à faire lentement le tour de l'église, en psalmodiant des cantiques. Assis sur un banc de bois, en face du saint Christophe en bois peint, je regardais d'un œil effrayé cette interminable file de braves gens pieusement accourus pour fêter Gaspar, Balthazar et Melchior, les trois rois venus d'Arabie et dont la châsse dorée était placée devant le chœur. Le meilleur moyen, pour visiter l'église, était de se joindre à la procession et, à travers le *Dôm*, pendant que mes voisins chantaient et priaient, je regardais les vitraux superbes du duc Jean de Brabant, les sculptures bizarres, cette nef splendide, ces tombeaux d'évêques et de chevaliers cachés sous une grille de fer, et cette pierre de marbre, sans nom, sans inscription, qui recouvre le cœur de Marie de Médicis, morte à Cologne dans le pauvre asile que lui avait donné Rubens, le peintre de sa gloire et de sa beauté.

Cette maison, où mourut une reine, — où naquit Rubens, — un roi, — s'appelle la maison Jabach. Je ne l'ai pas vue. Eh que m'importe? Les pierres sont ingrates; elles ne gardent pas la trace de ceux qui ne sont plus. A Londres, White-Hall, qu'on voudrait sinistre et sombre, vous apparaît modeste, froid, régulier. Qui sait si un marchand d'eau de Cologne n'est point logé dans la maison de Marie de Médicis? Ces parfumeurs envahissent tout à Cologne et sont partout. La ville entière semble peuplée de Jean-Marie Farinas. Tous sont plus authentiques et plus médaillés les uns que les autres. Ce nom, ces médailles des expositions constellent les murs et les magasins de

Cologne. Cette famille parfumée est si nombreuse qu'elle donna, au carnaval passé, un bal masqué à Cologne où les seuls Jean-Marie Farinas avaient le droit d'entrer. Les danseurs se trouvèrent assez nombreux pour former un régiment.

L'Hôtel-de-Ville, l'église de Saint-Cunibert, où l'on voulut me faire baiser je ne sais quelles patènes, le musée Wallraf, où les Holbein, les Memling, les Cranach, sont placés à côté de la *Captivité de Babylone* de Bendemann, l'église de Sainte-Ursule et ses reliquaires, la vieille église de Santa-Maria di Capitolio, Saint-Pantaléon, l'arsenal, que sais-je ? voilà les curiosités de Cologne. Il faudrait un mois entier pour tout voir et plus d'un an pour tout connaître. Toute ville qui fut, dans le passé, une puissance, une grandeur, est digne, dans le présent, d'une étude approfondie, et Cologne, qui joua un rôle politique médiocre, tint dans l'art une des premières places : toute l'école allemande et l'école flamande sont nées à l'ombre de la cathédrale de Conrad de Hochsteden.

Cologne, comme toutes les villes allemandes, s'endort de bonne heure et devient paisible avec la nuit. Je m'étais mis en campagne, depuis le matin, pour découvrir un de ces théâtres de marionnettes que Cologne a reçus d'Italie et qu'elle persiste, dit-on, à entretenir courageusement. Quelle joie, voir enfin de près tous ces héros fantasques de la *commedia dell'arte*, Pandolphe, Mezzetin, Pulcinella ! Je demandai au garçon d'hôtel l'adresse d'un théâtre de marionnettes. Le garçon se mit à rire et hocha la tête en homme qui comprend les plaisanteries. Il appela un de ses compagnons et me l'adressa. Mais, à ma

question, celui-ci se fâcha tout rouge. Je descendis dans
la rue et demandai le théâtre de marionnettes. On ne me
répondit pas, ou l'on me dit que je devais me tromper.
— Ce qui n'empêche pas les écrivains d'affirmer que
Cologne a conservé pieusement le culte des marionnettes
et des carnavals de l'Italie !

Le grand théâtre faisait relâche. On m'indiqua un
théâtre d'opéra et de drame, tout au bout des fortifications, bien loin de la station du chemin de fer, au bord
du Rhin. Figurez-vous une vaste grange, garnie de tables et de bancs, avec un seul rang de loges, des solives
sculptées et *ornées* de branchages ; le public, assis, buvant de la bière et fumant. Dans les loges, les femmes
prenant le pot de bière de leur main gantée et appelant
le garçon : une épaisse fumée, beaucoup de bruit et, çà
et là, quelque bon gros rire germanique. Tout à coup, le
silence se fait, les cigares s'éteignent, la toile se lève ; on
regarde, on écoute. On jouait, ce soir-là, *Fra Diavolo*. O
la musique alerte, vive, spirituelle, parisienne, comme
les acteurs l'alourdissaient, l'enfumaient, la germani-
saient ! Le chanteur aimé, acclamé, le Fra Diavolo, c'é-
tait Herr Theodor Formes, qui se brisera un vaisseau
quelque jour en chantant avec une telle force. Mais plus
il criait, plus ces Allemands, qui sont pourtant les premiers musiciens du monde après les Italiens, applaudis-
saient avec fureur. M. Formes s'époumonnait, le public
trépignait ; M. Formes hurlait, le public frénétique le
rappelait de tous ses cris. Quant à la mise en scène de
la pièce, n'en parlons pas. Les dragons pontificaux res-
semblant à des grenadiers hollandais, l'Anglais plus

chargé encore que sur nos théâtres et le dénouement
transformé, à cause de la morale : Fra Diavolo non-seulement arrêté, mais fusillé en scène, criblé de coups de
feu, assommé, — au grand contentement, à la grande joie,
aux clameurs joyeuses de tout ce public flegmatique soudain transporté d'admiration.

Je riais de grand cœur en sortant de cette représentation et je suivais, très-satisfait, la rive du Rhin.
Dans la brume, les orchestres des casinos de Deutz en-
voyaient leurs accords, tandis que les dernières fusées
d'un feu d'artifice décrivaient dans la nuit leur courbes
lumineuses. Je rentrai à travers les rues sombres où les
brasseries remplies de monde retentissaient de bruit et
de chansons, et laissant ma fenêtre ouverte, je laissai
entrer toutes ces harmonies d'une ville en fête.

Le lendemain, la fête des Rois Mages continuait. Des
orchestres à travers les rues, des processions, des cor-
téges, des cuirassiers prussiens écrasant le pavé de leurs
bottes énormes, des drapeaux, des cris, le bruit, la foule,
la cohue ! La fête en persistant, devenait fatigante, lugubre. Il fallait laisser Cologne, ses vieilles rues à enseignes gothiques, avec des chevaliers bardés de fer aux
angles des carrefours, en proie aux campagnards qui
accouraient d'autant plus nombreux que ce jour-là était
un dimanche. C'est peut-être pour cela que nous partîmes un peu précipitamment pour Aix-la-Chapelle, à
travers une campagne grasse mais sans caractère qui
ressemble à la Picardie.

Aix-la-Chapelle, après Cologne, c'était le silence après
le bruit, le repos après la fatigue. La ville est belle, toute

moderne, avec des rues larges et des maisons hautes ;
mais sa beauté propre et régulière paraît fade après les
carrefours de Cologne et la *Judengasse* de Francfort. Aix
ou *Aachen*, comme disent les Allemands, ressemble
vaguement à une ville anglaise et l'ennui britannique
semble s'y être blotti. Tandis que Cologne est peuplée de
conditorei, de marchands de denrées, de vastes boutiques
à devantures provoquantes, Aix-la-Chapelle n'a que des
maisons à grilles, avec les noms des négociants écrits
sur des plaques en cuivre. A travers les rideaux des
fenêtres, on aperçoit tantôt les pupitres luisants d'un
d'un bureau de négoce, tantôt les bahuts étincelants
d'une salle à manger bourgeoise. Les rues étaient pleines
d'honnêtes bourgeois en habits de cérémonie, houppe-
lande traînant sur les talons, chapeaux à bords étroits,
lunettes d'argent. A propos de lunettes, le nombre est
incalculable des Allemands qui naissent myopes. Un
physiologiste me dira-t-il pourquoi ? — Le goût n'est pas
la *faculté maîtresse* de nos voisins d'Outre-Rhin. En ces
jours de liesse, il n'est pas rare de voir une Allemande,
d'ailleurs ravissante, cheveux blonds, dents de lait, yeux
d'azur, se promener avec un chapeau groseille sur la
tête, ou quelque châle jaune sur une robe à fond rouge.
Ces couleurs crues, ô misère ! chatouillent presque agréablement la vue dans ces rues mortes et silencieuses, où
les passants et les voitures sont rares.

Je n'étais pas, au surplus, depuis une heure à Aix-la-
Chapelle, que je me demandais ce qui me manquait, et
quelle originalité ou plutôt quel défaut avait la ville. Tout à
coup je poussai un cri et je répétai le fameux *Eurêka*

d'Archimède : ce qui manque à Aix et ce que je cherchais, car je m'en étais fait une habitude, c'est cet admirable fleuve qui réfléchit tant de silhouettes bizarres ;
c'est le vieillard que Boileau couche entre « mille roseaux, au pied du mont Adule, » c'est le fleuve allemand,
le roi teuton, c'est le Rhin !

Le Rhin a laissé de côté la cité de Charlemagne, et
Aachen a été forcée de se contenter de deux ou trois
ruisseaux qui la font, paraît-il, riche et prospère, et où
les fabricants de laines lavent leurs lainages avec succès,
mais qui ne remplacent pas ce vieux et majestueux fleuve
imposant, magique et superbe. Peu importe à Aix-la-
Chapelle et à ses habitants ! Soit. Mais le voyageur regrette son fleuve bien-aimé. Aix, il est vrai, lui présente
ses sources d'eaux thermales et sa Trinkhalle qu'on
prendrait de loin pour une immense pendule, et la rotonde couverte de zinc de la fontaine Elise : mais le
Rhin, le Rhin, le Rhin allemand, voilà ce qu'on ne remplace pas.

De même qu'à Rouen vous ne pouvez faire un pas sans
rencontrer un souvenir de la Pucelle, de même à Aix-
la-Chapelle tout vous rappelle le nom et la grande figure
de Charlemagne. Le vieil empereur qui en avait fait le
siège de son empire, « au delà des Alpes, » et la « capitale de toutes les cités et provinces de la Gaule, » n'a pas
anobli une ville ingrate. Il règne toujours à Aix-la-
Chapelle, et son trône inébranlable n'a rien à craindre
du temps ou des hommes. Tout s'est écroulé de la ville
ancienne, tout a disparu ; le tombeau, le palais et le nom
de l'empereur Charles sont demeurés debout. On montre

dans la cathédrale ou plutôt dans la chapelle une grande lame de marbre noir où des lettres de cuivre tracent simplement ce nom :

CAROLO MAGNO

Et le guide vous dit : *C'est là !*

C'est là qu'il reposa, c'est là qu'il demeura endormi dans son dernier sommeil, assis sur son trône de marbre, l'épée au côté, le manteau impérial sur les épaules, jusqu'à ce qu'un Othon III vint dépouiller le mort de sa couronne, de son sceptre, de son Évangile et de son épée. Plus tard, Frédéric Barberousse fit ouvrir aussi ce caveau ; un évêque hérita du corps de l'empereur, et depuis, on se partagea ses ossements. On vous montrera, pour cinq francs, le tibia et le crâne de Charlemagne et son cor d'ivoire, en même temps que des cheveux de saint Jean-Baptiste et la tête de saint Anastase.

Ainsi passe la gloire du monde.

S'il était là, debout et marchant à pas lents !

dit le Charles-Quint de *Hernani.*

Non, il n'est plus là ; ses os sont dispersés, et il ne reste plus que le nom de cette grande ombre.

Grande ombre, en effet, celle de ce farouche empereur qui apprenait le latin à l'âge où il faut mourir, qui traversait son vaste empire en quelques jours, à travers les forêts, les montagnes, les fleuves. Il y a deux Charlemagne bien distincts, celui de la légende et celui de l'histoire. Et lequel est le plus grand ? Les chroniques nous le montrent entouré de ses preux, appuyé sur son neveu Roland, grand buveur, diable à quatre, solennel et bouffon, sorte de gigantesque Falstaff couronné, mais brave et vaillant. Eginhard nous le fait connaître tel qu'il était et plus grand que l'imagination des peuples n'a su le voir. « Son costume, dit-il, était celui de sa nation, le costume des Francs. Sobre, il détestait l'ivrognerie, écoutait, pendant qu'il était à table, un récit ou une lecture. » Son ouvrage favori, le croirait-on ? c'était la *Cité de Dieu* de saint Augustin. Il était bon, éloquent, instruit. Il *essaya d'écrire*, dit Eginhard. A l'heure où les clercs seuls ne rougissaient pas de la science, le sauvage empereur la décrétait et préférait les enfants pauvres, mais instruits, aux ignorants enfants des nobles.

Il y a dans cette chapelle, emplie d'un tel souvenir, quelque chose qui choque et irrite, ce sont les ornements rococo qui ont envahi le chœur, qui ont d'ailleurs recouvert la plupart des églises gothiques de l'Allemagne et des Pays-Bas, comme le lierre envahit peu à peu, tronc d'arbre par tronc d'arbre, une forêt tout entière. Ces piliers romans et cette floraison marmoréenne font une antithèse déplaisante. On sort, et près de la sortie, un Christ s'affaissant sous la croix, un Christ en bois peint, avec des yeux rouges de larmes sanglantes, la face émaciée, le corps maigre, vous rejette tout à coup en plein moyen âge. Aux pieds de ce Christ, affaissée comme la douleur vivante, il y avait ce jour-là une pauvre femme qui pleurait.

On me proposa de visiter la maison de jeu où l'on ne peut risquer moins d'un thaler, me dit le guide. Je préférai l'hôtel de ville, sombre comme une prison, avec ses beffrois et sa tour romaine, ses fenêtres étroites et ses meurtrières. Le guide tira violemment le cordon d'une cloche, et la femme du concierge accourut. Elle nous récita, comme un pensum, l'histoire d'Aix-la-Chapelle, depuis Granus jusqu'aujourd'hui, et nous montra, dans la *salle des mariages*, le portrait de Napoléon, par Boucher, et celui de Joséphine, par Lefèbvre, tous deux étonnés de se trouver là! Autour d'eux grelottent les portraits des ambassadeurs qui prirent part au congrès de 1748. Une particularité à noter, c'est que, comme la plupart de nos monuments parisiens, et comme la généralité des églises allemandes et belges, l'hôtel de ville d'Aix-la-Chapelle est en réparation. On restaure les escaliers, on remet dans son état primitif la [salle impériale et l'on peinturlure les murailles, qui, avec leurs bigarrures rouges ou bleues, leurs rosases, leurs blasons et leur orpin, évoquent tant bien que mal le passé.

Il y a là des fresques superbes, par Rethel, l'*Entrée de Charlemagne à Paris*, la *Prise d'Irminsul*, le *Tombeau de Charlemagne*, etc. Toutes d'un dessin énergique et fier, savamment composées, groupées de mains de maître, accusent peut-être quelque faiblesse de couleur. Ce reproche fut fait à Rethel, qui, abreuvé de dégoûts, finit comme Gros et se tua. Ses cartons achevés restaient heureusement pour permettre à ses rivaux de continuer son œuvre. Les fresques suivantes ont peut-être plus d'éclat que les siennes, mais ce n'est plus cette science parfaite qui accuse la main savante du créateur.

La brave femme ouvrit pour nous, comme elle le faisait

pour tous, une petite porte donnant sur un escalier étroit, tournant, glissant, usé, et avec un sourire stéréotypé :

— C'est par là, dit-elle, que passaient les empereurs pour monter à la salle impériale. C'est par là que Charlemagne a passé !

Jamais gentleman anglais, ami du confortable, ne consentirait à se rompre le cou dans cet escalier. Pourtant avec leurs armures pesantes, leur haute taille et leur pourpre traînante, les vieux empereurs se courbaient pour gravir ces degrés.

Devant l'hôtel de ville, on a placé, sur une fontaine, une statue de Charlemagne, qui semble regarder le palais où il est né. A ses côtés, sur deux autres fontaines, deux aigles noirs, tournés vers lui, le contemplent de leurs yeux muets. Le temps a déchiqueté les ailes de l'un d'eux; ils demeurent là, sous le vent, sous la pluie, avec leur carcasse de fer.

— Au moins ce ne sont pas des aigles prussiennes, nous dit le guide.

Quand on a vu la chapelle et l'hôtel de ville, on a tout vu à Aix. La ville ne vaut pas une promenade.

Nous nous étions assis sur un banc, dans une façon de petit square, près de la station du chemin de fer. Auprès de nous, sur un banc, sous les marronniers, deux jeunes gens, *lui et elle*, se tenaient par la main, se regardaient et restaient muets.

Hermann et Dorothée! Une idylle de Gessner! La pastorale allemande. Pourquoi l'humeur narquoise d'un Français veut-elle absolument que l'éthérisation de cet amour allemand, — amour clair-de-lune — ait tout sim-

plement pour cause le nombre des barils de bière qui se
boivent chaque soir dans les brasseries germaines? —
Physiologistes, que nous voulez-vous? — Laissez-moi
croire à la naïveté de ces frais visages, de ces bouches
roses, de ces yeux de wergiss-mein-nicht. Cet honnête
pays a l'air si doux, avec ses allures confiantes et lourdes.
Il n'a point la fièvre, et les passions farouches ne le dé-
vorent point. Qui va lentement, va longtemps! C'est un
proverbe italien, qui semble fait tout exprès pour l'honnête
Allemagne. Mais que croire d'un tel peuple, quand un
Henri Heine vous affirme que cette douceur est de la
mollesse, cette patience de l'apathie et que « le patrio-
« tisme de l'Allemand consiste en ce que son cœur se ré-
« trécit comme le cuir par la gelée? »

Eh! bien oui, terrible railleur, qui avez écrit à la fois
le livre *De l'Allemagne* et celui de *Lutèce*, oui, je reconnais
tous les défauts de vos compatriotes et je les déplore; je
déplore leurs discussions aigres, leur colère soudaine et
inutile, leurs haines d'un autre temps, leur lenteur et
leur patience. Je reconnais que cette pauvre Allemagne,
en tous sens tourmentée, mal assise sur des institutions
boiteuses, se contente de demander le Messie régénéra-
teur, sans faire un mouvement pour aller à lui. Je le
reconnais, qu'ils appellent sans cesse Arminius, l'Arminius du passé, au lieu de regarder s'il ne vient pas un
Arminius dans l'avenir. Je reconnais qu'il s'élève au-
dessus de ces villes endormies une épaisse fumée de tabac et de levûre de bière, mais ce que je n'oublie pas,
(pas plus que vous, satirique, qui gémissez des maux
de la patrie), c'est le passé de cette race qui a donné

Luther au monde, et qui luttait déjà pour la liberté religieuse à l'heure où nous n'étions pas éveillés encore à la lumière. Et ne l'avez-vous pas dit un jour, que le réveil viendra, que le Germain ne se contentera plus un jour de *patries restreintes*, et que *le tonnerre est allemand aussi?*

Ludwig Bœrne, que l'Allemagne avait tant fait souffrir, et qui aimait tant l'Allemagne, a écrit ceci :

« A vrai dire, l'Allemagne n'a rien accompli depuis trois siècles, et a souffert patiemment tout ce qu'on a voulu lui faire souffrir. Mais par cela même, les travaux, les passions et les jouissances n'ont pas épuisé son cœur vierge et son esprit chaste. Elle forme la réserve de la liberté et décidera le triomphe. Son jour viendra, et pour l'éveiller, il faudra peu de chose : un moment de bonne humeur, un sourire du sort, une rosée du ciel, un dégel, un fou de plus, un fou de moins... La cloche d'un mulet suffit pour faire tomber l'avalanche. Alors la France, qui ne s'étonne pas de peu, cette France qui tout d'un coup a accompli en trois jours l'œuvre pénible de trois siècles et a cessé de s'émerveiller de ses propres œuvres, regardera avec stupeur le peuple allemand, et ce grand étonnement ne sera pas de la surprise, mais de l'admiration! »

Et qui sait? Ludwig Bœrne a raison peut-être. L'Allemagne a ses penseurs, ses philosophes et ses savants qui travaillent pour elle. Le touriste superficiel qui jette un coup d'œil rapide sur cet Inconnu, de Strasbourg à Aix-la-Chapelle et qui juge cette nation par les garçons d'hôtel qu'il questionne ou les villes d'eau qu'il y rencontre, se représente l'Allemagne comme une façon de tapis vert où l'on passe six mois de l'année pour se désennuyer et se ruiner. Il ne soupçonne pas quelles souffrances, quelles idées, quelles luttes et quelles espérances se cachent dans ces cœurs trop concentrés ou trop timides pour se livrer à un étranger. Ce ridicule appareil militaire sur le Rhin lui fait hausser les épaules et la vue de quelque soldat battu par un caporal lui fait bondir le cœur. S'il s'en tient à la surface, il reviendra répéter tout enchanté que l'Allemagne n'est qu'un boulevard de Paris où le vin du Rhin coûte horriblement cher et qui produit des soldats à casques pointus et des verroteries à armoiries jaunes ; que d'ailleurs on y rencontre de pittoresques montagnes et des forêts profondes, des pierres écroulées et des légendes à remplir la Bibliothèque Bleue ; que les habitants y prononcent les *p* comme des *b* et *vice versâ*, et que les femmes y sont blondes.

Et c'est tout.

Mais l'esprit songeur, celui qui, quelque peu agité par cette fièvre et ce malaise qui rongent plus ou moins les esprits non satisfaits, celui qui veut se rendre compte du temps où il vit et de ceux qui y vivent, celui-là ne s'en tiendra pas à ces observations de table d'hôte ou de bateau à vapeur, et sous ce calme flegmatique, sous cette lourdeur insecouable, sous ce flegme exaspérant, il découvrira peut-être quelque éclair de pensée profonde, et le vaste espoir d'une régénération prochaine. Puis, l'Allemagne, ce n'est pas ces ruines ou ces décors, ces villes enchanteresses, ces surprises et ces beautés.... L'Allemagne, c'est aussi, et c'est surtout, ce savant qui, dans sa

chambre, enfermé toujours, étudie, compulse, découvre,
annote les textes romains, recherche l'origine des lois,
les principes du droit des gens et ceux de la pensée humaine. C'est ce poëte qui enseigne à la foule le beau, le
bien, l'utile, la vérité, la liberté. C'est ce traducteur qui,
toute sa vie, sans gloire, presque sans profit, fera con-
naitre aux siens nos poëtes à nous, nos philosophes, nos
historiens et jusqu'à nos romanciers. L'Allemagne, c'est
l'esprit qui ne se livre pas, qui attend, qui cherche et qui
grandit dès qu'il a trouvé. L'Allemagne, c'est dans le
passé Luther et Mélanchthon, c'était hier Goëthe, Schiller, Mozart, Beethoven, c'est aujourd'hui Strauss, et Fuer-
bach, — et bien d'autres! — c'est J.-J. Wagner, et c'est
Gervinus.

Ainsi, pensais-je, tandis que le wagon m'emportait en
courant à travers ces vastes plaines ensoleillées, tandis
que les coteaux boisés et le sommet du Louisberg dispa-
raissaient au loin, et, quittant ce pays dont je n'avais vu
qu'une parcelle (montagnes du Harz, forêts de la Souabe,
où êtes-vous?), je murmurais le nom doux et triste de
l'Allemagne poétique : *Teutonia!*...

Debout, *Teutonia!*...

XIV

HUIT JOURS EN BELGIQUE

On se fait tout d'abord une idée bien différente de la
Belgique selon que l'on y entre par l'Allemagne ou par la
France. Sur la ligne de Paris à Bruxelles, Quiévrain est
la station où l'on vous fait descendre pour la visite des
bagages. Si vous êtes parti le soir de Paris, il est à peine
jour quand vous passez la frontière. Les bagages sont
apportés au hasard dans une sorte de grange où les douaniers vous demandent — avec cet accent semi-nigaud,
semi-narquois, que vous allez désormais rencontrer partout — si vous n'avez rien à déclarer. La visite faite, on
passe à côté, dans une petite salle où des garçons, encore
endormis, colportent des potages maigres. On s'installe,
on s'assied, on se réconforte tout en bâillant, et, tout en
regardant d'un œil attristé le lugubre papier à fleurs

jaunes dont la salle est tendue, on écoute les plaintes de
ceux qui ont mal dormi, les imprécations des victimes
de la douane et les menaces des mécontents. Peu à peu,
une vague mélancolie s'empare de vous, et, pour peu
qu'il fasse froid ou que la pluie tombe, vous maugréez,
serrant contre vous les larges plis de votre mac-farlane : — Hélas! est-ce donc la Belgique?

Eh! non, non en vérité, ce n'est pas elle. Il fallait entrer dans ce petit pays, en plein jour, par un beau soleil,
et, parti tout-à-l'heure d'Aix-la-Chapelle, au milieu d'une
symphonie de consonnes allemandes, arriver joyeusement à Verviers, en plein concert de voyelles françaises.
Ce petit coin de terre, tout ombragé, tout verdoyant, tout
accidenté comme à plaisir, éveille le sourire. On a laissé
derrière soi les hauts fourneaux et l'usine immense de la
Vieille-Montagne; on trouve un Eden, un Eldorado, une
vallée de Tempé, — Pepinster, et là-bas, parmi la verdure, Spa, sa roulette et ses mirages!

Grâce aux wagons, il ne faut que quelques heures pour
aller de Spa à Bruxelles. On traverse rapidement ce beau
paysage : bien loin disparaît Chaudefontaine, où Charlemagne allait se baigner autrefois, où l'on entend aujour-
d'hui des concerts; Liége montre ses cheminées fumantes
et ses clochers d'églises, puis se perd tout entière dans la
brume de l'horizon. Après Louvain, on arrive à Bruxelles.
Mais on a pu déjà admirer ce gras et vert paysage, cette
riche campagne, ces arbres chargés de fruits; on a pu
écouter aussi quelque conversation librement tenue, en
wagon, et respirer quelque peu de cet air pur qui est
celui de la liberté.

J'aime Bruxelles. C'est une ville élégante sans faste, coquette sans prétention, gaie comme Paris en ses bons jours. Elle a bien ses défauts, comme tout le monde, et le Manzanarès de cet autre Madrid ne vaut pas le Rhin. Ce méchant ruisseau bourbeux a d'ailleurs le tort de couler sous le pseudonyme de la Senne. Tout au plus mériterait-il de s'appeler la Bièvre. Encore s'il était simplement petit! Mais il est dangereux et ses riverains savent ce qu'il en coûte de respirer ses eaux méphitiques. J'ai vu Bruxelles plusieurs fois, Bruxelles au repos et Bruxelles en liesse. Mais il ne faut jamais voir une ville un jour de fête. Sa physionomie habituelle a disparu, elle se couvre d'ornements comme d'un masque, et ceux-là qui la verraient seulement telle qu'elle est aux grands jours la jugeraient bien mal.

Bruxelles donc est la plus charmante et la plus coquette des villes, après Paris, qu'on me permettra bien de placer en première ligne. Les Prussiens, il est vrai, donnent à Berlin le pas sur Bruxelles et sur Paris, mais les Prussiens ont leur raison pour cela. Bruxelles est justement fière de sa grâce toute moderne, de sa propreté, de sa blancheur, de sa gaieté, et aussi de ses derniers vestiges flamands, qui lui donnent en certains endroits le pittoresque et romanesque aspect d'une ville du moyen âge.

Il faut voir le Bruxelles moderne, du haut du boulevard Botanique, par un beau temps, lorsque le soleil étincelle sur ces maisons blanches, çà et là parsemées et égayées de toits rouges. Quant au vieux Bruxelles, il est tout entier dans cette superbe place de l'Hôtel-de-Ville, avec ses maisons du XVIᵉ siècle, ciselées, fouillées, dorées,

leurs toits immenses percés de clochetons gracieux
s'élevant par degrés et se découpant sur le ciel. L'Hôtel-de-Ville est un chef-d'œuvre ; on montre, sous
la voûte du portail d'entrée — ce merveilleux portail
magnifiquement sculpté — un clou où, dit une légende,
l'architecte se serait pendu, en reconnaissant je ne sais
quel défaut dans son œuvre. L'Hôtel-de-Ville de Bruxelles n'est pas le seul monument qui ait une légende
pareille. Presque tous les chefs-d'œuvre de l'art, s'il
fallait en croire les chroniqueurs — et peut-être doit-on les
croire — auraient porté malheur à ceux qui les ont créés.

Chaque année, à partir du 22 septembre, Bruxelles
célèbre, pendant quatre jours, l'anniversaire des combats
qui affranchirent la Belgique de la domination des
Hollandais. Ces jours-là, le monument des martyrs des
Journées de Septembre est recouvert de draperies noires
semées de larmes d'argent, et à l'église Sainte-Gudule,
l'évêque célèbre un service solennel en l'honneur de ceux
qui sont tombés pour la patrie.

Ce jour-là encore, le Manneken-Piss, ce palladium de la
cité brabançonne, est recouvert de ses habits de garde
civique, et il a, lui aussi, sa part de triomphe. Ce Manneken-Piss est, on le sait, une fontaine d'étrange nature
dont les habitants de Bruxelles ont fait de tout temps un
fétiche. Figurez-vous une statuette minuscule, en bronze,
perchée dans une niche et fournissant de l'eau d'une
façon plus naturelle que convenable. On ose à peine
s'arrêter devant ce monument d'étrange nature dont les
Bruxellois sont fiers comme les Vénitiens du Lion de
Saint-Marc. Au temps jadis, paraît-il, Bruxelles était

assiégée. Le fils du bourgmestre disparut un jour de chez son père, et l'on crut qu'il avait été massacré par les ennemis. Mais jugez de la joie des parents et de leur surprise en le trouvant un matin, sur les remparts, le visage tourné vers l'ennemi et dans l'attitude de Gulliver éteignant l'incendie du palais royal de Lilliput. On cria au prodige ; on éleva une statue au courageux marmot qui traitait un peu l'ennemi comme Cambronne les Anglais, et le Manneken-Piss devint un des trophées de Bruxelles. Ce petit bonhomme de bronze jouit, m'a-t-on dit, d'un rente de six cents francs qu'un enthousiaste lui a léguée jadis, et il a le droit de chamarrer sa petite poitrine d'une infinité de plaques et de croix. Image fidèle de certains serviteurs dévoués toujours à l'ordre régnant, il a souvent changé de costume sans changer de position, et ce fonctionnaire de bronze, qui se pavane en uniforme de garde civique, porte la croix de Saint-Louis que lui donna jadis Louis XV, et accepta de Napoléon le titre de chambellan après avoir coiffé le bonnet rouge sous Robespierre.

L'Hôtel-de-Ville de Bruxelles, dont j'ai tout à l'heure parlé trop rapidement, est une merveille véritable. Il faut voir sa tour superbe, immense jet de pierre dentelée se découpant sur le ciel noir. En face est la *Maison du Roi*, un des derniers efforts de l'architecture ogivale à son déclin et que Charles-Quint fit construire. C'est là que furent enfermés les comtes d'Egmont et de Hornes, les « comtes sans tête, » tous deux coupables d'avoir parlé du *droit des faibles* et résisté à une main de fer. A l'endroit où leurs têtes sont tombées, il y a trois cents ans, on élève aujourd'hui une statue à ceux qu'on appelle les martyrs. L'histoire juge les hommes. Et qui juge l'histoire?

L'Allée verte est célèbre à Bruxelles comme le bois de Boulogne à Paris et tout aussi injustement. Les pauvres arbres chargés d'orner ces longues promenades rectilignes m'ont toujours semblé des forçats. Point de liberté; quand ils veulent pousser quelque branche hors de l'alignement, on leur coupe tout net ce jet de séve inopportune. Aussi bien l'ennui de l'arbre rejaillit-il sur les hommes. On mourrait de bâillements s'il fallait éternellement se promener dans la *Verte Allée*. En revanche, j'ai visité le Parc, ce charmant et verdoyant Parc, garni de pelouses qui valent bien celles de Versailles. La verdure des arbres, plus sombre que celle des Tuileries (nous allons vers le Nord), répand son ombre de tous côtés. Mais la plupart des statues du Parc sont écornées, le nez brisé, les doigts cassés. Ce sont les Hollandais, paraît-il, qui en 1830 n'ont pas voulu quitter Bruxelles sans en emporter un souvenir.

Sainte-Gudule, la cathédrale de Bruxelles, est un amas superbe de styles divers, depuis le gothique le plus sombre jusqu'au rococo le plus surchargé de rinceaux. On a cru devoir blanchir l'intérieur de l'église, et ces tons de plâtre refroidissent singulièrement l'effet des vitraux et de ce chœur sombre autour duquel rayonne un demi-cercle de tombes; la chaire en bois sculpté est, comme dans presque toutes les églises de Belgique, une des curiosités de l'église. Elle date tout au plus du XVIIe siècle et l'artiste, qui chercha évidemment à donner à son œuvre l'originalité si naturelle aux artistes du moyen

âge et à pasticher certains détails, a semé ses sculptures,
représentant Adam et Ève chassés du paradis, de coquettes bizarreries. Par exemple, en sculptant en même
temps que le premier homme plusieurs animaux de la
création, il a placé le paon à côté d'Ève et le perroquet à
côté d'Adam. On a beaucoup loué cette intention satirique. Mais ce qui semble très-charmant de raillerie narquoise dans les œuvres du xive siècle a je ne sais quoi
de maniéré et de recherché dans celles du siècle de
Louis XIV.

Sainte-Gudule, l'église au nom terrible, a ses chroniques et ses légendes. On montre, contre les colonnes
de la grande nef, quatre statues de saints qui sont
l'œuvre d'un empoisonneur, Jérôme Duquesnoy, assassin
de son frère. Il y a encore une histoire d'hosties poignar-
dées et devenues sanglantes, qui fut cause, au xive siècle,
de la condamnation d'un grand nombre de Juifs. Le
moyen âge est décidément une riante époque.

Je suis de ceux qui jugent d'une ville par ses musées,
et j'ai fait le voyage d'Anvers pour regarder pendant dix
minutes la merveilleuse *Descente de croix* de Rubens. Le
musée de Bruxelles ne vaut certes pas celui d'Anvers,
mais il a bien son prix. Je me suis arrêté longtemps devant le *Martyre de saint Liévin*, de Rubens, qui est certes
la plus tragique des compositions imaginables. Je croyais
que les seuls compatriotes de Zurbaran ou de Goya pouvaient aller jusqu'à ce degré d'horreur. Figurez-vous un
martyr à qui des bourreaux arrachent la langue avec des
tenailles; la barbe blanche du saint, qu'un tourmenteur
tire brutalement, est sanglante, et des chiens se dispu-

tent la langue arrachée, qu'un autre bourreau leur montre en la tenant en l'air. Ce tableau nous a appartenu autrefois. Il figura longtemps dans l'église des Jésuites de Gand. Acheté par Louis XVI, il fut rendu plus tard à la Belgique.

Le musée de Bruxelles possède encore plusieurs tableaux de Rubens, des Van-Dyck, la *Vie de saint Benoit* par Philippe de Champaigne, un admirable portrait de Thomas Morus par Hans Holbein, et un David Téniers vraiment curieux. C'est un *Intérieur de corps de garde*. Des soldats sont couchés sur des lits de camp, d'autres fument, jouent aux dés, boivent ; une patrouille ramène un prisonnier que l'officier du poste examine avant de l'interroger. Tout cela composé avec un soin infini ; mais la malice du tableau est celle-ci : ces soldats, ce sont des singes revêtus de l'uniforme vert des soldats espagnols ; ce prisonnier, c'est un pauvre chat habillé de rouge et qui tremble fort devant les soudards. J'imagine que Decamps aura pris dans ce tableau de Téniers l'idée de ses spirituelles métamorphoses, et que les *Singes critiques* de notre peintre français sont un peu les parents des *Singes soldats* du musée de Bruxelles.

A l'extrémité du boulevard de Waterloo, sur la route de Bruxelles à Boisfort, s'élève une tour massive, percée de quelques meurtrières, qu'on appelle la porte de Hal. Dans cette tour, dernier vestige des vieilles fortifications de la ville, on a établi un intéressant musée d'antiquités sous le nom de *Musée des Armures*. J'ai vu là des boiseries et des verreries inestimables, les bannières poudreuses des anciennes corporations de Bruxelles (les *fruitiers*

arborent orgueilleusement la *pomme* du paradis terres-
tre), l'armure de Charles-Quint, et le cheval, assez bien
conservé, que montait Philippe II lors de sa première entrée à Bruxelles. Le musée vient de s'enrichir d'une inté-
ressante relique. C'est un diptyque en marbre qu'Honorius
envoya, je crois, à l'évêque de Tongres, pour lui annoncer
qu'il venait d'être fait consul. Ce diptyque précieux représente et nous fait connaître dans tous leurs détails les
jeux des cirques romains. Nos archéologues ne tarderont
pas à l'étudier comme il le mérite.

Mais un musée dont Bruxelles se montre assez fière et
que je trouve d'un goût douteux, c'est le musée Wiertz,
qui semble élevé tout exprès pour perpétuer les haines
ridicules qui divisent les nations. Les Français sont exposés, en entrant dans le musée Wiertz, à se heurter contre
plusieurs toiles assez désagréables. S'il fallait en croire
ces tableaux, la férocité serait la note dominante de notre
caractère national, et nous ne serions pas bien sûrs
d'avoir gagné la bataille d'Austerlitz. Tout cela paraîtrait
simplement bouffon, s'il ne se trouvait pas un public
parfois nombreux pour admirer le talent du peintre et
son patriotisme.

J'ai même entendu dire et j'ai lu, Dieu me pardonne, que
M. Wiertz avait du génie. Le génie ! Voilà un mot dont
on abuse bien facilement, précisément peut-être parce
qu'on en devrait être avare. M. Wiertz a *peint*, c'est-à-dire
représenté, rendu visible et comme palpable... Quoi ?...
la dernière minute d'un condamné à mort, *sa dernière
pensée !* Figurez-vous, au milieu d'une brume sanglante,
l'échafaud, le bourreau, la victime, la tête tombant et

dans un dernier regard, revoyant d'un seul coup d'œil
son enfance, sa jeunesse, ses joies et ses douleurs passées, sa vie tout entière, pendant que l'âme monte doucement vers Dieu, accompagnée d'un chœur de séraphins.
Avez-vous compris? Vous êtes-vous figuré ce que peut
être un tel tableau ? Irréalisable par la plume, comment
peut-il être possible au pinceau? M. Wiertz a entassé
couleurs sur couleurs, opposé demi-teintes à demi-teintes,
fantaisies hybrides à imaginations hétéroclites, et il a
abouti à couvrir de visions insensées une toile immense,
que beaucoup de gens baptisent du nom de chef-d'œuvre.
De la peinture philosophique, bon Dieu! Faites-nous
donc de la *peinture picturale!*

D'autant plus que, par une singulière contradiction,
M. Wiertz expose dans son musée fantastique de véritables *trompe-l'œil* à côté de ces toiles terriblement comiques. Vous pouvez à la fois regarder chez lui et la *Liberté
brisant le dernier canon*, et une jeune fille se déshabillant
derrière une porte entr'ouverte; un coin de l'enfer et un
boule-dogue dans sa niche; la déesse de l'avenir et le
portier endormi sur sa chaise! Et lorsqu'il copie ainsi
servilement la nature comme une lettre morte — ce qui
n'est pas plus de l'art que de la peinture — M. Wiertz arrive
à une puissance de coloris certainement rare. Que n'a-t-
il été tout bonnement un peintre ordinaire? il aurait fait
peut-être un artiste hors de pair !

Pour ne point quitter les peintres, c'est à Bruxelles
que j'ai pu voir, pour la première fois, une œuvre de
Gaspard de Crayer. Crayer est pour nous un peintre à
peu près inconnu. Je ne sais même pas si le Louvre pos-

sède un seul de ses tableaux. Et Crayer est un grand
artiste. Jordaens n'a pas un coloris plus puissant, une
touche plus large. Quelle page superbe, vraiment digne de
toute admiration que ce chevalier Donglebert et sa femme
en adoration devant le Christ mort, au musée de Bruxelles.
On comprend alors le cri de Rubens. Rubens, dit-on,
vint à Anvers tout exprès pour connaître Gaspard de
Crayer. Celui-ci, qui devait subir tout entière l'influence
du grand Peter-Paul, lui montrait son atelier, lorsque
tout à coup Rubens s'arrêta : — Crayer, Crayer, dit-il,
personne ne vous surpassera !

Mais ce n'est pourtant ni pour ses musées, ni pour son
jardin botanique aux serres féeriques, ni pour ses théâtres que j'aime Bruxelles. J'aime Bruxelles, parce qu'on
y voit tout, on y lit tout, on y dit tout. Là les sergents de
ville m'ont semblé jouir grassement des bienfaits d'une
sinécure. Ils vous ont un air reposé qui fait plaisir. Un
soir, en rentrant du théâtre, je sonne vainement à la porte
de l'hôtel. La porte reste close. En Parisien véritable, je
m'adresse à un sergent de ville et le prie de me faire ouvrir la porte réfractaire. — Et de quel droit ? me dit-il.
Est-ce qu'on n'a pas « la faculté » de vous laisser dehors !
— Sans doute, mais si je reste dehors, où passerai-je la
nuit ? — Ma foi, dit le brave homme, en me montrant sur
la place des Nations des bancs inoccupés, au mois d'août
il n'est pas malsain de dormir à la belle étoile. *Je vous
conseille* de vous asseoir là et d'attendre le jour ! — J'étais
stupéfait. Sur les bancs dormaient paisiblement des
grappes d'hommes assez philosophes pour se passer
d'un toit d'ardoises. Loin de les troubler, le sergent de

ville, étouffant ses pas sur le sable, paraissait veiller sur leur sommeil. Et que faisaient de mal ces braves gens ? A peine pouvaient-ils commettre quelque méfait... en rêve !

A Bruxelles, comme à Paris, le théâtre joue un grand rôle. On se croirait d'ailleurs sur le boulevard Montmartre à lire les affiches du théâtre du Parc ou des Galeries Saint-Hubert. On applaudit là-bas en même temps que nous nos nouveautés, et parfois même un peu avant.

Mais les pièces qui réussissent à Paris, n'obtiennent pas facilement le même succès à Bruxelles. Les Belges ont leurs sympathies et leurs antipathies, et veulent bien juger par eux-mêmes. Ils essayent même, et avec succès, de fonder un théâtre vraiment belge, et de décentraliser l'art dramatique. Hélas ! à peine les ailes leur ont-elles poussé, que leurs auteurs dramatiques veulent se faire applaudir à Paris. Il y a à Bruxelles un théâtre flamand, où l'on joue des opérettes et des pantomimes. Je voudrais y voir un théâtre français, qui n'emprunterait à Paris aucune de ses comédies, aucun de ses drames.

La nuit venue, toute ville allemande qui ne veut point se compromettre, se renferme, se barricade et laisse ses rues désertes. Il n'en est pas ainsi de Bruxelles, et ses rues, fort animées le jour, s'allument et se fardent pour la nuit. Dans ses innombrables brasseries, des légions de buveurs s'engouffrent. Les cafés, ces envahissants cafés qui menacent de représenter à eux seuls toute ville moderne, rayonnent et s'emplissent de fumée et de bruit. On y boit beaucoup de bière, du faro, du Xeri-Cobler, — (souvenez-vous de ce nom) du *Xeri-Cobler*, délicieux mélange de

madère, de figues, d'oranges et de vanilles qu'on aspire
avec un chalumeau.

Le dimanche, Bruxelles se promène comme Paris. Les
équipages ordinaires du riche et charmant quartier
Léopold cèdent le pas aux piétons qui défilent en habits
de fêtes. Le jardin botanique est envahi, et le boulevard
de Waterloo transformé en promenade. Quelquefois, au
milieu de la foule, passe en saluant un grand vieillard, à
l'allure ferme et douce à la fois, le nez droit et fin, l'œil
profond, la bouche spirituelle et railleuse, un grand air
de majesté et de bonhomie répandu sur toute sa personne.
Il salue à droite et à gauche, et si vous demandez quel
est cet inconnu qui répond d'un air si affable à tant
de marques de sympathie et de respect : — Mais c'est le
roi, vous répondra-t-on. Ce passant, c'est le souverain,
c'est S. M. Léopold, le plus éclairé des hommes et celui
de tous les rois qui aura été le meilleur parce qu'il l'a été le
moins. Nous nous étonnons beaucoup, nous autres
Français, toujours prêts à chansonner le chapeau gris ou
le parapluie de la monarchie, de ce roi qui paraît sans
royaume parce qu'il est sans gardes, de cette majesté
qu'on coudoie et qu'on salue, et de ces honnêtes princesses qui marchent à pied. Mais les Belges y sont habitués, ils ont la bonne fortune et la bonne habitude du respect. Un jour, dans une fête, les sergents de ville sont
forcés de faire élargir le cercle. Dans la foule se trouvait
M. Van den Peereboom, ministre de l'intérieur; un sergent
de ville le fit reculer comme les autres, et même avant les
autres. Vous croyez que le ministre se fâcha? — Il est
dans son droit, dit M. Van den Peereboom, en souriant.

Le roi des Belges est très-aimé. Un de ses historiens a dit de ce souverain qui apprit à connaître les hommes par les événements et commença son éducation par le champ de bataille et le malheur, que « depuis qu'il règne, il n'a pas fait peut-être une seule faute. » Il n'en a même pas laissé faire sans la corriger. Son esprit éclairé voit tout et comprend tout. Il connaît l'art difficile de payer de bons mots quand il le faut, et si plus d'une fine repartie apocryphe court sous sa signature, c'est que le proverbe a raison, et que l'on ne prête qu'aux riches.

Et le roi n'est pas le seul qui se promène à pied, sans façon, comme vous et moi. J'ai rencontré plus d'une fois le comte de Flandre, ou le duc de Brabant, ou la duchesse elle-même, en voiture découverte, Mme de Namur à ses côtés et ses enfants sur ses genoux. M. Charles Rogier, qu'il ait le portefeuille ou non, va et vient à travers rues comme un bon bourgeois. A le voir, la démarche lente, le sourire plein de bonhomie, un peu courbé, très-aise de sa canne, on ne se douterait jamais que ce petit homme a fait quelque peu la révolution de 1832. Mais, quand il ôte son chapeau, lorsque ce front large et fier apparaît avec sa forêt de cheveux blancs, quand ces yeux énergiques s'animent, lorsque cette taille robuste se redresse, on reconnaît d'un coup d'œil un de ces tempéraments de résistance et d'ardeur comme une génération enflammée en produisit à la fois dans les arts, dans les lettres, dans les sciences et la politique.

A Bruxelles comme à Paris, l'on vit un peu dans la rue. Il suffit de rester quelques heures dans les galeries Saint-Hubert, ces galeries vitrées, qui rendent fier tout

Bruxellois, pour voir peu à peu circuler le Bruxelles qui porte un nom. Bruxelles a un *tout Bruxelles*, comme Paris a un *tout Paris*. Sans cela vraiment, quelle jalousie! Bruxelles, en effet, n'a qu'une ambition, celle d'être surnommée, comme Marseille, *un petit Paris*, — lorsque Bruxelles est mieux que cela, — lorsque Bruxelles est Bruxelles!

XV

Malines. — L'Hôtel-de-Ville de Louvain.— Gand.—Artevelde. — Les dédains
de Froissart. — Van Eyck. — Bruges. — Encore les guides. — L'hôpital
Saint-Jean. — Memling. — La légende de la cheminée de Bruges. — Le
turf et la couleur locale.

Je me réveillai, un matin, au bruit du clairon. Sous mes
fenêtres passait, gaillardement traînée par des chevaux
superbes, le conducteur entonnant belliqueusement une
fanfare, la voiture de poste qui fait le service de Bruxelles
à Waterloo. — Waterloo! Je n'aurais eu garde de manquer ce voyage. Mais la perspective de voyager avec une
douzaine d'Anglais, patriotiquement enveloppés dans
leurs plaids, n'était point faite pour me tenter. Je voulais
d'ailleurs réserver Waterloo pour l'heure dernière, et,
toute fraîche, remporter à Paris cette impression du
champ de bataille. N'y avait-il pas au-surplus Anvers, et
Gand, et Bruges, et Louvain, et Malines, qui me récla-
maient?

Malines est la plus curieuse des villes. Triste, aban-

donnée, avec ses rues envahies par l'herbe, elle n'en
conserve pas moins un cachet intéressant. Certains
de ses carrefours n'ont point changés depuis le xvi^e
siècle ; elle a des maisons sculptées, incrustées de pierres
vertes ou violettes ; elle a surtout son église, Saint-Rom-
bault, qui est admirable. On m'y a montré un Van-Dyck
superbe, mais comme dans toutes les églises belges,
ce tableau est couvert d'un voile que le sacristain seul
peut lever ; d'où, pourboire. Il est à remarquer que Malines n'a pour tout monument qu'une église. Ville essen-
tiellement religieuse, elle a laissé à Louvain cet Hôtel-de-
Ville célèbre que le Parlement de Londres veut imiter,
qu'il surpasse en grandeur, mais qu'il n'égale pas.

A Malines on construit, je pense, un quartier neuf. Les
maçons envahissaient la ville. Maisons inutiles. La ville,
on le sent, est déserte. Les maisons hautes ont peu d'habitants. L'herbe pousse entre les pavés. Risquez-vous
dans certaines rues, les habitants, d'un œil effaré, vous
regarderont braver leur solitude. Sur la Grande-Place,
Marguerite d'Autriche, représentée en marbre et enfermée dans un cercle, tourne le dos à ce sombre édifice à
poivrières qui semble une bastille et qui n'est qu'une
halle ; elle songe à la grandeur déchue de sa bonne ville,
au temps où Malines, qui fournissait les canons de
Charles-Quint, voyait chasser le cerf à travers rues... Et
les maisons ornementées baignent tristement leurs seuils,
devenus vierges, dans les tristes eaux de la Dyle. Il paraît
que, outre les congrès religieux, Malines fabrique de la
dentelle. On veut du moins nous le faire croire. Mais
d'une dentelière, je n'ai pas aperçu le bout de l'ongle.

Louvain n'est certes pas très-gai. Mais la ville est riante à côté de Malines. Puis, en regardant ce merveilleux Hôtel-de-Ville, masse de dentelles, Alhambra européen, chef-d'œuvre de l'art libre et fier, entassement mignon de ciselures délicates, de statues charmantes, de fenêtres, de clochetons, on songe à ceux qui le construisirent, à ces artistes qui, délaissant les basiliques, construisaient les monuments populaires, les cathédrales de la commune, les églises de l'affranchissement. On les revoit ces échevins, ces marchands, ces foulons, ces brasseurs, ces forgerons, ces drapiers, forces vives de la nation, mains de fer, âmes de feu, disputant pied à pied, arrachant leurs franchises, affirmant leur conscience dans l'Hôtel-de-Ville, — la maison commune, la maison de tous, — baptisant leur beffroi, qui sera la voix de la cité, qui sonnera les heures sacrées de la joie et de la douleur, qui, tout haut, parlera pour tous, qui jettera par-dessus la tête des rois sa grande voix d'airain, et appellera la foule à la grand'messe de la liberté. Et l'on a cependant longtemps ignoré le nom de l'homme qui fit ce chef-d'œuvre, qui représenta en pierre l'image de l'émancipation. Dieu merci ! on le connaît à présent. Il s'appelait Mathieu de Layens.

De cette foule des héros de la bourgeoisie, souvent anonymes, émergent les mâles figures de Jacques et de Philippe d'Artevelde. Qui sait tout ce que ces tribuns, semblables à notre Étienne Marcel, ont fait pour l'avenir du monde ? Il faut lire l'histoire des Flandres, à cette époque, dans les chroniques de Froissart. Quelque dédain que le bonhomme ait pour les Flamands, ses récits nous les font admirer. Ce brave Froissart, toujours prêt à admirer la moindre passe-d'armes d'un chevalier, garde toutes ses plaisanteries pour les pauvres vilains : « Il n'était, dit-il, mie bien subtil à faire guerre ni siége, car de sa jeunesse il n'y avait été point nourri; mais de pêcher à la verge aux poissons en la rivière de l'Escaut et du Lis de cela faire avait-il été grand coutumier. » Ce qui n'empêchait pas le *navieur* Philippe de fonder les libertés de la Flandre et de tailler en pièces les troupes de Louis de Mâle et ceux des bourgeois qui *aimaient le comte moult de lès eaux.*

Étant à Gand, j'ai longtemps erré, à travers les rues, demandant l'endroit où l'on avait élevé une statue à Artevelde, mais, dans cette grande ville, nul n'a pu m'indiquer la statue que je demandais. Les Belges sont d'ailleurs fort habiles à faire la sourde oreille et maintes fois semblent ne pas comprendre ce que vous leur demandez. Il y a, je crois, au fond du meilleur d'entre eux une petite jalousie qui les porte à s'égayer aux dépens de ce Français, si narquois chez lui, si mal en point à l'étranger. Toujours est-il que je n'ai pas vu la statue du *Tribun de Gand*, inaugurée, je crois, en 1863. Mais j'ai vu l'Hôtel-de-Ville, avec sa façade italienne et ses ogives, pauvre superbe monument qu'on laisse se détériorer et qui allonge sa façade noircie, tandis que de hideux tuyaux de conduite pour les eaux pluviales grimpent le long de ces dentelures comme des limaces de zinc. Puis, les carreaux brisés, les escaliers usés, une petite porte avec des lettres peintes à la main : *Conservatoire !* L'aspect d'une ruine, une façon de Tour Saint-Jacques avant les réparations, ce qu'il y a de plus triste au monde : une ruine habitée.

A deux pas de là est le beffroi. Un jour, c'était le 16 février 1540, le duc d'Albe y conduisit Charles-Quint, le fit monter tout au haut et lui montrant la ville : — Nid de rebelles qu'il faut détruire, dit-il. Foyer d'incendie qu'il faut étouffer ! Charles-Quint avait demandé à François Ier permission de traverser la France pour aller châtier les Flamands révoltés; il était parti courroucé; il avait bravé ses conseillers et tenté la bonne foi du roi-chevalier qui pouvait changer en prison le palais de Fontainebleau; il avait livré le sort de l'Espagne à un ennemi redoutable, et l'empereur d'Allemagne s'était vu un moment à la merci du roi de France. Charles-Quint regarda le duc d'Albe et lui dit : — Duc, combien croyez-vous qu'il faille de centaines de peaux d'Espagne pour faire un *gant* de cette taille ? — Et le duc s'inclina. Le lendemain, l'empereur Charles recevait la soumission des révoltés et les Gantois payaient d'une amende leur velléité de délivrance. Aujourd'hui Gand n'appartient plus au roi et sur ses monuments s'étale, comme sur les aigles romaines, les lettres fières : — S. P. Q. G. — Le peuple et le Sénat de Gand !

A Saint-Bavon, la cathédrale de Gand, comme à l'Hôtel-de-Ville, on vous montre des carreaux brisés. Vitraux superbes que la populace brisa à coups d'arquebuses en criant *Vivent les gueux !* L'église est belle, avec ses voûtes et ses arêtes élancées, mais ses colonnes du xiiie siècle sont encombrées d'un amas de marbres et de tombeaux noirs ou blancs, ennuyeux, sans pensée et sans poésie. Il faut entrer dans le chœur pour rencontrer un véritable souvenir du moyen âge, ce *cordon* d'écussons dont les couleurs, les dorures et les hermines éclatent encore et qui couronne le chœur tout entier. C'est là, dans ce chœur même, que Philippe II a tenu le dernier chapitre de l'ordre de la Toison d'Or. Les chevaliers étaient assis chacun au-dessous de son écu, sur ces stalles de chêne où les armoiries sont répétées soigneusement.

Un peu plus loin, tout à coup le guide sourit, tire un petit rideau de toile verte, découvre un tableau et dit : — *C'est l'adoration de l'agneau* des frères Van Eyck.

Tout chef-d'œuvre est indescriptible ; il faut le voir, l'étudier, l'admirer. Mais ce chef-d'œuvre des Van Eyck, cette adoration de l'agneau mystique, cette scène de l'Apocalypse, les anges et les saints, les patriarches et les apôtres agenouillés devant l'agneau divin ! Il faut le contempler. L'art flamand primitif n'a rien produit de plus parfait que cette Vierge, vraiment divine, pensive, l'œil profond, illuminée d'un reflet d'en haut. Ce sombre saint Jean, cet Éternel qui semble vêtu d'or, créations d'un artiste plein de foi, inimitables merveilles.

Les frères Van Eyck se sont peints eux-mêmes dans le groupe de la foi nouvelle, et vraiment ils en avaient le droit, ces croyants, ces confesseurs, ces fervents qui mouraient palette en main, qui consacraient tant de soins et de veilles à leur œuvre et qui la signaient modestement *Als ich Kan. (Comme je puis !)*

Voyez ce paysage. Au loin, derrière le groupe sacré, se profilent, dans la brume azurée, les tourelles de la Jérusalem céleste, la terre promise, la grande cité des élus.

Et dire que ce chef-d'œuvre aurait pu être brûlé, comme
tant d'autres, par ces fanatiques qui s'appelaient eux-
mêmes les briseurs d'images!

On marcherait longtemps à travers les rues de Gand
sans se lasser de ses maisons bizarres, de ses pignons à
l'espagnole, de ses canaux immenses, de ses carrefours.
Le Béguinage, une ville en miniature dans la ville même,
a ses rues étroites, et de petites vieilles y glissent comme
des ombres. De tous côtés d'ailleurs, des couvents; çà et
là, des tours écroulées, derniers vestiges des anciennes
fortifications. Déjà le flamand est la langue générale.
Les affiches, même légales, sont imprimées à la fois en
flamand et en français. On se croirait au temps du duc
d'Albe et les Pays-Bas revivent comme autrefois. A
Bruges, il semble qu'ils n'aient jamais changé.

Bruges est resté dans ma mémoire comme la vision
d'une ville du temps passé que la vie moderne n'aurait
aucunement entamée; vieilles maisons, carrefours étranges, sombres ruelles, canaux, places resserrées et désertes, de vastes rues où le pavé se hérisse, où les rares
passants errent, dirait-on, mystérieusement. On se croirait en plein moyen âge, n'étaient ces effroyables guides,
sur lesquels je reviens toujours et qui vous harcèlent et
vous tiraillent d'une façon sauvage. On cède au dernier
venu et l'on écoute ses explications banales. Mais cette
fois nous étions véritablement mal tombés. Point ou peu
de renseignements, une tête dure à l'entendement, un
guide tout troublé dès qu'on l'arrêtait dans sa leçon.
Nous voulions déjeuner. Il nous entraîne dans un restaurant, et pendant que nous mangions très-modestement

dans la salle commune, il s'empiffrait gaillardement à l'office, si bien que la carte à payer s'éleva assez haut et que le guide sortit titubant. Il essaya de nous prouver que la nourriture était comprise dans la journée que le voyageur payait au guide, et nous conduisit à la cathédrale de Saint-Sauveur, en nous vantant le type espagnol des femmes de Bruges. Je connaissais le vieux dicton : *Formosis Bruga puellis.*

Le style de Saint-Sauveur est d'une médiocre richesse, et ces couleurs de touches de pianos que le marbre noir et blanc des mausolées donne à toutes les églises belges se retrouve dans le jubé de style moderne, qui fait un déplorable effet. Çà et là, adossées aux piliers, de méchantes statues, mais, de tous côtés, des peintures remarquables et de ce côté même un chef-d'œuvre, un tableau qui surprend. Une tête de vierge, rien de plus. Mais ce visage ravagé, pâle, maigre ; ces yeux, dont les larmes ont rongé les paupières, arraché les cils, ces joues sillonnées de pleurs, ce regard plein d'accablement, ne vous sortent plus de la mémoire. Temps de foi et de douleur, où les artistes croyaient assez pour peindre l'*Adoration de l'Agneau,* souffraient assez pour créer cette *Mater dolorosa.*

Dans une chapelle latérale, un tableau non célèbre attire et fait songer. C'est la *Mort de saint Roch.* Le saint est mort, couché dans ses vêtements en lambeaux, auprès de son chien, qui mourra là aussi. Un ange vient, et sur la poitrine du bienheureux écrit ces mots : *Celui-ci est Roch !* Dieu le reconnaîtra.

Le marguillier nous conduisait à travers l'église, tan-

dis que notre guide, assis sur une chaise, cuvait tranquillement son vin. Le marguillier haussait les épaules
et blâmait beaucoup cette ivrognerie. — Tu sais, monsieur, me dit-il tout à coup, que cet homme-là a six enfants! — Et il ajouta, sans remarquer l'étonnement que
me causait son tutoiement insolite : Six enfants à nourrir, comment ça va-t-il? — C'est que nous étions en
pleine Flandre, et que le tutoiement est la formule d'u-
sage. Comme nous sortions , nous retrouvâmes notre
guide profondément endormi et ronflant en père de famille. — Laissons-le là, dit le marguillier. L'église est
bien chauffée. Je le réveillerai ce soir. — Et, délivrés de
tout guide, nous voilà visitant librement cette admirable
ville de Bruges.

Tout près de la cathédrale, sur une petite place qui fait
face à l'hôpital Saint-Jean, était jadis le cimetière. Il en-
tourait l'église de Notre-Dame, où sont les tombeaux de
Marie de Bourgogne et de Charles le Téméraire. Un beau
jour, tout ce cimetière fut bouleversé, de fond en comble,
et les ossements de ceux qui dormaient là réunis en un
ossuaire. Le seul souvenir de ces morts est gardé par un
calvaire, dans le piédestal duquel on a incrusté des crà-
nes et des os qui ont appartenu peut-être à quelque grand
de la terre. Et nous regardions jouer, au soleil, sur les
débris de tombes dont on a pavé la petite place, des enfants qui logeaient leurs billes en riant dans la cavité que
l'œil, en se desséchant, avait laissée dans ces têtes de morts.

L'hôpital Saint-Jean et sa petite salle transformée en
musée sont bien ce qu'il y a de plus curieux à Bruges.
Une porte en bois, garnie de clous de fer, s'ouvre sur une

voûte où l'on pénètre, et au bout de laquelle on sonne à une porte fermée. C'est une religieuse, le visage à demi caché par sa coiffe, qui vient nous ouvrir. Elle s'incline et nous conduit sans mot dire dans une petite pièce donnant sur la cour, et où l'on a réuni quelques toiles, dont plusieurs sont d'étonnants chefs-d'œuvre. C'est là que sont exposées les merveilleuses peintures de Memling, dont nous ne pouvons avoir en France aucune idée. Il y a peu de temps d'ailleurs que ces peintures sont populaires. Si, comme l'a dit M. Vitet, ni les commissaires de notre République, ni les préfets de l'Empire, lorsqu'ils faisaient leurs moissons de chefs-d'œuvre, n'ont su découvrir ceux-là, c'est que ces inimitables chefs-d'œuvre étaient vraiment ignorés et comme enfouis dans ce sombre et silencieux hôpital. Et pourtant, jamais ces tableaux ne sont sortis de ce lieu ; c'est là qu'ils sont depuis des siècles, c'est là qu'ils ont été faits, et par qui ? Un jour de l'année 1477, lorsque la nouvelle de la bataille de Nancy était à peine encore connue à Bruges, un soldat du duc de Bourgogne sonnait à cette petite porte de l'hôpital Saint-Jean que nous venons de franchir. Il demandait des soins, un refuge, un asile, un coin où mourir. On le soigna, on le sauva, et, dès qu'il fut debout, le soldat dit qu'il se nommait Memling (ou Hemling, ou Memline, ou Hemmeline, on l'ignore) et qu'il faisait profession de peindre des tableaux. On lui donna des pinceaux, des couleurs, des panneaux, et durant plusieurs années, Memling, enfermé dans l'hôpital Saint-Jean comme Lesueur chez les Chartreux, peignit et dota l'hôpital de ces chefs-d'œuvre sans égaux qui sont sa gloire.

Telle est la chronique et peut-être la légende de Memling. Mais telle qu'elle est, je veux la croire, et j'aime à retrouver un grand artiste sous le casque d'un soldat du Téméraire.

Les merveilleuses peintures que celles de ce triptyque, où le *Mariage mystique de sainte Catherine* s'encadre entre la *Décollation de saint Jean* et *Saint Jean écrivant l'Apocalypse*. Quelle indescriptible grâce et quelle vérité! Comme toutes ces figures sont vivantes, animées, parlantes; comme ces yeux étincellent du feu de la foi; quelle suavité dans ces corps un peu grêles de jeunes filles; quelle étonnante vie dans ces saints et ces saintes, vêtus à la mode d'alors, et dans les figures de ces deux frères de l'hôpital! Mais le peintre a fait appel à toute sa grâce, à toute la délicatesse de son pinceau, à tout son génie pour peindre ce visage de la jeune Salomé qui reçoit dans un plat la tête de saint Jean. Elle se détourne, un peu effrayée, encore pudique, toute tremblante, et Memling a éclairé ce visage des délicatesses les plus charmantes. Pendant que nous contemplions ces purs chefs-d'œuvre, le gardien avait mis dans la main de deux gros visiteurs une loupe formidable, et ces amateurs s'extasiaient beaucoup, non pas sur cette suavité de pinceau ou sur les merveilleux horizons qui encadraient toutes les peintures, mais sur les petits poils que Memling avait mis aux jambes de son saint Jean.

Surtout ne prenez pas, à cause de ce détail, Memling pour un réaliste. Ce dernier trait ne vient chez lui qu'en dernière ligne, et sa préoccupation première, c'est le regard, c'est l'expression, c'est la pensée de ses personnages. Il faut voir dans la Châsse de sainte Ursule, dans ces étonnantes peintures qui sont des miniatures peintes avec la largeur d'une fresque, tout ce que l'artiste a su mettre de finesse, d'éclat, de pensée et de couleur. On connaît assez, je crois, la légende des onze mille vierges de Cologne, dont Voltaire s'est moqué sans pitié. Elle a été retrouvée tout entière dans le manuscrit de Sigebert. C'est l'histoire, ou plutôt la légende d'une fille d'un roi de l'Heptarchie, Ursule, convertie au christianisme, et qui, pour ne point épouser je ne sais quel prince païen, s'embarqua en compagnie de onze mille jeunes filles, vierges comme elle. La flotte aborda à Cologne, et la reine Sigilandis accueillit Ursule et ses compagnes qui s'embarquèrent pour Bâle, et, de là, à pied, se rendirent à Rome. Elles devaient, à leur retour, être massacrées, les uns disent par les barbares, les autres par les soldats de l'empereur Maximien. Cologne, en tous cas, conserve pieusement les ossements des onze mille martyres dans une de ses églises, et Memling a illustré leur pèlerinage.

Tout est grâce et séduction dans cette suite de scènes charmantes, et Memling, qui nous montre le cortége des blondes filles depuis l'Angleterre jusqu'au retour, a poussé la délicatesse du pinceau jusqu'au génie.

Voici les détails de l'embarquement et de la navigation du Rhin : Cologne profilant sur le ciel les clochers dentelés de ses églises, le cortége arrivant à Bâle, le pape recevant Ursule à Rome, le retour — et les vierges enfin percées de flèches et de glaives. Tout cela, traité avec la finesse et la largeur, la poésie et l'observation qui

font à la fois songer aux peintures mystiques de Fra
Angelico ou de Filippo Lippi, et aux merveilles de réalité
de Gérard Dow. Aquarelle, peinture de miniaturiste,
a-t-on dit. Soit. J'avoue que la science fait souvent
défaut et que Memling a, par exemple, été beaucoup plus
complet dans le triptyque dont je parlais tout à l'heure ;
mais cette châsse, ces scènes de la légende, ces portraits
de la sainte et de la Madone sont des merveilles de coloris et d'éclat, jeunes après quatre cents ans comme le
jour où les peignit l'artiste, et qui témoignent de l'inspiration et de l'abnégation de celui qui les a créées.

Et que de peintures encore dans cette petite salle qui
retiendrait le voyageur des jours entiers ! C'est l'*Adoration des Mages* ; c'est une sainte Véronique ; c'est un
merveilleux *Philosophe* de Van-Oost, des Téniers, des
Beerblock, des Maes. — Quand on se décide à les quitter,
le gardien vous tend une plume et vous montre un
album en vous priant d'y écrire votre nom et vos *titres*.
Tout en écrivant, je lus le nom de ce monsieur qui exa-
minait les Memling à la loupe : *J.-S. Sherman, esq. de la
maison Thompson, Edward and Sherman brothers, Liverpool.* Un Anglais ? Je l'aurais parié !

En sortant du musée pour gagner la rue, nous entrâmes à l'hôpital. L'hôpital Saint-Jean est situé dans une
grande salle du rez-de-chaussée ; le plafond bas, des piliers
d'ordre roman soutenant la voûte sombre, des lits rap-
prochés à rideaux jaunes et tristes, partout l'inévitable et
bienfaisante propreté flamande, mais je ne sais quoi de
triste et de pauvre —en apparence—car la fortune de l'hôpital est immense et les pauvres et les malades en profitent.

Pour décrire Bruges, il me faudrait un quart de volume. Le beffroi, cet audacieux, ce Titan des campaniles, a trouvé son peintre, et ces rues, ces places, ces maisons, ces toits ont été décrits merveilleusement, au début d'un livre que je lisais, là-bas, à Bruges même, comme pour m'émerveiller deux fois.

Ouvrez *Catherine d'Overmeire* à la première page, et lisez. Bruges a son Hôtel-de-Ville, que Napoléon regrettait de ne pouvoir placer sur un camion et transporter dans la cour des Tuileries, un vieil et superbe édifice aujourd'hui dépossédé des quarante statues de comtes et de comtesses de Flandres, en pierre peinte et dorée qui flanquaient ses fenêtres, mais beau encore, en dépit des réparations et des anachronismes. Que de choses ont vues ces pierres, et de quel bruit retentissait cette maison commune, au siècle où Londres, n'ayant encore que trente-cinq mille habitants, Paris en avait cent dix mille et Bruges autant que Paris! C'est de là que partit le signal de l'émancipation politique des artisans; c'est là qu'on proclama pour la première fois que les classes ouvrières avaient droit à l'instruction; c'est là que les bourgeois réunis relevèrent le gant jeté par le roi de France et, au mot *force*, pour la première fois répondirent par le mot *droit*. Temps de luttes, d'action, de bruit, de richesse, de splendeur! Aujourd'hui, le silence, l'ombre, quelques rares visiteurs franchissant ces degrés qui regorgeaient de grands seigneurs autrefois. A la place où Charles le Téméraire passait, un guide qui vous montre le tableau d'un artiste belge, *Charles le Téméraire retiré de l'étang*.

La curiosité principale de Bruges, c'est la Grande-Cheminée, où le chêne, la pierre et l'albâtre s'unissent pour faire une surprenante œuvre d'art. Cette cheminée est immense, taillée, niellée. Un homme tient à l'aise sous son manteau, et le plus délicat ivoire n'est pas sculpté avec plus de soin que sa frise ou ses bas-reliefs. Elle date du XVIe siècle, et dans cette salle, depuis peu réparée, en regardant ces stalles de chêne luisantes, cette table sévère, ce parquet, ce plafond historié; en évoquant les noms de Marguerite d'Autriche, tante de Charles-Quint et gouvernante des Pays-Bas — qui laissa les magistrats du Franc construire, en 1528, cette cheminée dédiée à Charles-Quint, vainqueur de Pavie — on pourrait se croire au temps où les éperons espagnols retentissaient dans ces hautes salles, si en regardant les tapisseries de la salle, une inscription trop moderne ne venait dissiper toute illusion. Siècle passé! Flandres! Pavie! Don Carlos! dit la salle. — La tapisserie répond par l'adresse de son fabricant : *Braquenié frères, rue Vivienne*. Adieu la féerie!

La grande cheminée de Bruges a son histoire et sa légende, comme bien des choses et bien des hommes. L'histoire dit que Marguerite d'Autriche amena de Dijon, en Flandre, son tailleur d'images, nommé André Colomban, et lui commanda cette façon de monument. Elle varie quelquefois sur le nom du sculpteur et l'appelle André Halsmann. La légende raconte que vers l'an 1527, vivaient en Flandres deux imagiers rivaux, dont l'un se nommait Jacques Van der Pitt, et l'autre simplement maître André. Ces histoires de rivalités, de haines et de meurtres remplissent les chroniques du moyen âge. Cette année-là (1527), maître André venait de sculpter la chaire en bois de l'église de Saint-Martin d'Ypres, et ce coup d'éclat semblait assurer pour jamais sa supériorité. Maître André vivait à Bruges avec sa fille, chez une vieille tante qui passait pour très-riche. Un soir, la vieille femme est trouvée chez elle assassinée. Jacques Van der Pitt accuse Maître André, qu'on arrête et sur lequel on trouve nombre de pièces d'or. Reconnu coupable de meurtre, André, malgré les protestations énergiques et la défense du doyen de Saint-Donat, est condamné à mort sans pitié. Maître André se lève alors, et, dans la salle du Franc, demande pour dernière grâce la permission de sculpter une cheminée qu'il fera, dit-il, si belle, que l'œuvre saura plaider la cause de l'ouvrier. On y consent, et dès le lendemain, l'imagier est amené entre deux gardes dans cette salle; il se met à l'œuvre jusqu'au soir et se repose la nuit seulement dans sa prison. Un an après sa tâche était remplie, le chef-d'œuvre était fait; un an après, le doyen de Saint-Donat avait enfin découvert la vérité et prouvait aux juges que la tante de maître André avait été assassinée par Jacques Van der Pitt, jaloux de la gloire et du bonheur de son rival. On court à la prison de maître André; on l'ouvre toute grande. — André, maître André! dit le doyen de Saint-Donat, vous êtes libre! Mais André s'était ouvert les veines dans sa prison. Il était mort.

En songeant à la légende (toujours plus touchante que l'histoire) on regarde l'*Histoire de Suzanne* sculptée en albâtre sur un des bas-reliefs de la grande cheminée de

Bruges, et l'on rapproche cette chronique de Suzanne accusée et innocente, elle aussi, de la légende du pauvre imagier. Qui sait vraiment si l'histoire n'est pas une légende et la légende une histoire ?

Bruges, on le voit, est surtout riche de monuments et de souvenirs. Un voyage à Bruges, c'est surtout un voyage dans le passé. Le costume même des femmes a quelque chose des vêtements d'autrefois. A les voir passer enveloppées dans leurs *failles*, grands manteaux de drap noir à capuchon qu'elles portent fort gracieusement; à les voir se glisser le long des vieilles murailles, on se figure sans trop d'efforts que le monde n'a point vieilli depuis la conquête espagnole. Mais, hélas! on inaugurait, quand je passai à Bruges, *la première journée des courses*. Adieu le pittoresque avec le derby! Le turf et le romanesque s'excluent mutuellement. J'ai songé aux courses de Vincennes, et j'ai prédit, sans être prophète, la ruine prochaine de ce costume si charmant....

XVI

Ostende. — La mer du Nord entrevue. — Les pêcheuses. — Campagne flamande. — La campine. — Arrivée à Anvers. — Le carillon. — Le musée et
l'église. — Question de la gratuité des monuments.

Entre Bruges et Ostende ; entre une grasse campagne
semée de marécages qui fait songer déjà aux polders de
la Hollande et la mer, la vaste mer ; entre le silence
et le bruit, il n'y a pas une heure de chemin de fer.
Ostende est une ville d'eaux, une ville de luxe et de
plaisance où l'on prend assidûment les bains de mer.

Ostende a cela de supérieur aux villes des bords du
Rhin, que la mer est là, la mer, cette grande séduction,
cette éternelle enchanteresse. Puis, faut-il le dire ? Ostende
n'a pas de roulette ; elle a son établissement de bains
comme Arcachon, comme Dieppe, comme Cherbourg ;
c'est bien assez.

Cette mer est là toujours menaçante et sombre ; c'est
déjà la mer du Nord, qui n'a pas de sourires comme
l'Océan, qui ne se joue pas sur le sable comme la Méditer-

ranée, qui gronde et mugit. Parfois, aux heures mauvaises, elle semble vouloir envahir la jetée, et vient s'y briser. Avez-vous vu au Louvre la *Tempête*, de Ruysdaël ? C'est cette mer que l'artiste a peinte.

Ostende est une ville riante ; ses allures sont pourtant britanniques. Spa est française, Ostende est anglaise, comme Boulogne. Les rues sont propres à la façon des rues neuves d'Aix-la-Chapelle ; les serrures et les cuivres de ses maisons brillent comme ceux de Londres. Les trottoirs sont, au reste, dotés de perrons à rampes de fer qui sentent décidément l'Angleterre. Les enseignes sont écrites en anglais.

Une des curiosités d'Ostende ce sont ses écluses. Elles sont magnifiques. L'école de navigation passe pour une des meilleures de la mer du Nord. Ostende a des pêcheries renommées. En vain ai-je cherché dans les vieilles rues une trace de ce fameux siége que les Hollandais y soutinrent, au xvie siècle, contre les Espagnols. Les antiquités sont rares. On m'a montré pourtant une maison où logea, m'a-t-on dit, Louis XV en 1745, lorsqu'il entra à Ostende, qu'il avait bombardée pendant plusieurs semaines. Lorsqu'on voyage à l'étranger, chaque souvenir de la France devient précieux. Là où un compatriote a passé — ce *compatriote* fût-il *Louis le Bien-Aimé* — il semble qu'on retrouve quelque chose de la patrie.

Mais Ostende a d'autres chroniques que des chroniques de guerre : elle se vante avec raison d'avoir assisté à la première préparation du *hareng caqué*, en 1403. Ce furent des pêcheurs nés chez elle, Gilles Benkels et Jacques

Kien, qui eurent l'idée de cette invention. En Hollande, ces noms sont aussi célèbres que celui de Ruyter, qui gagna cent batailles. Ce pêcheur de hareng devait plus faire pour la postérité et peut-être pour la gloire de son pays que l'amiral tant de fois vainqueur.

Ostende a d'ailleurs toute la physionomie d'un magnifique port de mer. La ville sent le goudron et ses rues sont encombrées de marchands de coquillages. Les pêcheuses ont eu le bon goût de conserver dans son intégrité le costume national. Elles marchent en jupon court, portant au bout d'un bâton deux seaux d'eau, comme les *aquadores* espagnols. On les rencontre partout, et jusque sur la digue, où les baigneuses vont se donner l'émotion d'entendre la mer battre les constructions de bois et de sentir la lame caresser leurs brodequins. Je me rappellerai toujours l'exclamation douloureuse de mon compagnon de voyage se reprochant d'avoir traversé Épernay sans boire de champagne au buffet de la station. Je pourrais m'écrier de même que j'ai visité Ostende sans manger d'huîtres. Mais depuis que j'ai appris que ces huîtres d'Ostende viennent d'Angleterre, de Colchester ou d'Harwich, je suis considérablement consolé.

C'est aux environs d'Ostende et d'Anvers qu'on peut parfaitement juger la campagne flamande. A la vue de ces plaines vertes, de ces longues prairies, de ces bœufs tachetés paissant l'herbe drue, de ces vivants tableaux de Paul Potter, on peut se faire une idée du sentimen intime qui unit de si bonne heure le Flamand à la Flandre et donna aux artistes de ce pays ce merveilleux instinct de la nature qui ne se développe en nous que plus tard.

16

De bonne heure le Flamand, toujours troublé par les guerres, dut sentir s'affaiblir en lui le sentiment religieux. Toute persécution amène une concentration. Le Flamand, envahi par ses seigneurs ou par l'étranger, ne connut d'autre refuge à tous ces maux que son coin de feu, sa famille, son pot de bière et ses larges plats. Point de danger qu'il s'amuse à contempler les grandes batailles, les mouvements d'armées ou à écouter le bruit des clairons. La guerre! Il la connaît, il sait ce qu'elle coûte de sang et de pleurs, Ses spectacles, à lui, ses spectacles consolants, c'est une kermesse joyeuse, un repas gras et gros, un bal en plein air ou dans une auberge, ou tout simplement une fête des rois, célébrée entre amis et parents. Aussi, quand il veut peindre, il n'ira chercher ni sujet religieux dont il n'a que faire, ni sujet belliqueux, mais bien tableaux de cabarets ou d'intérieurs, réjouissantes échappées sur la campagne, fenêtres ouvertes sur les prés, tout ce qu'il aime, tout ce qu'il connaît, tout ce qu'il adore. A tout cela, il ajoute ce sentiment de naïveté narquoise qui siffle à travers les fabliaux flamands ; et c'est ainsi que se fonde cet art ami de la vérité, de la vérité intime, souvent bas et brutal, toujours merveilleux d'observation, de naturel et de franchise.

Plus tard, les Rubens et les Van Dyck, ces maîtres merveilleux, viendront qui apporteront les qualités flamandes dans la peinture religieuse et l'art décoratif, mais qui, n'ayant point la foi des maîtres italiens ou des Van Eyck et des Memling, s'écarteront bien souvent de leur voie naturelle pour marcher un peu en arrière dans celle des Titien et des Vinci.

Mais n'est-il pas curieux que cette Flandre fût en possession de la vérité dans l'art alors que nous cherchions, hésitions encore et que nos artistes tâtonnaient au milieu des aspirations nouvelles et des vieux souvenirs mythologiques?

Aussi bien, tout en contemplant ces grasses plaines et ces bœufs tranquilles, tout en songeant à Téniers, à Gérard Dow, à Potter, à Jordaens, après avoir quitté Ostende, et repris à Gand le railway, nous avons oublié que la vapeur a marché et que nous sommes à présent à Anvers.

Il faisait nuit. Le chemin de fer du pays de Waes nous avait déposés sur le bord de l'Escaut, aux pieds des fortifications de la tête de Flandre. Devant nous la masse sombre de la ville étincelait çà et là de lumières. On distinguait vaguement dans la brume les silhouettes bizarres des vaisseaux à l'ancre. Un énorme bateau, éclairé par des falots de résine, attendait, prêt à traverser le fleuve, devenu mer à cet endroit. Ces rouges lumières sur de rudes visages, la foule plongée dans le clair-obscur, l'eau clapotant et réflétant en les allongeant les lumières de la ville, ce mélange de clartés et d'ombres formaient un sinistre tableau. On nous débarqua sur le quai Van-Dyck, au milieu d'une ville endormie où nous ne connaissions âme qui vive. C'est un de mes souvenirs de gaieté. Nous voilà errants à travers les rues ignorées, interrogeant ces dédales, nos pas résonnant sur les trappes de bronze qui s'ouvrent des caves sur les trottoirs, fort étonnés des silhouettes des maisons hautes, des madones au coin des rues, en vêtements de soie, devant des lampes allumées, lorsque, devant nous, surgit du pavé une énorme masse de pierres, percée à jour, qui était la cathédrale. Nous regardons un moment ce merveilleux jet de granit, puis notre course recommence. Est-ce le hasard? Nous ne trouvons pas d'hôtel. Nous voici dans les vastes et belles rues qui mènent à la porte Kipdorp. Point d'hôtels, point d'enseignes. Nous arrivons aux fortifications, et rebroussons chemin. Soudain, comme pour nous narguer, le carillon de la cathédrale se met en branle, et strident, sautillant, aigre, flûté, riant, ricanant, s'égayant, il nous nargue, il nous énerve, il nous irrite, il nous ennuie de tous les airs d'opéra-comique imaginables. Et pas d'hôtel!.. *Tin, tin, tin, tin,* dit le carillon. — Quelle heure est-il? — Minuit et demi. A Anvers, autant dire deux heures. *Tin, tin, tin, tin!* Il ne s'arrêtera pas, le grand railleur, il ne s'arrêtera jamais. Sur la *Place-Verte,* dans la nuit, Pierre-Paul Rubens, fièrement campé sur son socle de marbre, semblait nous contempler d'un air dédaigneux. *Tin, tire lin, tire lin, tin, tin.* Qui diable a inventé les carillons? A quoi sert, je vous prie, cette épinette monumentale? — Ah! mon Dieu, dit mon compagnon, voici un hôtel! un hôtel!... *Tire lin, tin!* Je me moque du carillon maintenant. — *Hôtel Saint-Antoine,* vous avez raison, entrons.

Nous frappons, nous sonnons, on ouvre. — Que demandez-vous? — Deux chambres et deux lits. — A cette heure-ci?—Il est à peine minuit!—*Tire lin, tire lin, tin, tin, tin, tin!*—Et d'où venez-vous? Nous inspirons décidément une médiocre confiance au garçon d'hôtel. Il se décide pourtant à nous ouvrir.—Une chambre, vite, une chambre

—*Tin, tin, tin, tin, tin !* Pardon, vos noms d'abord ? — Le voyage en chemin de fer au mois de juillet, en pleine poussière, nous a donné l'air quelque peu négligé. — Voici ma carte. — Et la mienne. Le garçon les prend d'un air de doute. *Tire lin, tire lin !...* Mille francs à celui qui cassera cette mécanique musicale. — C'est à vous, ces cartes? demande le garçon. — C'est à nous ! — Mais tout à coup, il se mit à sourire : — Monsieur est journaliste? Cela ne m'étonne pas ! — Pourquoi ? hasardai-je timidement. — Monsieur a si peu de bagages!

Impossible de prouver que j'avais laissé mes bagages à Bruxelles. — Oh ! monsieur, ajouta le garçon, j'ai servi à Paris, moi!... Il eut pourtant l'extrême obligeance de nous indiquer deux chambres vacantes, et se retira sans ajouter mot. — Pardon, garçon, m'écriai-je alors, vous ne nous demandez pas si vous avez besoin de quelque chose?... — Il ne comprit pas. Et le carillon chantait toujours. Je dois dire que ce carillon maudit est encore le meilleur moyen qu'on ait trouvé pour s'endormir, *Tire lin, tin !* Je n'étais pas plutôt couché que ma paix était déjà faite avec le carillon de la cathédrale. *Tin, tin, tire li, tin, tin, tin, tire li tin, tin, tin, tire li tin tin taine...* Il attaquait en ce moment la marche du *Prophète.* Mais je n'en entendis que les premières mesures.

Le lendemain, nous déjeunions sur le port, avec la brise de la mer pour condiment et tout le mouvement de ses mille bateaux pour spectacle. Anvers, dont la population s'accroît de trois mille âmes par an, est une ville gaie, vaste, riche et animée. Il faut voir son port, tout encombré de vaisseaux, cette forêt de mats et de cordages, ce bruit, cette animation, ces blés qu'on amène d'Odessa, qu'on décharge par milliers de sacs, ces laines qu'on embarque, ces pavillons de toutes nations qui flottent avec orgueil. Hélas! dans tout cela, pas un drapeau français! Que de tableaux tout faits, quel pittoresque mouvement; encadrez un coin de Liverpool dans un amas de maisons sculptées, à pignons dentelés, jaunes ou vertes, et vous aurez Anvers. On y aime médiocrement la France, si j'en juge par les deux ou trois discussions que j'ai fait naître autour de moi en parlant de ces fortifications élevées contre nous dans une ville que nous avons affranchie. N'importe. On y vit joyeux, au milieu de surprises sans nombre.

La cathédrale, Notre-Dame, a le tort d'être fermée aux visiteurs pauvres, et la célèbre *Descente de croix* ne se dévoile que devant l'argument métallique. Ceci est un abus que la Belgique devrait supprimer. Cette *Descente de croix* vaut d'ailleurs tous les sacrifices, Rubens n'a rien fait de plus beau, de plus sévère et de plus lumineux. Anvers est d'ailleurs constellé de ces chefs-d'œuvre de Rubens. L'*Assomption*, l'*Élévation*, la *Flagellation*, églises et musées, tout regorge des peintures de ce maître étonnant, dont l'œuvre, aussi surprenant par la valeur que par le nombre, n'a pas d'équivalent peut-être. Aussi bien les faméliques de la couleur fraîche seront satisfaits. Oui, qui a donc appelé Rubens *un ogre?*

Je dois avouer que je n'ai point fait l'ascension de la tour, de cette gigantesque tour, plus admirable encore le jour que la nuit, et qui arbore parmi ses merveilles une horloge géante en guise de cocarde. Le guide m'a bien dit que de là-haut on découvrait la Campine tout entière, et l'Escaut, et Malines, et Louvain, et le clocher de Sainte-Gudule, mais cette ascension m'a peu tenté. Quel plaisir d'ailleurs de découvrir, à l'horizon un brouillard, et de l'admirer sur parole. On vous montre un arbre, on vous dit : ceci est Notre-Dame. On ajouterait : c'est le Parthénon, qu'on admirerait sur parole.

Rubens repose dans cette cathédrale — qui abrite aussi non loin de là Quentin Metzys — comme au centre de sa gloire. L'inscription est longue qui dit tous ses titres, et porte ses armes. Il y a cinquante ans, on a ouvert le caveau où il repose, on a cherché son squelette parmi les fragments d'os et de cercueils. On ne sait où il est. Quelle singulière idée de profaner ainsi les sépultures?

La Flagellation, cette vigoureuse et fière peinture, est placée dans l'église Saint-Paul, qui contient aussi de remarquables toiles de Gaspard de Crayer. On a élevé là, dans l'ancien cloître, un immense calvaire où les apôtres et Jésus semblent jouer quelque scène grotesque des mystères du moyen âge. Cela a d'ailleurs, au premier abord, quelque chose de saisissant.

Défiez-vous des guides, à Anvers comme ailleurs. Depuis le commencement de ce volume, le guide est le *traître* patenté. On m'a promené à travers cinq ou six collections particulières avant de me conduire au Musée où je voulais aller. Quelques-unes de ces collections sont vraiment remarquables. La Belgique en général, et Anvers en particulier, sont millionnaires en fait de tableaux. D'autres musées contiennent des batailles signées Victor Adam, qui font singulièrement ressortir les Rembrandt, ou les Van Dyck. Quant au Musée, il est sans prix. Pour en parler il faudrait un livre, un livre entier. Ici l'art flamand rayonne de tous côtés, et depuis les élucubrations fantastiques des peintres inconnus du moyen âge, jusqu'aux peintres belges d'aujourd'hui, tous ont une œuvre en ce temple, qui semble élevé au triomphe de l'art des Pays-Bas. Que de bonnes heures passées devant ces chefs-d'œuvre inconnus pour nous! Souvenez-vous de votre surprise lors de votre première entrée au musée du Louvre! Ici, tout vous est nouveau, tout vous attire, les premiers essais de l'école hollandaise, et l'épanouissement des grands maitres, et parmi cette lumineuse pléiade, Rubens semble éclater de toute la puissance de son inépuisable génie. On a bien des choses à voir dans cette grande ville, la Maison Commune semble à un monument italien, la Bourse, la Maison Hanséatique, la vieille boucherie, et cette demeure où Rubens mourut, les jardins, la citadelle, les remparts, mais ce qu'il faut revoir, ce qui attire et fascine, c'est encore le Musée, immense merveille que nous devons éternellement envier à la Belgique, et où il faut aller pour juger et étudier plus d'un peintre.

Et pourtant de telles merveilles sont lettres closes pour bien des gens! On m'a raconté qu'un voyageur parisien se hasarde un jour dans le musée d'Anvers. Il en sort consterné. Sa grande préoccupation était celle-ci :

— Pourquoi laisse-t-on — sans la réparer — dans la salle d'entrée, une chaise qui a appartenu à Rubens?

Notre Parisien peut se désoler encore. La chaise est toujours au musée d'Anvers, avec son cuir fauve déchiré,

sa couronne de fleurs et son inscription : PET. PAUL
RUBENS, 1633.

Je ne reprocherai à ce Musée que ce que j'ai reproché
déjà aux églises belges, la non-gratuité de la visite. Le
marguillier de l'église ou le portier du musée vous attendent, vous guettent, vous tendent la main. Il faut
donner ou ne rien voir. La porte du musée est close, le
rideau de serge verte est tendu. La France a la généro-
sité d'ouvrir ses collections et ses musées gratuitement
aux étrangers. C'est une politesse qu'on ne dédaigne pas.
En payant pour visiter une exposition, on songe à ce
conte, que j'ai lu quelque part, d'un gentilhomme espagnol qui, ruiné, sans un maravédis, vivait du produit
d'un Murillo qui, de tout temps, avait appartenu à sa famille. Son unique domestique, déguisé en guide, harpon-
nait le voyageur aux angles des rues, l'amenait au palais
en ruines, lui faisait donner un ou deux douros, et le
maître, le soir venu, partageait avec le valet. Ceci soit
dit pour un bon entendeur. En ce pays belge, terre d'hospitalité et de franchise, on est tout étonné lorsque se
dresse devant vous quelque obstacle. — « La bourse ou
la vie! » est un mot ennuyeux à entendre, mais : « Le
tableau ou la bourse! » n'est pas une invitation trop gra-
cieuse. Je vote pour les musées ouverts à tous et pour
les tableaux de Rubens sans voile de serge verte. En
vérité, si l'on consultait tous les voyageurs, on en trouverait, je le parie, plus d'un pour voter avec moi.

XVII

Deux pages de digression. — Un publiciste et un poëte belges. — François et *Fransquillons*. — Cours de M. Potvin. — Les chiens de Bruxelles.

Au moment où je visitai la Belgique, l'an passé, le pays tout entier s'occupait d'élire ses députés. On parlait beaucoup, on discutait, et je ne pouvais faire un pas sans me heurter contre des affiches ou des distributeurs de prospectus. Non pas que je m'en plaigne et que j'aie témoigné mon mécontentement durant une minute. Il faisait bon, au contraire, voir ces libres manifestations des opinions diverses, lire ces avis aux électeurs qui donnaient rendez-vous en tel endroit aux membres de tel parti, et cela sur les murailles mêmes de la ville. Le droit de réunion existe pour tous; catholiques et libéraux s'entendent comme bon leur semble pour triompher les uns des autres, et, cependant, l'autorité se croise les bras. Libéraux et catholiques se combattent avec acharnement, mais des deux côtés on respecte la loi.

Un publiciste belge d'un talent vraiment rare, M. Émile

de Laveleye, a exposé, dans son volume de *Questions con-temporaines*, l'état actuel du parti catholique en Belgique. M. de Laveleye, écrivain libéral, a combattu avec courage ce parti avec lequel il ne veut aucune transaction et aucun accord. On pourra juger de la vivacité des luttes qui ont lieu dans ce pays belge en lisant ce travail d'un homme parfaitement ennemi de tout excès. Les passions religieuses ne sont guère calmées dans le Brabant et les Flandres, et il n'y a pas longtemps que l'on chantait à Gand et à Anvers ce refrain, digne des plus mauvais jours du xvie siècle :

> *Op ! op !*
> *Kloefen op, enz.*
> Sur les huguenots,
> Levons nos sabots !

Le parti clérical est fort puissant en ces contrées, et, tandis que les libéraux sont malheureusement divisés par de misérables questions de nuances, les catholiques obéissent comme un troupeau au mot d'ordre qui les conduit. Ce qui n'empêche pas que souvent ce parti succombe. On l'a vu aux élections dernières.

La lutte des deux partis hostiles se manifeste, comme de juste, par des publications armées en guerre qui donnent une idée de l'exaspération réciproque. Les brochures catholiques s'insurgent avec une colère toute sacrée et les journaux libéraux jettent feu et flamme. J'accuserai même ces derniers, justement parce que je les aime davantage, de commettre parfois quelques injustices.

Ils sont vraiment féroces parfois et dans leur colère contre la soutane, ils ont essayé il n'y a pas longtemps de nous intéresser à un certain de Buck, qui me paraît médiocrement charmant. C'est l'effet d'une liberté sans limites, d'un état de choses où la pensée dégagée de toute entrave marche où elle veut et du pas qui lui convient. La presse belge, en général, use d'ailleurs si intelligemment de cette liberté sans contrôle, qu'elle plaide de la meilleure façon du monde la cause du droit de parler devant le tribunal des nations.

Aussi la Belgique compte-t-elle en grand nombre des publicistes d'une valeur haute. L'habitude des discussions fait de tout Brabançon un politique — et mieux que cela, un citoyen. Là-bas, grâce à la liberté, les gens indifférents au bien de leur pays sont rares plus que partout ailleurs.

J'avoue que la Belgique est un peu moins favorisée sous le rapport de la poésie que sous celui de la politique. On réunit en ce moment dans une publication spéciale les chefs-d'œuvre des poëtes belges et, sauf quelques exceptions, il y a là plus de rimes que de poésie véritable.

Si j'écrivais un tableau de l'état de la Belgique au lieu de transcrire les notes de voyage tracées au crayon sur mon carnet, je m'arrêterais assez longtemps pour rechercher les causes qui portent certains Belges à manifester volontiers une certaine hostilité contre la France. Il est bien rare que vous n'entendiez pas, au coin de quelque rues, retentir à vos oreilles ce nom de *fransquillon* qui est une injure de *haulte graisse*, paraît-il. Théophile Gautier à raconté gaiement sa mésaventure dans un estaminet de Bruxelles où ce cri très-peu pacifique l'accueillit, lui et son ami Fritz. Les Belges oublient volontiers que le maréchal Gérard, à la tête des troupes françaises, fit gentiement reculer le prince d'Orange et les soldats hollandais, à une époque où la nationalité belge n'était pas précisément bien établie et où l'armée du roi Guillaume canonnait devant Louvain les volontaires du roi Léopold.

Ce sentiment de petite rivalité est d'autant plus déplacé que la France aime beaucoup la Belgique, cette sœur cadette tant de fois hospitalière à son aînée. Mais c'est peut-être parce que le peuple français estime le peuple belge, que celui-ci, très-méfiant, repousse parfois cette affection. Plus d'un Belge est intimement persuadé que notre rêve doucement caressé est l'annexion — et que nous aimons la Belgique à peu près comme compère le loup aime la brebis. J'espère bien, au contraire, que toute idée d'annexion nous est sortie de la tête. Réunir la Belgique à la France, grande affaire et grosse sottise! Et qui tendrait ensuite à nos proscrits, à nos vaincus, les bras, le foyer et le cœur? Bruxelles a élevé sur une de ses places une statue au général Belliard, que la Belgique regretta au moins autant que la France. A la bonne heure! Et que les Belges, en se promenant, regardent cette image d'un honnête homme qui leur apprendra qu'on peut se dévouer sans ambition à la cause d'une nation amie.

Au reste, si la Belgique a de ces farouches patriotes, toujours prêts à montrer les dents, elle a des hommes de progrès et de lumière, qui lui enseignent la concorde et l'amour. « Belges du XVIIe et XVIIIe siècle, s'écriait na-

17

guères M. Charles Potvin à l'ouverture de son cours
d'histoire littéraire dans l'hôtel de ville de Bruxelles;
nous avons maudit la France de Philippe le Bel, de
Louis XI et de Philippe de Valois ! Maudissons encore la
France de Louis XIV, qui nous tue et qui nous pille !
Mais salut à la France de Pascal et de Molière, à la
France de Voltaire et de Montesquieu ! La France du des-
potisme a toujours été notre ennemie ; la France de la
liberté sera toujours notre sœur, et tout ce que ses maîtres nous ont causé de maux pendant des siècles sera
racheté si ses enfants nous aident à redevenir libres ! »
Et n'est-ce pas ce qu'ont fait les enfants de la France ?
J'aime surtout mon pays, parce que c'est de son sang
qu'est teinte l'aurore du peuple belge — et celle de la
jeune et libre Amérique !

Aimons-la donc, cette terre wallonne et flamande, pays
des Georges Strailhe et des Siegebert de Gembloux,
patrie des Van Espen et des Henri de Gand, terre de
liberté, qui oppose Artevelde victorieux à Étienne Marcel
vaincu, rayonnante patrie de celui qui fut Marnix de
Sainte-Aldegonde ! Elle a ses détracteurs, parce qu'elle a
ses défauts. J'entendais un philanthrope lui reprocher de
laisser de malheureux chiens traîner par les rues des far-
deaux pénibles, et j'ai lu quelque part qu'elle s'asphyxiait
sous des flots de bière. O les observateurs qui font d'un
détail une généralité et qui, se heurtant contre un bossu,
mettent une gibbosité à toute une ville !

Sachons-le, la Belgique est grande parce qu'elle est
libre. Partout où la pensée voit ses droits reconnus, l'âme
se redresse et la vie circule meilleure et plus complète

..... J'ai loué une voiture, me dit un soir un ami, et nous partons demain pour Waterloo. Faites-vous réveiller de bonne heure. Nous déjeunerons à Hougoumont, et serons à Bruxelles le soir. A huit heures, vous pourrez partir pour Paris.

Paris! Il y avait longtemps déjà que je l'avais quitté et la nostalgie du boulevard me visitait parfois. Mais j'eusse fait cent lieues encore pour voir ce mystérieux champ de bataille où s'étaient joués, il n'y a pas cinquante ans, les destins du monde.

XVIII

LE CHAMP DE BATAILLE DE WATERLOO

Quand le paysan que j'avais pris pour guide me dit en désignant une longue file de maisons qui bordaient la chaussée de Bruxelles : « Voici Waterloo, » je regardai d'un air désappointé la route que nous suivions, me demandant si c'était bien là qu'avait eu lieu la défaite des Titans. Assurément le paysan comprit mon doute, car il sourit et ajouta : — « Ce n'est pas ici le champ de bataille! Il est là-bas. » Et sa main me montrait l'horizon.

Waterloo n'est, en effet, qu'une rue interminable, avec des maisons blanchies à la chaux, qui sont pour la plupart des auberges. Çà et là, quelques enseignes barbouillées tant bien que mal et sans caractère. Le cocher arrêta court sa voiture devant une église en forme de dôme sur le portail de laquelle le lion belge montre ses dents. Une

vieille femme vint ouvrir la portière et appela en patois
wallon son mari, qui s'avançal entement portant un trous-
seau de clefs.

— Ces messieurs veulent voir la chapelle? Ces messieurs sont Français? dit-il.

Il est important pour ces braves gens de savoir à quelle
nation appartiennent les visiteurs. Leurs explications
varient selon que les étrangers sont des Anglais, des
Prussiens ou des Français. Quand ce sont des Espagnols
ou des Italiens, les guides leur servent sans hésiter la
légende du 18 juin, version française. Cette église de
Waterloo est froide et déplaisante. Le style rococo l'envahit de toutes parts. On s'attend à rencontrer quelque
lugubre chapelle, toute attristée des morts qu'elle contient; on trouve un petit temple rayonnant, blanc comme
neige, et dont la propreté flamande choque au lieu de
réjouir. De chaque côté, des plaques de marbre indiquent les tombes. Ce sont des tombes anglaises; plusieurs
officiers du même régiment ont été réunis dans le même
caveau. La tombe d'un lieutenant des Écossais gris porte
pour toute indication, après le nom, ces mots latins : *Deco-
rum est pro patriâ mori!*

A gauche, dans l'église, est le buste en marbre de Wellington. Ce visage n'était point fait pour la statuaire : le
nez est long, le menton plus long encore, le front étroit.
L'œil n'étincelle pas; il ne contemple pas, il regarde.
Mais la volonté s'est logée dans ce crâne de fer, et elle a
suffi pour tenir lieu de toute flamme et de tout génie :
elle peut les remplacer, dit-on — et, de fait, Wellington
n'avait pas d'autre tactique que de mourir à la place qu'il

avait choisie pour le combat, et cette tenacité violenta la
fortune.

On cherche vainement dans cette chapelle une sépul-
ture française. Des inscriptions allemandes ou anglaises :
to the memory of... Tout à coup, en s'avançant vers le
chœur, à droite, sur le marbre, on lit enfin un *ci-gît*. Mais
ce n'est que le mausolée d'un bourgmestre de Bruxelles,
qui a voulu être enterré là. Décidément, il faut sortir.
Rien ne reste ici de la France. — Elle a payé cependant
assez cher, disions-nous, le droit d'y construire un mausolée! La vieille femme qui nous accompagnait nous en-
tendit. Elle hocha la tête. « Ah! dit-elle, il y aurait aussi
des monuments français, et, au lieu du buste de Wellington, la statue de l'Empereur, si Grouchy..... » Je l'in-
terrompis brusquement. Elle aura sans doute parlé de
même lorsque les enfants du maréchal sont venus visiter
ce coin de terre.

A vingt minutes de Waterloo, nous entrâmes dans le
village de Mont-Saint-Jean. Le cocher nous désigna l'auberge des Colonnes, où une inscription indique que
M. Victor Hugo logea là pendant plusieurs mois. C'est
dans cette chambre, au premier, qu'il écrivit ce beau
chapitre des *Misérables* qui a nom *Waterloo*.

Encore quelques pas, et nous allions nous trouver enfin
sur le champ de bataille.

Le lion gigantesque se dresse sur un monticule élevé;
on y parvient par une montée rapide, deux cents marches et plus qu'il faut gravir. Au pied du tertre est le
musée, une maison où l'on a réuni quelques-unes des reliques des deux armées : des casques, des cuirasses, des

sabres, des boulets. Le lion tourne sa face vers la France;
il semble menacer, et sa queue bat rudement ses flancs
orgueilleux. Mais il est frileux, au fond, et craint la pluie.
On l'a surmonté d'une façon de charpente recouverte en
zinc, qui l'empêche de se mouiller. De loin, ce parapluie
fait l'effet d'une cage. Ce lion prisonnier, je l'eusse souhaité se détachant librement sur le ciel. Arrivé à ses
pieds, sur le socle, parmi des milliers de noms tracés par
les passants, on ne distingue, gravée dans la pierre, que
cette simple date : 18 juin 1815. C'est encore une inscription funéraire, celle-là.

On a bien fait d'élever ce tertre; de là-haut, le champ
de bataille apparaît nettement comme un échiquier immense où s'est jouée la plus effrayante des parties. Sui-
vez le regard du lion; à vos pieds, cette plaine nue fut le
plateau de Mont-Saint-Jean; c'est là que l'armée anglaise
résista tout un jour sans lâcher pied. On a pris le terrain
imprégné de sang pour construire le tertre où vous mar-
chez. A la place où tomba Cambronne, le blé pousse et
devient épais. Plus loin, à gauche, ce bâtiment blanc enfoui dans les arbres, au bord de la route qui conduit à
Bruxelles, c'est la Haie-Sainte; à quelques pas au delà,
c'est la ferme de la Belle-Alliance, où Napoléon logea le
matin, où Wellington et Blücher se rencontrèrent le
soir. La plaine ondule et s'étend, toute couverte de
moissons, joyeuse, illuminée du soleil. Bien loin, à l'horizon, le château de Frichemont apparaît comme un
point noir, et derrière les bois qui bornent la vue, on peut
distinguer, par les temps clairs, les premières maisons
d'Ohain. C'est par ce chemin que les Prussiens sont ve-

nus; c'est à Smohain, qu'on aperçoit là-bas, qu'ils ont culbuté les premiers bataillons français... La lorgnette vous fait découvrir la Chapelle-Lambert, où vers midi se montrèrent tout d'abord les lignes prussiennes. L'Empereur regardait cette ombre inquiétante qui se mouvait; il interrogeait ses généraux. Sont-ce les Prussiens? Est-ce Grouchy? Les deux armées portaient des uniformes bleus. Mais que ce fût Grouchy ou que ce fût Blücher, Napoléon n'était pas troublé. Si c'était Blücher, Lobau l'arrêterait et Grouchy, tombant sur ses derrières, l'anéantirait bientôt. Si c'était Grouchy, l'armée anglaise était écrasée là, en un instant, jusqu'au dernier homme.

La route que suivirent les Prussiens a été légèrement réparée. Le chemin creux d'Ohain n'existe plus. Quelques monuments attestent seuls qu'en tel endroit est tombé tel général, tel corps d'armée a lutté vaillamment, tel escadron a succombé. Puis, les hommes n'ont pas seuls transformé ce champ de bataille : la nature aussi s'est chargée de le métamorphoser. On dirait qu'elle prend plaisir à nous faire sentir la vanité des plus étonnantes actions humaines. Tout ce sang versé, à quoi a-t-il servi? A rendre plus fertile la plaine où soixante mille hommes tombèrent, et plus verte par endroits l'herbe touffue qui les recouvre.

Le jour du mois d'août où je visitai Waterloo, le ciel était implacablement rayonnant; les arbres frissonnaient à peine sous le vent qui balançait les moissons hautes. Quelques paysans chantaient en travaillant sous la chaleur. Les oiseaux riaient sous les feuilles plus fraîches, et le long des peupliers, où criaient les cigales, les papillons blancs se tenaient les ailes repliées. Rien que l'image de la vie, le bonheur, la joie... Au loin, sur la route de Charleroi, ce nuage de poussière soulevé brusquement, ce n'était plus une armée en marche, ni les grenadiers descendant vers Mont-Saint-Jean des hauteurs de Rossomme; c'était un troupeau de bœufs que le berger menait au marché de Bruxelles.

Comment croire qu'en ce lieu si calme, il n'y a pas cinquante ans, tant de sang a été répandu? La mémoire des hommes est, après tout, plus longue qu'on ne pense. Les véritables oublieux, ce sont les pierres, les arbres, les murailles... Un peu de pluie sur ce carnage, puis un rayon de soleil, et tout a disparu.

— Venez au château d'Hougoumont, dit notre guide, et vous verrez! Nous traversons les blés mûrs, nous allons vers un bouquet de bois; à travers une haie vive, nous passons en nous courbant et le guide ajoute : — C'est là le verger !

Le verger! vous voyez bien ces pommiers vivaces, ces pruniers chargés de fruits? C'est auprès d'eux que s'est livrée la plus terrible lutte de la journée. Ce carré de terre est un sépulcre. Devant vous, deux tombes de pierre conservent la mémoire d'un major et d'un officier de hussards anglais; mais, à quelques pas, à l'endroit où la gardienne du château, devenue aubergiste, dresse une table pour les grisettes de Bruxelles, combien de morts sont enterrés qui n'ont pas de noms, ceux-là !

Le château tout entier garde d'ailleurs les traces du combat. Tout s'est transformé autour de lui; il demeure immobile dans son horreur. Ses murailles de briques rouge, crénelées par les Anglais, menacent ruine. Le canon les a découronnées, les balles se sont incrustées dans leur flanc. Les volées de mitraille se reconnaissent aux affaisements des pierres. Les branches des pommiers arborent de glorieuses difformités, des nodosités qui sont des balles. La sève a cicatrisé la plaie, et le morceau de fer se trouve enchâssé dans l'écorce. Le jardin, envahi maintenant par les herbes parasites, avec sa galerie sculptée, a je ne sais qu'elle éloquence lugubre. Les balustres sont démolis; l'artillerie de Kellermann a fait rouler de tous côtés ces colonnettes de pierre. Les Français ont conquis pied à pied ce terrain; cette futaie où l'on passe les a un moment arrêtés; comme d'un buisson ardent, une grêle de balles en sortait. Ils ont emporté à la baïonnette cet obstacle, ils ont pénétré dans ce verger alors inextricable; puis il leur a fallu enlever d'assaut ce gros mur derrière lequel les compagnies des gardes anglaises, déterminées à mourir, ne désespéraient pas de vaincre.

On pourrait encore suivre heure par heure, épisode par épisode, la lutte qui eut lieu dans ces bâtiments en ruines. Les Anglais s'y maintinrent toute la journée contre des forces considérables. Ils avaient coupé les escaliers d'une tourelle d'où ils ne voulaient pas sortir. Groupés dans la cour du château, ils repoussaient toutes les attaques. On voit encore la porte par laquelle les Français, tournant le château, se précipitèrent vigoureusement. Un moment Hougoumont fut pris, mais les six cents hommes des gardes anglaises faisant un effort surhumain, rejetèrent au dehors les assaillants. La porte fut refermée, et les assiégés se défendirent comme aupa-

ravant. Cette résistance compta pour quelque chose dans
le résultat de la journée. Si Reille et le prince Jérôme
avaient enlevé Hougoumont dès midi, — et avec le canon
il ne fallait pas une heure pour en avoir raison, — la
droite de l'armée anglaise était sérieusement menacée.
Mais les dix-huit cents hommes postés là étaient des
héros. Les Hanovriens, les gens de Nassau, les Anglais
luttaient d'héroïsme. Ils furent sublimes. On mit enfin
l'incendie à la ferme, et ils ne reculèrent pas.

Le puits, qui est au milieu de la cour, reçut les cadavres. Il était profond : cette hécatombe l'a comblé. Il ne
faut pas creuser longtemps la terre pour y découvrir un
amas d'armes et d'ossements. Le feu a laissé partout sa
trace noire; de ce qui était une porte, le caprice de l'incendie a fait une sombre arcade. La chapelle est là, tout
près, contre l'escalier coupé par les Anglais. Une madone
coloriée comme les statuettes allemandes y est restée, en
face d'un Christ dont les pieds brûlés semblent appartenir
à quelque martyr de l'inquisition. On raconte que, le
18 juin, lors de l'incendie du château, la flamme qui avait
envahi la chapelle, s'arrêta net aux pieds de ce Christ.
Cette chapelle est blanchie à la chaux, constellée de ces
noms vulgaires qu'on retrouve partout et qui choquent
toujours. — On devrait les effacer, dit un de mes compagnons. L'hôtesse d'Hougoumont sourit : — Ah! monsieur, dit-elle, si vous aviez vu jadis ! Toute cette chapelle
était couverte d'inscriptions. Les Anglais y insultaient la
France; les Français répondaient aux Anglais. Chacun
sortait furieux; il fallait en finir. J'ai fait alors venir de
Bruxelles deux ouvriers qui m'ont blanchi tout cela, mais

j'ai grand'peur d'être obligée de recommencer bientôt.

Les Anglais, je dois le dire, abondent à Waterloo. Le railway-coatch les amène chaque jour par troupes, et, là, ils se sentent chez eux. Leur front se redresse, leur œil s'illumine, leurs vieilles haines nationales se rallument. Ils demandent l'album où chaque visiteur écrit son nom, prennent la plume et remplissent sans broncher des pages belliqueuses. Que si quelque touriste français répond à leurs dithyrambes, ils prennent la page déplaisante et l'arrachent. L'aubergiste, qui a été française, lutte comme elle peut : elle oppose, dans son auberge, le portrait de *Napoléon le Grand* à l'*Iron-duke Wellington*; mais comme elle ne peut résister toujours, elle se contente de faire payer aux Anglais une somme assez ronde, un franc pour visiter la chapelle, un franc pour emporter une branche de genêts du verger, un franc une balle trouvée sur le champ de bataille. Les Anglais ont pour consolation que cette balle est authentique; le temps a beau passer, le soc des charrues heurte souvent encore quelques débris du grand naufrage. Quant aux Français, ils ne payent pas : Hougoumont semble leur appartenir.

Terrible puissance du souvenir! Ces pierres ravagées, ces murailles délabrées vous retiennent prisonnier. On ne peut s'en détacher. Assis dans quelque coin, pensif, on regarde ce petit espace de ruines devenues immortelles. Cette cour, envahie par le lierre, est laide et triste, et cependant elle captive invinciblement, et quand on s'en éloigne combien de fois ne se retourne-t-on pas pour la regarder encore!

Le champ de bataille de Waterloo, ou plutôt ce coin

du champ de bataille, Hougoumont, conserve pour ainsi
dire quelque chose du mystère qui enveloppe toute cette
journée. Napoléon ne pouvait plus vaincre, a-t-on dit, il
avait le destin contre lui. Ainsi, courage, énergie, sacrifices, rien ne pouvait triompher de la fatalité! A quoi donc
a tenu que l'Empereur ne soupât point, comme il le
voulait, à Bruxelles? Question toujours terrible, à laquelle
nulle réponse n'a été faite. Il ne pouvait vaincre, on dit
Quinet et Charras, *son génie désertait*. Il allait vaincre,
dit M. Thiers, il eût vaincu si Grouchy était venu. Le fils
du maréchal, M. le marquis de Grouchy, qui se trouvait
à Waterloo et qui y fut blessé, a essayé de prouver que
M. Thiers s'est trompé. A qui croire? A ceux qui re-
prochent à Ney d'avoir lancé comme dans un gouffre
ardent une partie de l'armée qui se fondit dans la four-
naise des masses anglaises? A ceux qui montrent la faiblesse de Grouchy, indécis, entendant le canon et n'y
marchant pas, alors que le dernier soldat comprenait qu'il
fallait aller où était le combat? De ce côté, on attendait
Grouchy, de cet autre Blücher; lequel viendrait? L'avenir du monde allait se jouer sur ce coup de dés. Et ce fut
Blücher qui parut. Peut-être Grouchy, sans ordres expli-
cites, avait-il raison de ne pas bouger, mais l'intuition du
danger ne devait-elle pas remplacer les dépêches que
n'envoya pas Soult, ou qu'il envoya trop tard? Il semble
que l'angoisse qui tint à la gorge les chefs d'armée plane
encore sur le champ de bataille. A mesure qu'on le par-
court, on attend, on s'arrête, on écoute. La bataille ne
paraît point perdue... Grouchy peut venir encore! se dit-
on. Puis on ajoute : S'il était venu!

Du château d'Hougoumont, il faut un quart d'heure environ, à pied, pour se rendre à la Haie-Sainte. La Haie-Sainte a voulu effacer les traces du combat. Elle est récrépie, elle est coquette. Sans l'inscription allemande qui la décore, on n'y trouverait aucun souvenir. A quelques pas est la Belle-Alliance. « C'est là, dit une plaque commémorative, que le soir du 18 juin 1815, les généraux Blücher et Wellington *se rencontrèrent et se saluèrent vainqueurs.* » On me montra, incrusté dans la muraille de la ferme, un boulet qui tient encore comme par miracle. C'est tout; à l'intérieur pourtant les meubles semblent avoir été témoins de la bataille. Ce sont de vieux bahuts, une table centenaire, une horloge allemande. Au coin de la cheminée s'assit Napoléon; on avait jeté dans le foyer une brassée de bois; il y sécha ses bottes humides; il était fatigué, malade, et cependant il s'était levé de grand matin, contemplant avec confiance son armée, cette armée enthousiaste qui comptait si bien sur la victoire!

Ces antithèses attristent; la Belle-Alliance, occupée tour à tour par les généraux ennemis, Napoléon le matin, Wellington et Blücher le soir. C'est la loi de la guerre, loi terrible! On la subit, mais la raison proteste. La victoire est-elle toujours du côté où est le droit? Que prouvent ces boucheries sanglantes? Le jour où la justice aura moins de canons que l'injustice, la justice succombera. On ferait bien de visiter souvent les champs de bataille. Les tableaux qui ornent les salons du Congrès de la paix, à Londres, représentent, dit-on, des combats.

Et nous allions, demandant toujours un monument français à ce vaste tombeau. Rien; pas un nom, pas une pierre ; mais, en cherchant, nous voyions se dresser, comme autant de fantômes, ceux qui s'étaient couchés là et nous touchions l'endroit où leur sang avait coulé. Au pied de cette porte de la Haie-Sainte est tombé, criblé de balles, un officier vaillant. Il fallait pénétrer dans la ferme ; il saisit une hache, s'élance vers la porte, tombe, se relève, frappe, tombe encore... On l'emporta, on le croyait mort ; la balle qui devait le tuer devait venir de Constantine : il s'appelait Vieux.

Plus loin, près du chemin d'Ohain, les dragons de Ponsomby, les Écossais gris avaient pris le drapeau du 45e. Le 4e de lanciers fond sur eux, les disperse. Les cuirassiers de Milhaud les égorgent. Un maréchal des logis, Urban, saisit Ponsomby au collet. Les dragons veulent le lui arracher. Il le perce de son sabre. Il s'enfonce dans les rangs écossais, va droit au drapeau qu'on a pris, le ressaisit, tue ceux qui le lui disputent, le brandit au-dessus de sa tête et le rapporte dans les rangs français.

On cherche la place, on la trouve, on dit : C'est là !

C'est là que les cuirassiers, s'élançant comme une immense hydre de fer, vinrent se briser sur les lignes anglaises. C'est là que nos grenadiers, fusillés à bout portant par les Anglais couchés dans les blés, s'arrêtèrent un moment sans reculer, puis s'enfoncèrent plus profondément dans les rangs ennemis. C'est là que Bulow déboucha sur le champ de bataille et recula d'abord devant les soldats de la garde.

Napoléon était ici lorsqu'il aperçut, dans les rangs de ses soldats, une singulière confusion. Ceux des nôtres qui avaient gravi le plateau de Mont-Saint-Jean et qui dominaient le champ de bataille eurent un instant de terreur. Les Prussiens arrivaient ; ils inondaient la droite de notre armée : ils se montraient en foule ; ils attaquaient de toutes parts. On a parlé de trahison. Il n'y en eut aucune ; mais qu'on se figure cette armée, épuisée par une longue lutte, à bout d'héroïsme, lassée, exténuée. Elle tente un dernier effort, car l'Empereur la regarde, et elle se dit que peut-être veut-il coucher, comme à Marengo, sur le champ de bataille. On s'élance, mais Desaix, cette fois, n'est plus là. Ce n'est plus Desaix : c'est Bulow, c'est Ziethen, c'est Blücher qui viennent. Alors, un moment de doute, de désespoir, ce moment qui décide de tout, saisit ces braves. L'ennemi accourt en masse. Ils ont donc le monde devant eux ! L'ombre du soir ajoute à leur terreur. On a crié : *Sauve qui peut !* et ce lugubre cri s'est répandu comme une traînée de poudre. *Sauve qui peut !* C'est le *Les dieux s'en vont* qui glaça d'effroi la vieille Rome. Il y a de ces cris sinistres qui retentissent ainsi, venus on ne sait d'où, à toutes les fins des mondes.

Et c'était bien un monde qui finissait ! Napoléon contemplait ces bataillons en désordre avec le regard fixe du désespoir. Il demande un cheval, il se jette dans la mêlée. Pendant ce temps, Ney, seul, à pied, courait de tous côtés, arrêtant les fuyards, les ramenant au combat, les poussant vers l'ennemi, l'épée brisée, les vêtements déchirés, le cou nu comme le jour où il devait tomber sous les balles françaises, et s'écriant avec un accent de farouche colère : « Venez, venez voir comment meurt un maréchal de France ! »

Défaite suprême! Mais qu'importe? Ils étaient là moins de mille qui devaient, en cette journée où tout semblait finir, sauver l'honneur de la France. Qu'importe Wellington et qu'importe Blücher! Qu'importent la fuite, et la terreur, et le désordre! La vieille garde est là toujours, la vieille garde qui mourra, mais qui ne se rendra pas. Ils sont cinq cents : ils font reculer leurs vainqueurs eux-mêmes! Ils sont cinq cents : ils trouent comme un boulet la masse de leurs ennemis! Ils sont deux cents et terribles encore ils tuent, ils tuent, ils marchent. Ils défendront jusqu'à la fin les blessés qui se sont réfugiés dans leur phalange. Ils sont deux cents et, pour en triompher, il faut les canonner comme s'ils étaient une armée. Ils tombent, Cambronne avec eux. Ils sont cent cinquante, et le cercle s'élargit autour de ce groupe intrépide où pâlissent seuls ceux qui meurent; cent cinquante, et ce débris héroïque terrifie la foule victorieuse, cent cinquante vivants qui, autour d'eux, font aussitôt cent cinquante morts. Encore du canon! La fumée les enveloppe; on ne les compte plus, à présent, ils sont si peu! Mais ils luttent toujours; en tombant, leur dernier cri est une menace, une injure, une bravade. Que la Prusse dispute à l'Angleterre, que l'Angleterre conteste à la Prusse l'honneur de la journée, la première charge victorieuse, le premier pas fait en avant, ce qui est à nous, ce qui nous appartient, ce qui vaut mieux que la victoire peut-être, c'est le dernier carré! L'antiquité n'a rien à comparer à ce sacrifice de ces hommes qui, plus farouches qu'Achille, n'en voulaient pas même échapper, malgré les dieux. Et pour eux, le sort a été juste. Il a voulu que le lion de

Mont-Saint-Jean s'élevât précisément à l'endroit sacré où ils sont tombés.

Le soir venait; il me fallait quitter ce champ de bataille. Le soleil se couchait dans un nuage sanglant; l'ombre s'épaississant donnait aux arbres une attitude fantastique. Au loin, rougie par les derniers rayons, se dressait la Haie-Sainte. Avec la nuit, les champs se faisaient déserts. Et je songeais à cette nuit terrible, plus terrible que la bataille même et qui suivit Waterloo. Toute une armée en fuite, les vainqueurs tirant sans pitié sur les fuyards. La lune éclairant la chaussée où s'écoulait notre armée anéantie, comme un fleuve de blessés. Les cris désignant aux Prussiens, acharnés contre nous, l'endroit où le canon devait frapper. De tous côtés, des bruits sinistres, le lourd retentissement des escadrons à la poursuite des vaincus. Honteuse chasse à l'homme, qui restera comme une tache sur la mémoire du barbare Blücher! Les Anglais furent plus humains. Wellington ne s'occupa point de poursuivre les Français; le pouvait-il d'ailleurs? Il négocia cette convention que la journée porterait le nom de Waterloo, où l'on ne s'était point battu, mais d'où il avait daté ses bulletins. Donc Blücher était satisfait dans sa vengeance, Wellington dans sa vanité. Tout était pour le mieux. Et Napoléon se retirait, lentement, comme s'il eût encore espéré une balle ennemie.

Il ne s'arrêta qu'aux Quatre-Bras. Les morts du combat de l'avant-veille n'étaient pas encore enterrés. Il dut gémir sur cette victoire stérile.

Comme il avait soif, on lui donna de l'eau :

— Décidément, dit-il, il ne faut pas grand'chose pour
vivre.

Il appela un aide de camp.

— Allez, ordonna-t-il, apprendre à Grouchy ce qui est
arrivé.

Pas de message écrit. Pas de reproches. Ce n'était
déjà plus l'indomptable César, l'orgueilleux conquérant;
c'était le captif, le philosophe tristement résigné de
Sainte-Hélène. Que de choses Longwood ferait pardonner !

Le cocher devait nous donner la morale de la guerre.
Comme nous laissions derrière nous les dernières maisons de Waterloo, il se détourna sur son siége, et, se pen-
chant de notre côté :

— C'est une chose heureuse tout de même, dit-il, qu'il
y ait comme cela un champ de bataille si près de Bruxelles.
La promenade est belle, on y vient souvent... et cela fait
gagner les loueurs de voitures, *savez-vous?*

FIN

TABLE DES MATIÈRES

FIN DE LA TABLE

IMPRIMERIE L. TOINON ET Cⁱᵉ, A SAINT-GERMAIN

18

www.ingramcontent.com/pod-product-compliance
Lightning Source LLC
LaVergne TN
LVHW051958060726
842528LV00002B/337